从案说法、从理释疑，推动竞争执法工作再上新台阶。

周伯华

二〇一一年六月八日

工商行政管理机关
说理式行政处罚决定书选编

国家工商总局反垄断与反不正当竞争执法局　编著

中国工商出版社

责任编辑:刘安伟　张欣然　傅伟光

封面设计:纺印图文

图书在版编目(CIP)数据

工商行政管理机关说理式行政处罚决定书选编/国家工商总局反垄断与反不正当竞争执法局编著. —北京:中国工商出版社,2011.6

ISBN 978 - 7 - 80215 - 342 - 4

Ⅰ.①说… Ⅱ.①国… Ⅲ.①工商行政管理—行政执法—文件—汇编—中国 Ⅳ.①D922.290.9

中国版本图书馆 CIP 数据核字(2011)第 002359 号

书名/工商行政管理机关说理式行政处罚决定书选编
编著者/国家工商总局反垄断与反不正当竞争执法局

出版·发行/中国工商出版社
经销/新华书店
印刷/北京鑫海达印刷有限公司
开本/787 毫米×1092 毫米　1/16　印张/25　字数/400 千字
版本/2011 年 6 月第 1 版　2011 年 8 月第 2 次印刷

地址/北京市丰台区花乡育芳园东里 23 号(100070)
电话/(010)63730074,83670785 电子邮件/zggscbs@263.net
出版声明/版权所有,侵权必究

书号:ISBN 978 - 7 - 80215 - 342 - 4/D·380
定价:40.00 元

(如有缺页或倒装,本社负责退换)

目　录

一、仿冒行为

二、限制竞争行为

三、商业贿赂行为

四、虚假表示与虚假宣传行为

五、侵犯商业秘密行为

六、不正当有奖销售行为

一、仿冒行为

关于对××管业有限公司
商标侵权案的处罚决定

×工商行政管理局行政处罚决定书

×工商案字［2010］第×号

当事人：××管业有限公司

住所：略

注册号：略

经营范围：一般经营项目：PPR、PE、PVC管材管件生产销售

法定代表人：潘×

2010年6月28日，××工商局经检大队接到北京××××知识产权代理有限公司来人投诉，称××管业有限公司在生产的产品上突出使用"科勒"字样，侵犯了"科勒"注册商标专用权。执法人员接到举报后，于2010年6月29日对位于×市×开发区的×管业有限公司进行了检查，现场发现铸印有"科勒管业"字样的铜阀门5089个以及在外包装上印有"科勒管业"字样的管材310捆，管件460箱。举报情况基本属实，当事人的行为涉嫌构成了《中华人民共和国商标法》第五十二条第（五）项所指的商标侵权行为，×工商行政管理局于2010年6月29日正式立案。

经查：当事人于2008年9月24日经工商部门核准登记成立，核准的企业名称为"××管业有限公司"。从2010年5月起，当事人在自己生产的管材管件外包装明显位置标注"科勒管业"四字，并且突出使用"科勒"两字。此外，当事人还在2010年5月委托他人加工铸印有"科勒管业"字样的圆球

阀和截止阀共 5500 个,与其生产的管件配套销售。至被工商部门查获时止,当事人共生产标注"科勒管业"字样的管材 27857 米,管件 775 箱,委托他人加工生产铸印有"科勒管业"字样的圆球阀 4000 个,截止阀 1500 个。其中已经销售管材 9350 米,管件 315 箱,铜阀门和截止阀各 50 个,总销售额为 18558.5 元;其余已生产未销售的产品参照《高法、高检关于办理侵犯知识产权刑事案件具体应用法律若干问题的解释》第十二条第一款中对"非法经营数额"的解释规定,按"已经查清的侵权产品的实际销售平均价格"计算总金额为 82827 元。故当事人涉嫌商标侵权的非法经营额为 101385.5 元。

以上事实主要证据:

证据(一)当事人提供的营业执照复印件及法定代表人身份证复印件,证明了当事人的主体身份;

证据(二)现场检查时执法人员作的《现场笔录》以及现场拍摄的照片,证明了当事人公司内存放有标注"科勒管业"字样的管材管件和铜阀门的事实以及目前的库存数量;

证据(三)执法人员对当事人作的《询问调查笔录》,证明了当事人生产、销售标注"科勒管业"字样的管材管件及铜阀门的具体情况;

证据(四)当事人提供的销售清单复印件,证明了当事人销售标注"科勒管业"字样的管材管件及铜阀门的销售数量和价格;

证据(五)执法人员对当事人公司内生产主管和销售业务员作的《询问笔录》,旁证了当事人生产、销售标注"科勒管业"字样的管材管件情况;

证据(六)美国科勒公司委托北京×××知识产权代理有限公司提供的相关身份证明及"科勒"商标的注册证,证明了美国科勒公司的主体身份以及对"科勒"注册商标享有专用权的事实;

证据(七)执法人员对××管材管件经销商蒋×作的《询问调查笔录》,旁证了当事人销售标注"科勒管业"字样的管材管件及铜阀门的数量及价格。

办案人员认为美国科勒公司是一家从事卫浴产品的著名公司,已经有 130 多年的历史。"科勒"是其公司在产品类别 11 类和 19 类上注册的商标,依法享有经国家工商行政管理总局核准的"科勒"注册商标专用权。并且在中文文字中,"科"与"勒"两个字无任何关联性,既没有连接在一起使用的先例,也不能表达内在的特殊含义,只是通过科勒公司的持续使用、广泛宣传后,在相关行业及相关消费者中产生了第二含义,使得相关公众和消费者对其熟知与认同。故"科勒"商标属于独创性和使用显著性极强的商标。当事人在其生产的管材、管件外包装及铜阀门上标注"科勒管业"字样,且突出标注"科勒"两字,以相关公众的一般注意力为标准评判,显然会对商品的来源产生误认,即认为当事人生产的产品是科勒公司生产的或者是与科勒公司的商品存在某种特殊的关联。其中当事人委托生产的铜阀门属于国际分类第19类商品,与科勒公司的"科勒"商标本身注册的商品类别一致。而当事人生产的管材管件属于国际分类第17类商品,参照2007年国家工商总局商标局发布的《类似商品和服务区分表》认定,该商品与科勒公司注册的1909类非金属水管属于类似商品。本案中当事人虽经工商行政管理部门核准,但其经营行为不应当侵犯他人合法的在先权益。科勒公司早在当事人注册之前数年已经使用"科勒"商标进行经营,而且该商标在长期使用过程中积累了良好的社会评价与公众认可,具有相当的知名度。参照2002年最高人民法院《关于审理商标民事纠纷案件适用法律若干问题的解释》第一条第一款规定,将他人注册商标相同或者近似的文字作为企业的字号在相同或类似商品上突出使用,容易使相关公众产生误认的属于商标法第五十二条第(五)项规定的给他人注册商标专用权造成其他损害的行为。

××工商行政管理局已于2010年9月13日向当事人送达了依据《中华人民共和国商标法》第五十三条"有本法第五十二条所列侵犯注册商标专用权行为之一,引起纠纷的,由当事人协商解决;不愿协商或者协商不成的,商标注册人或者利害关系人可以向人民法院起诉,也可以请求工商行政管理部门处理。工商行政管理部门处理时,认定侵权行为成立的,责令立即停止侵权行为,没收、销毁侵权商品和专门用于制造侵权商品、伪造注册商标标识的工具,并可处以罚款。当事人对处理决定不服的,可以自收到处理通知之日起十五日内依照《中华人民共和国行政诉讼法》向人民法院起诉;侵权人期满不起诉又不履行的,工商行政管理部门可以申请人民法院强制执行。进行处理的工商行政管理部门根据当事人的请求,可以就侵犯商标专用权的赔偿数额进行调解;调解不成的,当事人可以依照《中华人民共和国民事诉讼法》向人民法院起诉。"和《中华人民共和国商标法实施条例》第五十二条"对侵犯注册商标专用权的行为,罚款数额为非法经营额3倍以下;非法经营额无法计算的,罚款数额为10万元以下"的规定,拟对当事人作出没收侵权物品管材310捆、管件460箱、铜球阀3825只、截止阀1264只、包装箱210只、包装袋500只、模具一套,罚款101500元的《行政处罚听证告知书》,当事人并未提出陈述、申辩意见,也未申请听证。

综上所述,当事人的上述行为已构成了《中华人民共和国商标法》第五十二条第(五)项所指的商标侵权行为,依据《中华人民共和国商标法》第五十三条和《中华人民共和国商标法实施条例》第五十二条的规定,决定对当事人作如下处罚:1. 责令立即停止侵权行为;2. 没收侵权物品管材310捆、管件460箱、铜球阀3825只、截止阀1264只、包装箱210只、包装袋500只、模具一套;3. 罚款101500元,上缴国库。

当事人应当在收到本处罚决定书之日起15日(末日为节假日顺延)内到中国农业银行××市任一网点缴清上述款项。若使用转账支票、银行汇票、银行本票"收款人"栏填写"待报解罚没收入专户",在转账支票、银行汇票、银行本票"用途"栏填写"缴纳××工商局罚没款"。逾期不缴纳的,每日按罚款额的百分之三加处罚款。

如不服本处罚决定,可在接到本处罚决定书起六十日内,向×工商行政管理局或×市人民政府申请复议,也可以在十五日内直接向×市人民法院起诉。

×工商行政管理局
×年×月×日

点评:

本文书结构合理、详略得当,叙事完整、说理充分,逻辑严密。说理部分在认定事实的基础上,结合有关法律、法规和司法解释的具体规定,对法律条款进行法理解释,说明了所选用法条的理由及其内涵,客观分析了"科勒"商标专用权的实际状况,参照有关法律、法规和规定,阐明了阀门、管材两类商品国际国内注册分类的关联性,从而对案件性质进行准确定性。

　　文中通过分析"科勒"两个汉字在汉语言语境中的关联性、表意性和使用历史,充分说明了"科勒"商标因其所有人130多年的使用,才在相关公众和消费者中产生了一定意义,并最终体现了产权价值。充分反映了办案人员思路的严谨性和对法律精神的准确把握。

关于对×××食品厂
擅自使用他人企业名称作为监制企业
在其产品上标注案的处罚决定

×工商行政管理局行政处罚决定书

×工商处字[2010]第×号

当事人：×××食品厂

投资人姓名：伍×

企业类型：个人独资企业

经营场所：略

A 有限公司（香港注册）委托东莞 B 有限公司向本局投诉称，A 有限公司与荣华食品制造业有限公司（香港注册）生产的"荣华月饼"已被法院认定为知名商品特有的商品名称，×××食品厂在其生产的月饼的包装盒上标注"荣华食品集团（香港）有限公司监制"字样，并且非常突出，其中监制企业名称与上述两企业名称近似，足以造成消费者误认，要求查处。本局某工商分局的执法人员于 2009 年 9 月 29 日对上述投诉情况依法进行核查时发现，×××食品厂已搬迁，但尚未向工商行政管理机关申请住所变更登记，并且在其生产的月饼的外包装盒上标有"荣华食品集团（香港）有限公司监制"字样。×××食品厂涉嫌擅自变更住所及不正当竞争行为，本局依法于 2009 年 9 月 29 日立案调查。

经查明：当事人为提高其生产的月饼的知名度，在香港注册企业名称中使用具有一定的市场知名度，为相关公众所知悉的 A 有限公司和荣华食品制造业有限公司(均为在香港注册的公司)的字号即荣华食品集团(香港)有限公司,并在该香港公司未对其生产的月饼进行监制并且也不具备任何监制技术手段和人员的情况下,擅自在其生产的月饼的外包装盒上突出标注"荣华食品集团(香港)有限公司监制"字样。至案发时止,当事人共生产标有"荣华食品集团(香港)有限公司监制"字样的月饼2107盒,已售出1370盒,尚有737盒未售出,按销售标价计算上述月饼货值共41775元,按照销售收入扣除生产商品中所使用的原材料计算当事人销售上述1370盒月饼共获得违法所得2810元。另查明,当事人在未向工商行政管理机关申请住所变更登记的情况下,擅自变更其住所,并且在案发后责令其补办变更登记的期限内仍未向工商行政管理机关申请办理住所变更登记。

　　证明以上事实的主要证据如下:

　　一、《投诉函》及其所附资料。证明A有限公司和荣华食品制造业有限公司的主体资格,当事人被投诉以及A有限公司和荣华食品制造业有限公司具有一定的市场知名度,为相关公众所知悉的事实。

　　二、现场检查时制作的《现场笔录》及对涉案产品所拍摄的照片。证明当事人正在生产月饼及在月饼的外包装盒上标有"荣华食品集团(香港)有限公司监制"字样的事实。

　　三、《责令整改通知书》。证明本局责令当事人在限定期限内补办企业住所变更登记的事实。

　　四、本局的行政执法人员对当事人的投资人伍×所作的《询问笔录》及伍×的《自述书》、当事人销售涉案月饼的单据、当事人提供的"荣华食品集团(香港)有限公司"(香港注册)的公司注册证书复印件、当事人的投资人的结婚证书复印件。证明荣华食品集团(香港)有限公司(其董事与当事人的投资人属夫妻关系)由当事人在香港注册并且未对当事人生产的月饼进行监制,也不具备任何监制技术手段和人员的事实,荣华食品集团(香港)有限公司的主体资格,当事人生产、销售标有"荣华食品集团(香港)有限公司监制"字样的月饼的数量、货值,以及当事人在规定的期限内仍未向本局申请办理住所变更登记等情况。

五、当事人的营业执照及投资人伍×的身份证复印件。证明当事人的主体资格及其投资人的身份。

六、当事人提供的经营场所的《房地产权证》复印件。证明该经营场所的产权情况。

本局认为：

一、当事人为提高其生产的月饼的知名度，在香港注册企业名称中使用具有一定的市场知名度，为相关公众所知悉的 A 有限公司和荣华食品制造业有限公司（均为在香港注册的公司）字号的荣华食品集团（香港）有限公司，并在该香港公司未对其生产的月饼进行监制并且也不具备任何监制技术手段和人员的情况下，擅自在其生产的月饼的外包装盒上突出标注"荣华食品集团（香港）有限公司监制"字样，足以让消费者对所标注的监制企业荣华食品集团（香港）有限公司与 A 有限公司、荣华食品制造业有限公司产生误认。当事人的行为属于擅自使用他人企业名称的行为，违反了《中华人民共和国反不正当竞争法》第五条"经营者不得采用下列不正当手段从事市场交易，损害竞争对手：（一）假冒他人的注册商标；（二）擅自使用知名商品特有的名称、包装、装潢，或者使用与知名商品近似的名称、包装、装潢，造成和他人的知名商品相混淆，使购买者误认为是该知名商品；（三）擅自使用他人的企业名称或者姓名，引人误认为是他人的商品；（四）在商品上伪造或者冒用认证标志、名优标志等质量标志，伪造产地，对商品质量作引人误解的虚假表示"的规定。

二、当事人在住所发生变更时，未依法向工商行政管理机关申请办理住所变更登记，并且在本局发现该违法行为后责令其补办变更登记手续的期限内仍未申请办理，构成了《中华人民共和国个人独资企业法》第三十七条第二款所指的"个人独资企业登记事项发生变更时，未按本法规定办理有关变更登记的，责令限期办理变更登记后，逾期仍不办理的"行为。

本局已依法向当事人送达了《×市工商行政管理局行政处罚听证告知书》（×工商听告字［2010］×号），告知当事人拟作出行政处罚的事实、理由、依据、处罚内容及享有的权利。当事人提交《请求书》进行陈述、申辩请求从轻处罚,主要理由是:上述违法行为是其在不知道相关法律规定的情况下发生,并且金融风暴致使其效益不景气严重亏损,故申请从轻处罚。经审议,本局认为,当事人提出的上述陈述申辩意见不符合《中华人民共和国行政处罚法》第二十七条"当事人有下列情形之一的,应当依法从轻或者减轻行政处罚:(一)主动消除或者减轻违法行为危害后果的;(二)受他人胁迫有违法行为的;(三)配合行政机关查处违法行为有立功表现的;(四)其他依法从轻或者减轻行政处罚的。违法行为轻微并及时纠正,没有造成危害后果的,不予行政处罚。"所列的从轻情节,其从轻处罚的申请缺乏法律依据,因此不予采纳,维持原行政处罚结果。

综上所述,当事人为提高其产品知名度,在香港注册企业名称中使用他人知名企业字号的企业,并作为监制企业在其产品上标注的行为,属于擅自使用他人企业名称的行为,违反了《中华人民共和国反不正当竞争法》第五条的规定;当事人擅自变更住所并且在责令补办变更登记的期限内仍未申请办理的行为,构成了《中华人民共和国个人独资企业法》第三十七条第二款所指的个人独资企业登记事项发生变更时,未按规定办理有关变更登记并且在责令限期办理变更登记后,逾期仍不办理的行为。根据《中华人民共和国反不正当竞争法》第二十一条第一款"经营者假冒他人的注册商标,擅自使用他人的企业名称或者姓名,伪造或者冒用认证标志、名优标志等质量标志,伪造产地,对商品质量作引人误解的虚假表示的,依照《中华人民共和国商标法》、《中华人民共和国产品质量法》的规定处罚。"、《中华人民共和国产品质量法》第五十三条"伪造产品产地的,伪造或者冒用他人厂名、厂址的,伪造或者冒用认证标志等质量标志的,责令改正,没收违法生产、销售的产品,并处违法生产、销售产品货值金额等值以下的罚款;有违法所得的,并处没收违法所得;情节严重的,吊销营业执照。"和《中华人民共和国个人独资企业法》第三十七条第二款"个人独资企业登记事项发生变更时,未按本法规定办理有关变更登记的,责令限期办理变更登记;逾期不办理的,处以二千元以下的罚款。"的规定,本局决定责令当事人立即改正违法行为,并对当事人作如下处罚:

一、没收尚未售出且标有"荣华食品集团(香港)有限公司监制"字样的月饼737盒;

二、没收违法所得2810元;

三、罚款40000元。

当事人要在收到本处罚决定书之日起15日内,使用《××省省级非税收入缴款通知书(行政处罚)》将罚(没)款交至指定银行。到期不缴纳罚款的,每日按罚款数额的3%加处罚款。

如对上述处罚不服,可在收到本处罚决定书之日起六十日内向×省工商行政管理局申请复议,也可三个月内依法向人民法院提起诉讼。

×工商行政管理局

×年×月×日

点评:

1. 文书对案由的交代比较清晰,说明该案是由举报并经初步调查核实后而立案。表明启动案件程序的合法性和审慎原则。

2. 对违法事实的叙述层次不够清晰,尤其是对该违法事实按法定要件需要认定的事实未能按层次加以叙述。

3. 证据的罗列和运用比较凌乱,未能针对待证事实的证明需要加以分组运用。

4. 说理不规范。说理应当结合案情说法理,即根据案情结合该法律规范所指行为的构成要件说明相对人的违法行为成立。

5. 该案对其中的不正当竞争行为定性为《反不正当竞争法》第五条(三)项"擅自使用他人的企业名称或者姓名,引人误认为是他人的商品"的行为是正确的。但是,从本案案情看,相对人并非直接使用了他人的企业名称,而是使用了他人具有一定的市场知名度、为相关公众所知悉的企业名称中的字号,所以应当根据《最高人民法院关于审理不正当竞争民事案件应用法律若干问题的解释》就其中所指的字号与企业名称的关系加以认定并在说理中加以说明则更好。

关于××车业有限公司
擅自使用他人企业名称生产、销售"好孩子"
儿童自行车一案的调查终结报告

2009年3月20日,我局接到江苏省昆山市好孩子儿童用品有限公司的举报。举报称××车业有限公司在生产的儿童自行车的包装、车体及宣传册上标注了"好孩子国际实业有限公司"字样,在车体和宣传册上突出放大了其"好孩子"商标的标注文字,恶意制造市场混淆误认,使消费者误认为该产品是江苏省昆山市好孩子儿童用品有限公司生产的产品。经我局深入调查,此案事实已基本查明,现将案情报告如下:

一、当事人基本情况

企业名称:××车业有限公司

住所:略

法定代表人姓名:齐×

注册资本:叁百万元

公司类型:有限责任公司

经营范围:自行车、童车、自行车配件、摩托车配件生产、销售及进出口业务＊＊＊

二、当事人主要违法事实

接到举报后,经受理的执法人员对举报内容和情况进行核查,举报属实。同日,经主管局长批准立案,由公平交易执法科承办此案。经查,当事人于2007年10月15日与好孩子国际实业有限公司(注:由当事人在香港注册的一家公司)签订联营加工协议,协议中注明由××车业有限公司(以下简称×公司)负责加工生产,协议年产儿童自行车十万辆,由好孩子国际实业有限公司负责销售和出口,×公司自2009年3月开始生产儿童自行车。

儿童自行车外包装箱正面标注:可爱孩子的商标图样和中文(当事人申请,未取得商标注册证);正面下方标注:好孩子国际实业有限公司;侧面标注:×公司的企业名称及生产地址、产品规格、型号。儿童自行车在链盒上标注好孩子国际实业有限公司,其中"好孩子国际"(红色字)五个字在字体上明显大于实业有限公司(黑色字)。在童车前叉上有内容为"好孩子国际实业有限公司"字样的标贴。

×公司童车宣传册的首页标注:可爱孩子商标、好孩子国际实业有限公司。第二至六页标注:公司介绍、儿童自行车的样式照片。背面标注:制造商:好孩子国际实业有限公司。合作公司:×车业有限公司。地址、电话、传真等内容。

×公司自产自销的儿童健身车(所生产的儿童健身车没有与好孩子国际实业有限公司签订协议)的外包装箱正面标注:"三C"认证标识、产品型号、新产品、新样式、可爱孩子商标。正面下方标注:好孩子国际实业有限公司。箱内有内容为:"好孩子国际实业有限公司"字样的商品标贴(用于在车体上粘贴),其中"好孩子"三个字明显大于"国际实业有限公司"。

×公司在2009年2月25日中国上海第十四届国际玩具展暨上海第四十五届玩具博览会上,在自己的展位上方悬挂了内容为"好孩子国际实业有限公司"字样的牌匾。

截至2009年3月20日我局查获该批产品时,当事人共生产儿童自行车型号为12寸的47箱,定价95元,型号为14寸54箱,定价98元、型号为16寸88箱,定价104元、18寸20箱,定价104元。共209箱(每箱一辆),价格合计20989元。儿童健身车生产85箱(每箱5个),售价31元/个,价格合计:13175元。以上两种产品共计294箱,货值金额34164元。

以上事实有以下证据证实:

证据一、经×公司法定代表人签字确认的营业执照一份,确认了企业名称、住所、法定代表人和经营范围等基本情况;

证据二、经×公司盖章确认的授权委托书一份,注明了被委托人姓名、职务、权限和委托时间等情况;

证据三、经被委托人齐×确认的身份证复印件一份；

证据四、现场检查笔录一份，反映了×公司生产标有"好孩子国际实业有限公司"字样的库存商品、场所、工人数量、包装箱标识、产品规格、型号及数量等情况；

证据五、经×公司法定代表人签字接受的工商机关实施行政强制措施通知书及财物清单各一份，证实了执法机关所扣留当事人违法财物的名称、规格数量等情况；

证据六、经被委托人签字确认的现场照片11张，反映了×公司生产车间现场生产情况、标有"好孩子国际实业有限公司"字样的包装箱、标贴内容和儿童自行车样式等情况；

证据七、经被委托人签字确认的询问笔录二份（12页），证实×公司生产、销售标有"好孩子国际实业有限公司"字样的儿童自行车的开始时间、生产数量、产品具体标注情况、销售价格等情况；

证据八、当事人在"上海第十四届玩具订货会"展位上悬挂"好孩子国际实业有限公司"牌匾的照片，证实当事人以"好孩子国际实业有限公司"名义从事产品销售和宣传。

三、案件性质

当事人的行为是一种擅自使用他人企业名称，制造市场混淆的行为，理由有以下三个方面：

1. 江苏昆山的好孩子儿童用品有限公司是中国专业从事儿童用品研发、制造和销售的大型企业。产品包括：婴儿推车、自行车、学步车、三轮车、童车和哺育用品等十几个门类，上千个品种。1999年"好孩子"注册商标被国家工商总局商标局认定为驰名商标。2004年"好孩子"牌童车被国家质量监督检验检疫总局认定为中国名牌产品。"好孩子"既是商标的文字部分又是企业名称中的字号，在市场上具有很高的知名度。

2. 当事人主观上有擅自使用他人企业名称的故意。当事人知道"好孩子"是知名企业的字号，也知道该公司生产的产品种类，当事人从事童车的生产销售与"好孩子"公司的经营类别相同。当事人与香港注册的好孩子国际有限公司建立的合作关系和 2007 年 10 月签订的联营协议,其实质是给擅自使用他人企业名称的违法行为披上貌似合法的外衣。在国家工商总局下发的《关于开展打击"傍名牌"不正当竞争行为专项执法行动的通知》第三条明确规定:对企业名称(包括在中国境内进行商业使用的外国或者地区企业名称)中使用他人具有一定的市场知名度、为相关公众所知悉的企业名称中的字号,引人误认为是他人的商品的,可以依照《反不正当竞争法》第五条第(三)项"经营者不得采用下列不正当手段从事市场交易,损害竞争对手:……(二)擅自使用知名商品特有的名称、包装、装潢,或者使用与知名商品近似的名称、包装、装潢,造成和他人的知名商品相混淆,使购买者误认为是该知名商品;(三)擅自使用他人的企业名称或者姓名,引人误认为是他人的商品;"的规定认定处理。《最高人民法院关于审理不正当竞争民事案件应用法律若干问题的解释》(法释[2007]2 号)第六条:企业登记主管机关依法登记注册的企业名称,以及在中国境内进行商业使用的外国(地区)企业名称,应当认定为《反不正当竞争法》第五条第(三)项规定的"企业名称"。具有一定的市场知名度、为相关公众所知悉的企业名称中的字号,可以认定为《反不正当竞争法》第五条第(三)项规定的"企业名称"。第七条:在中国境内进行商业使用,包括将知名商品特有的名称、包装、装潢或者企业名称、姓名用于商品包装以及商品交易文书上,或者用于广告宣传、展览以及其他商业活动中,应当认定为《反不正当竞争法》第五条第(二)项、第(三)项规定的"使用"。本案中"好孩子"既是江苏省昆山市好孩子儿童用品有限公司企业名称中的字号,也是注册商标,其专用权受法律保护。当事人未经权利人许可擅自使用"好孩子"字号,构成了擅自使用他人企业名称的不正当竞争行为。

3. ×公司的行为造成了消费者的误认和混淆。当事人在其生产的儿童自行车的外包装箱和车体标识上都标注了"好孩子国际实业有限公司"字样,在儿童自行车和儿童健身车标识上突出、放大了"好孩子"三个字。其目的是借助"好孩子"的知名字号及驰名商标的市场知名度和信誉,通过"傍名牌",恶意制造市场误认、混淆,以此来争取市场交易机会。当事人的行为严重违反了诚实信用的市场交易准则,属于典型的不正当竞争行为。

四、处罚依据及处罚建议

当事人未经权利人同意擅自使用他人企业名称从事童车生产、销售的不正当竞争行为违反了《中华人民共和国反不正当竞争法》第五条第(三)项和《中华人民共和国产品质量法》第三十条"生产者不得伪造产地,不得伪造或者冒用他人的厂名、厂址。"的规定。同时,当事人在儿童自行车和儿童健身车标识上突出、放大了"好孩子"三个字,而"好孩子"是权利人的注册商标,其行为违反了《中华人民共和国商标法》的有关规定,也可依据《中华人民共和国商标法》的规定处罚。我们认为适用《中华人民共和国商标法》不足以全面制止当事人的违法行为,理由有二:1.适用《中华人民共和国商标法》定性、处罚会使当事人认为,在其包装和车体上不突出放大"好孩子"三个字,仍然可继续使用"好孩子"标识;2.当事人在其生产的商品上不突出放大"好孩子"标识,仍有可能使消费者造成误认。综上分析,对当事人的行为应当依据《中华人民共和国反不正当竞争法》第二十一条"经营者假冒他人的注册商标,擅自使用他人的企业名称或者姓名,伪造或者冒用认证标志、名优标志等质量标志,伪造产地,对商品质量做引人误解的虚假表示的,依照《中华人民共和国商标法》、《中华人民共和国产品质量法》的规定处罚。"、《中华人民共和国产品质量法》第五十三条"伪造产品产地的,伪造或者冒用他人厂名、厂址的,伪造或者冒用认证标志等质量标志的,责令改正,没收违法生产、销售的产品,并处违法生产、销售产品货值金额等值以下的罚款;有违法所得的,并处没收违法所得;情节严重的,吊销营业执照。"和《××省反不正当竞争条例》第三十三条"对实施不正当竞争行为的经营者,监督检查部门应当责令其停止违法行为,并采取下列措施予以制止……(三)收缴并销毁各种违法标识……(六)收缴并销毁或者责令并监督侵权人销毁尚未使用的侵权的包装和装潢;"的规定,责令当事人立即停止违法行为,建议对当事人做出以下行政处罚:

1. 消除现存商品上的侵权标识;

2. 收缴并销毁侵权商品上的包装物;

3. 处违法生产产品货值 50% 的罚款 17000 元,上缴国库。

×工商行政管理局

×年×月×日

点评:

1. 文书对当事人侵权行为的描述比较具体、清晰,值得推荐。

2. 仅就知名字号与企业名称之间的关系而言,文书将当事人擅自使用他人的知名字号的行为定性为擅自使用他人的企业名称有较强的说服力。因为当事人并未直接使用他人的企业名称,而只是使用了他人的知名字号,因此在定性上若直接生硬地定性为擅自使用他人的企业名称,会显得武断,而文书引用了最高人民法院的有关司法解释,使定性具有说服力。

3. 在违法事实叙述部分没有说明和认定谁在先使用,而且也无证据证明,这是一个基本的事实和证据缺失,不能因为是知名企业而忽视在先使用的认定。

4. 关于本案的定性,本案当事人的违法行为存在行为竞合问题,对竞合行为的定性应当遵循一个原则,即按照该行为最本质、最显著的特征予以定性。本案中"好孩子"是权利人拥有的中国驰名商标,本案案由也显示权利人的举报直指当事人的行为侵害其商标专用权,经查证当事人的侵权行为也成立,而文书却定性为擅自使用他人的企业名称,并按产品质量法予以处罚,较为牵强,宜按商标侵权行为定案处罚。

关于对 A 食品有限公司
侵犯注册商标专用权案的处罚决定

×市工商行政管理局行政处罚决定书

×工商处字［2009］第×号

当事人：A 食品有限公司

注册号：略

住所（营业场所）：略

法定代表人（负责人）：俞×

注册资本（资金数额）：300 万

经营范围：乳制品、乳粉、饮料加工销售（有效期至 2011 年 02 月 11 日）。

2009 年 9 月 22 日，山东旺旺食品有限公司举报投诉 A 食品有限公司（以下简称：该公司）侵犯其"旺旺"注册商标专用权，接举报投诉后，我局立即对该公司进行了检查，检查时发现该公司生产的"阿里旺旺"牌乳味饮料，与山东旺旺食品有限公司"旺旺"注册商标的同类产品相同，该公司涉嫌侵犯"旺旺"注册商标专用权，并现场查扣印有"阿里旺旺"牌的内装纸盒 5100 个、外包装纸箱 212 个和"阿里旺旺"销售记录 1 本。我局于 2009 年 9 月 23 日对该公司侵犯"旺旺"注册商标专用权行为立案调查。

经查，A 食品有限公司于 2007 年 2 月 13 日在我局登记注册，主要经营乳制品、乳粉、饮料加工销售。2009 年 6 月 8 日该公司与 B 销售有限公司签订委托加工合同，委托加工"阿里旺旺"牌乳味饮料，"阿里旺旺"牌乳味饮料的包材、外箱等原辅材料均由 B 销售有限公司提供，该公司只有加工权没有销售权,该公司每包收取加工费0.15元。根据该公司的明细账记载,B销售有限公司共提供给该公司标注有"阿里旺旺"牌内装草莓味和原味包材196473个、草莓味和原味外包装箱9000个,扣除已加工使用和损耗,账面记载"阿里旺旺"牌内装草莓味和原味没有使用的包材5100个,没有使用的草莓味和原味外包装箱212个。另外,根据该公司对B销售有限公司产品结算明细反映,2009年6月27日明细记载,原味产品19.035吨、草莓味22.58吨、加工费26127元,2009年7月9日明细记载,原味产品22.06吨、草莓味21.87吨+半成品没有装箱1.5吨=23.37吨、加工费27258元,按每吨600元共计收取加工费53385元。在调查期间,该公司提供了国家工商行政管理总局商标局2008年12月23日对B销售有限公司"阿里旺旺"注册申请受理通知书复印件,并提供了与B销售有限公司委托加工合同。该公司称:是在看到B销售有限公司提供的国家工商行政管理总局商标局"阿里旺旺"注册申请受理通知书后,才于B销售有限公司签订委托加工合同。并且在使用"阿里旺旺"牌时,标注上了TM字样,该公司认为委托加工行为只是收取加工费,没有侵犯他人商标专用权。到我局查处止,该公司共计加工"阿里旺旺"牌乳味饮料成品87.45吨,共计收取加工费53385元,该公司加工的"阿里旺旺"牌乳味饮料成品均被B销售有限公司全部拉回。

当事人上述违法事实有以下证据相佐证:

1. 当事人的营业执照复印件、委托书和被委托人的身份证复印件;

2. 当事人与B销售有限公司签订的委托加工合同和当事人的询问笔录。证明当事人生产"阿里旺旺"牌乳味饮料;

3. 我局对当事人经营场所检查时的现场照片、现场检查记录、扣留当事人的结算明细、进出库记账簿。证明当事人生产过"阿里旺旺"牌乳味饮料,以及生产的具体数量、金额等;

4. 山东旺旺食品有限公司举报投诉书、授权委托书、营业执照复印件、"旺旺"商标注册证复印件、商标局最新认定驰名商标名单等。证明当事人生产"阿里旺旺"牌乳味饮料;与山东旺旺食品有限公司同类产品"旺旺"注册商标相同;

5. 山东省工商局督办函、山东省人民政府台湾事务办公室公函、河北省东光县工商局证明等。

我局认为,山东旺旺食品有限公司使用的"旺旺"注册商标是驰名商标,并在全国有相当的知名度,被广大消费者所知悉。B 销售有限公司于 2008 年 12 月 8 日向国家工商行政管理总局商标局申请了"阿里旺旺"注册商标,虽然国家工商行政管理总局商标局于 2009 年 12 月 23 日接受了 B 销售有限公司"阿里旺旺"的申请,《商标法》第三十七条规定:"注册商标的有效期为十年,自核准注册之日起计算"。因此,受理并不等于就可以使用该商标。B 销售有限公司向国家工商行政管理总局商标局申请"阿里旺旺"商标,从文字的大小和图形都与山东旺旺食品有限公司"旺旺"注册商标相同,并且 B 销售有限公司将"阿里"两字放在图形中间,以小字符体现,而将"旺旺"两字放大突出使用,这样的作法能够使广大消费者感知混淆,B 销售有限公司的行为实属恶意和明知。作为 A 食品有限公司从事了两年的乳制品、乳粉、饮料生产经营,应当知道"旺旺"注册商标在同行业的知名度,仍与 B 销售有限公司签订"阿里旺旺"牌乳味饮料委托加工合同,应属明知。A 食品有限公司的行为,违反了《中华人民共和国商标法》第五十二条:"有下列行为之一的,均属侵犯注册商标专用权:(一)未经商标注册人的许可,在同一种商品或者类似商品上使用与其注册商标相同或者近似的商标的"的规定,构成侵犯注册商标专用权行为。

依据《中华人民共和国商标法》五十三条:"有本法第五十二条所列侵犯注册商标专用权行为之一,引起纠纷的,由当事人协商解决;不愿协商或者协商不成的,商标注册人或者利害关系人可以向人民法院起诉,也可以请求工商行政管理部门处理。工商行政管理部门处理时,认定侵权行为成立的,责令立即停止侵权行为,没收、销毁侵权商品和专门用于制造侵权商品、伪造注册商标标识的工具,并可处以罚款。当事人对处理决定不服的,可以自收到处理通知之日起十五日内依照《中华人民共和国行政诉讼法》向人民法院起诉;侵权人期满不起诉又不履行的,工商行政管理部门可以申请人民法院强制执行。进行处理的工商行政管理部门根据当事人的请求,可以就侵犯商标专用权的赔偿数额进行调解;调解不成的,当事人可以依照《中华人民共和国民事诉讼法》向人民法院起诉",及《中华人民共和国商标法实施条例》第五十二条:"对侵犯注册商标专用权的行为,罚款数额为非法经营额3倍以下;非法经营额无法计算的,罚款数额为10万元以下"。并参照《××市工商行政管理局行政处罚自由裁量权执行标准》第201条第(一)款第(一)项非法经营额个人3万元以下的,单位10万元以下的,罚款数额为非法经营额2倍以下"的规定。经本局研究决定对当事人作出处罚如下:

1. 责令停止侵权行为;

2. 没收未使用的"阿里旺旺"牌乳味饮料内装草莓味和原味的包材5100个,草莓味和原味外包装箱212个;

3. 罚款53385元,上缴国库。

当事人应当自接到本处罚决定之日起十五日内将罚款缴至就近任意一家商业银行。逾期不缴,每日按罚款数额的百分之三加处罚款。

当事人如对本处罚决定不服,可在接到本处罚决定之日起六十日内向××省工商行政管理局或××市人民政府申请行政复议;也可以在接到本处罚决定之日起十五日内直接向××区人民法院提起诉讼。逾期不申请行政复议、不提起诉讼又不履行本处罚决定的,本局将依法申请人民法院强制执行。

行政复议、诉讼期间,本处罚决定不停止执行。

×工商行政管理局

×年×月×日

点评:

本文书事实叙述清楚、逻辑严密、说理充分,语言简明扼要,基本符合说理式处罚决定书的各项要求。

案例涉及定牌加工过程中的商标侵权问题,由于目前《商标法》没有针对定牌加工中的商标使用做出规定,定牌加工中商标侵权问题已经越来越凸显,必须予以高度重视。根据《商标法》第五十二条第(一)项的规定,只要未经商标注册人许可,在同一种或者类似商品上使用与其注册商标相同或者近似的商标,就属侵犯注册商标专用权的违法行为。对于加工承揽方而言,承揽加工带有他人注册商标的商品的,承揽人应当对定作人是否享有注册商标专用权进行审查。未尽到注意义务加工侵犯注册商标专用权的商品的,承揽人与定作人构成共同侵权。在委托方和加工方构成的侵权行为中,根据加工合同,如果加工方只负责加工产品,则委托方的非法经营额计算为其委托加工产品的全部销售收入,加工方的非法经营额计算为其所获加工费;如果加工方不仅加工产品而且销售产品,加工方的经营额则应计算为所销售的产品的全部收入。

关于对葛×侵犯商标
专用权案的处罚决定

×工商行政管理局行政处罚决定书

×工商案字［2010］第×号

　　当事人：葛×，女，46 岁，住址：略，兼任×工艺饰品有限公司法定代表人。

　　2008 年 1 月 15 日，我局接×××有限公司来信举报称：××珠宝店铺，在店面门头、招牌以及商品标价签上使用"通灵玉翠"字样，侵犯了其"通灵"注册商标专用权，要求依法对此行为进行查处。2008 年 1 月 27 日，我局依据《工商行政机关行政处罚程序规定》第十七条"工商行政管理机关应当自收到投诉、申诉、举报、其他机关移送、上级机关交办的材料之日起七个工作日内予以核查，并决定是否立案；特殊情况下，可以延长至十五个工作日内决定是否立案。"的规定立案调查。我局行政执法人员对位于××超市底楼商品街的××黄金珠宝店专柜进行检查。检查中发现：××珠宝专柜所陈列的珠宝商品上均附有"通灵玉翠"字样 2.5×1.5 公分的吊牌一只，"通灵"两字与"玉翠"两字间用一空心圆圈相隔。门头、柜台、灯架等多处标示"通灵玉翠"字样。黄金珠宝店铺系家住×市×镇×路×号的许×向××超市租赁经营。许×在我局要求下，现场无法提供"通灵"商标使用许可手续或相关购货凭证。我局行政执法人员对经营场所进行了现场检查并制作了《现场检查笔录》、对经营场所及珠宝商品使用商标情况进行拍照、录像、抽取了序号为 320 号（财物清单）的珠宝吊牌作为实样并经许×签字确认。因其行为涉嫌构成《商标法》第五十二条第（二）项所列"销售侵犯注册商标专用权的商品的"行为,为防止证据灭失,报经局长批准,依据《商标法》第五十五条第(四)项"检查与侵权活动有关的物品;对有证据证明是侵犯他人注册商标专用权的物品,可以查封或者扣押。"的规定,对柜台内陈列的 320 件标有"通灵玉翠"商标的涉嫌侵权珠宝采取扣押的行政强制措施并向许×送达我局×工商强字[2008]第×号《实施行政强制措施决定书》、[2008]第×号《财物清单》。扣押的涉案物品由执法人员及许×各自加锁,并现场加贴封条,委托×市信用合作联社代为保管。

我局于 2008 年 1 月 27 日、2008 年 1 月 31 日对许×进行了询问;我局于 2008 年 1 月 27 日、2008 年 1 月 29 日、2008 年 2 月 01 日对商品提供商葛×进行了询问。查明:2007 年 12 月 18 日××商业有限责任公司开业前,葛×与许×口头议定:由许×代其招聘营业员、代办珠宝专柜装潢,在许×位于××超市底楼商品街的黄金珠宝店铺内设立由葛×出资经营的"通灵玉翠"专柜,销售钻石、翡翠、锆石珠宝。专柜营业人员工资福利、专柜装潢费用由葛×承担,商品的包装、商标的使用、商品的采购、商品质量及责任由葛×负责,专柜销售款由许×代收,月终葛×按销售货款 20% 的扣点支付给许×作为租赁柜台费用。该协议从 2007 年 12 月 18 日××超市开业履行。因此鉴于上述事实,本案当事人应为葛×。2008 年 2 月 2 日,我局执法人员报经局长审批对许×销案,并依法解除对许×涉嫌侵权珠宝采取的行政强制措施,向许×送达了×工商强解字[2008]第×号《解除行政强制措施通知书》。同时,于同日对当事人葛×涉嫌构成《商标法》第五十二条第(一)项"未经商标注册人的许可,在同一种商品或者类似商品上使用与其注册商标相同或者近似的商标的;"所列行为,我局依据《工商行政机关行政处罚程序规定》第十七条"工商行政管理机关应当自收到投诉、申诉、举报、其他机关移送、上级机关交办的材料之日起七个工作日内予以核查,并决定是否立案;特殊情况下,可以延长至十五个工作日内决定是否立案。"的规定立案调查。并经局长审批,依据《商标法》第五十五条第(四)项"检查与侵权活动有关的物品;对有证据证明是侵犯他人注册商标专用权的物品,可以查封或者扣押。"的规定,对葛×320 件涉嫌侵权珠宝采取扣押的行政强制措施,依法向其委托代理人许×送达了我局×工商强字［2008］第×号《实施行政强制措施决定书》、［2008］第×号《财物清单》。仍委托×市信用合作联社代为保管。

现查明：当事人于2007年12月初，委托一印制公司设计并经当事人确认，以每件0.12元的价格印制2.5×1.5公分不干胶标签600件，标签的上半部分印有自左向右横向排列的中文绿色"通灵°玉翠"商标。当事人利用××工艺饰品有限公司ARCO×打印机，在上述标签的下部分打印了珠宝商品名称、金属纯度、宝石名称、产品名称、价格、证书号码、宝石颜色、宝石分类、宝石重量、货号、总重量等内容，制成含有"通灵玉翠"文字商标的吊牌附着在其从深圳购进、加工的翡翠、钻石、锆石共420件珠宝上。于2007年12月17日前发往其设在×超市商品街黄金珠宝店铺的"通灵玉翠"珠宝专柜销售。当事人个人出资将专柜的门头、柜台基座、灯架多处标注"通灵玉翠"字样。从2007年12月18日营业至2008年2月2日案发，按6－6.5折率销售标价计29311元的标注"通灵玉翠"商标的珠宝11件，计销售额18335元。除91件当事人撤柜外，现场被我局依法查扣柜内尚未销售标价计1355117元的标注"通灵玉翠"商标的珠宝320件，非法经营额计1373452元。"通灵玉翠"商标字样的吊牌损毁173只，剩余5只被我局依法提取作为证据。

另查明：×有限公司于2000年8月21日经国家工商行政管理总局商标局核准，取得第×号"通灵"注册商标。有效期至2010年8月20日。核定使用的商品：第14类手镯（珠宝）、小饰物（珠宝）、链（珠宝）、金刚石、宝石（珠宝）、装饰品（珠宝）、戒指（珠宝）、翡翠、玉雕首饰。×××有限公司依法享有"通灵"注册商标专用权。"通灵"商标于2004年12月20日被认定为××省著名商标。当事人未经商标注册人的许可，在同一种商品上，使用"通灵玉翠"商标，其主体显著部分的"通灵"与注册商标"通灵"音、义相同，字形相似，构成《中华人民共和国商标法》第五十二条第（一）项所列"未经商标注册人的许可，在同一种商品或者类似商品上使用与其注册商标相同或者近似的商标的"行为，侵犯了商标注册人的"通灵"注册商标专用权。

以上事实主要证据如下：

证据一：举报人×有限公司提供的×号"通灵"《商标注册证》1份、证明

×有限公司对"通灵"商标在核定使用的第 14 类手镯(珠宝)、小饰物(珠宝)、链(珠宝)、金刚石、宝石(珠宝)、装饰品(珠宝)、戒指(珠宝)、翡翠、玉雕首饰商品上具有专用权的事实。

证据二:商标注册人×××有限公司提供的"通灵"商标《××省著名商标证书》复印件 1 份,证明商标注册人"通灵"商标在 2004 年 12 月 20 日至 2007 年 12 月 19 日被认定为××省著名商标的事实,同时也证明"通灵"商标在××省域业内享有一定知名度的事实。

证据三:当事人提供的"通灵玉翠"《注册申请受理通知书》、《询问笔录》4 份,证明当事人以"通灵玉翠"商标向国家工商行政管理总局商标局申请在珠宝商品上注册的事实。

证据四:当事人提供的×号"通灵玉翠"商标《注册申请受理通知书》、权利人提供的×号"通灵"《商标注册证》、我局提取的《类似商品和服务区分表》第十四类的复印件 1 份,证明当事人使用"通灵玉翠"商标的商品与"通灵"注册商标核定使用商品同属第 14 类商品的事实。

证据五:×有限公司向我局提供的"举报信"、我局执法人员在现场提取并经当事人签字确认附着在珠宝商品上的商标实物样品及实物样品复印件、《现场检查笔录》、执法现场拍摄的照片、我局执法人员对当事人所作的《询问笔录》5 份、我局执法人员对证人许×所作的《询问笔录》3 份、我局执法人员对营业员卑×所作的《询问笔录》1 份、我局×工商强字[2008]第×号《实施行政强制措施决定书》、[2008]第×号《财物清单》、当事人提供的《送货清单》、《库存清单》,证明当事人在 422 件珠宝上使用"通灵玉翠"商标的事实。

证据六:×有限公司向我局提供的"举报信"、我局执法人员对商标注册人×××有限公司的委托代理人曹×所制作的《询问笔录》1 份、我局执法人员对通州大润发员工汤×所制作的《询问笔录》1 份;证明当事人未经商标注册人许可在同一种商品上使用与其注册商标相近似商标的事实。

证据七:我局执法人员对当事人所作的《询问笔录》5 份、我局执法人员对证人许×所作的《询问笔录》1 份、我局执法人员对营业员卑×所作的《询问笔录》1 份、我局×工商强字［2008］第×号《实施行政强制措施决定书》、［2008］第×《财物清单》、当事人提供的《送货清单》、《库存清单》《销售清单》各 1 份、《×购物中心黄金珠宝专柜珠宝饰品质量保证单》复印件 4 份、经营流水账复印件 1 份、《销售纪录》复印件 1 份，证明当事人共在 422 件珠宝上使用"通灵玉翠"商标，标价 1748349 元；打折销售 11 件，标价 29311 元，实际销货款计 18335 元；被依法查扣 320 件，标价 1355117 元；非法经营额计 1373452 元的事实。

证据八：我局提取的当事人身份证复印件、授权委托书，证明当事人的身份。

在调查过程中，当事人书面向我局提出申辩：

1. 当事人于 2006 年 2 月向国家工商总局商标局申请注册"通灵玉翠"商标，注册号略，类别 14，并于 2006 年 6 月收到了国家工商行政管理总局商标局下发的注册申请受理通知书；

2. 当事人于 2007 年 12 月 18 日在××超市开业之际，将"通灵玉翠"四个字的标签用在了其珠宝首饰上，该标签的"通灵玉翠"四个字用绿色醒目花边圈在一起，组成了一个整体。即与其申请的四个字商标相符，有能够起到商标所应有的区分不同服务提供者的作用；

3. 我局于 2008 年 1 月 27 日查封当事人的货品，当事人认为我局对商标使用人应本着指导、教育、引导的原则责令其限期改正，又因其未将"通灵玉翠"四字刻在货品上，且经营不久，销售业绩不佳，并未对他人及社会造成伤害及不良影响，故可将标签和货品分离后退还货品；

4. 当事人主观上不存在任何不良企图，确因经营所需，完全是按照受理通知书上的四个字在使用，其在我局调查之间，积极配合，从中也学会了很多以前没有领会透彻的有关精神，希望我局本着人性化的精神对此事进行裁决。

我局认为：

1. 当事人收到国家工商行政管理总局商标局下发的"通灵玉翠"注册申请受理通知书，申请号非当事人所称的注册号，且受理不等于已经取得国家工商总局商标局核准注册。受理通知书仅是受理商标注册申请的凭证，而不是该商标核准注册的证书。

2. 当事人向国家工商总局商标局提出的"通灵玉翠"商标申请已经取得《注册申请受理通知书》是事实,但这仅仅是申请商标注册的程序行为。即使进入实质性审查程序,依据《商标法》第九条"申请注册的商标,应当有显著特征,便于识别,并不得与他人在先取得的合法权利相冲突。"的规定,"玉翠"是珠宝的通用名称,按照显著性要求,当事人申请注册在第14类使用在珠宝上的"通灵玉翠"商标的主体部分"通灵"与商标注册人注册在同一种商品上的×号注册商标"通灵"音、义相同,字形相似。《中华人民共和国商标法》第五十二条规定:"有下列行为之一的,均属侵犯注册商标专用权:(一)未经商标注册人的许可,在同一种商品或者类似商品上使用与其注册商标相同或者近似的商标的"。当事人未经"通灵"商标注册人许可,在同一种商品上使用与"通灵"注册商标近似的"通灵玉翠"商标,故当事人的上述行为侵犯了商标注册人的"通灵"注册商标专用权。

3. 当事人未将"通灵玉翠"四字刻在货品上,不能改变其侵权事实。珠宝商品的物理特性、消费习惯和商业惯例,一般将商标与商品附着使用。当事人经营不久,销售业绩不佳,我局经过调查,情况属实,但其不能改变侵犯"通灵"注册商标专用权的事实。依据《中华人民共和国商标法》第五十三条的规定,当事人提出"可将标签和货品分离后退还货品"的要求,与该法条规定相悖,因此不应采纳。

4. 按现行《商标法》规定,主观上是否存在故意侵权意图,不是构成侵犯注册商标专用权的必要要件。商标注册人×××有限公司在发现当事人使用的商标对其注册商标"通灵"构成侵权时,曾于2008年12月底派员携《营业执照》、"通灵"《商标注册证》复印件等相关材料该公司交涉,采取私立救济方式,通过该公司负责人向当事人及许×等提出停止侵权行为,而当事人以有商标注册申请受理书为由,未停止侵权行为。当事人在本案调查中,经执法人员解释、宣传、教育能配合本案的调查工作。

《中华人民共和国商标法》第五十二条第(一)项规定:"未经商标注册人的许可,在同一种商品或者类似商品上使用与其注册商标相同或者近似的商标的"属于侵犯注册商标专用权。当事人的上述行为，构成《中华人民共和国商标法》第五十二条第（一）项规定所列的侵犯注册商标专用权的行为。

依据《中华人民共和国商标法》第五十三条"有本法第五十二条所列侵犯注册商标专用权行为之一，引起纠纷的，由当事人协商解决；不愿协商或者协商不成的，商标注册人或者利害关系人可以向人民法院起诉，也可以请求工商行政管理部门处理。工商行政管理部门处理时，认定侵权行为成立的，责令立即停止侵权行为，没收、销毁侵权商品和专门用于制造侵权商品、伪造注册商标标识的工具，并可处以罚款。当事人对处理决定不服的，可以自收到处理通知之日起十五日内依照《中华人民共和国行政诉讼法》向人民法院起诉；侵权人期满不起诉又不履行的，工商行政管理部门可以申请人民法院强制执行。进行处理的工商行政管理部门根据当事人的请求，可以就侵犯商标专用权的赔偿数额进行调解；调解不成的，当事人可以依照《中华人民共和国民事诉讼法》向人民法院起诉"和《中华人民共和国商标法实施条例》第五十二条"对侵犯注册商标专用权的行为，罚款数额为非法经营额 3 倍以下；非法经营额无法计算的，罚款数额为 10 万元以下"的规定，拟对当事人作出行政处罚：

1. 责令立即停止侵权行为；

2. 没收侵犯注册商标专用权的"通灵玉翠"珠宝 320 件。

2008 年 5 月 21 日，我局依据《行政处罚法》第三十一条"行政机关在作出行政处罚决定之前，应当告知当事人作出行政处罚决定的事实、理由及依据，并告知当事人依法享有的权利。"、第三十二条"当事人有权进行陈述和申辩。行政机关必须充分听取当事人的意见，对当事人提出的事实、理由和证据，应当进行复核；当事人提出的事实、理由或者证据成立的，行政机关应当采纳。行政机关不得因当事人申辩而加重处罚。"、第四十二第一款"当事人要求听证的，应当在行政机关告知后 3 日内提出"的规定，依法向当事人送达了×工商案听字［2008］第×号《行政处罚听证告知书》。告知当事人我局依据《中华人民共和国商标法》第五十三条、《中华人民共和国商标法实施条例》第五十二条的规定，拟对当事人作出如下处罚决定：1. 责令立即停止侵权行为；2. 没收侵犯注册商标专用权的"通灵玉翠"珠宝320件并告知当事人依法享有的权利。当事人在法定期限内未提出陈述、申辩和听证的要求。

综上所述：当事人的行为构成《中华人民共和国商标法》第五十二条第（一）项规定所列的侵犯注册商标专用权的行为。依据《中华人民共和国商标法》第五十三条、《中华人民共和国商标法实施条例》第五十二条的规定，决定对当事人作出如下行政处罚：

1. 责令立即停止侵权行为；

2. 没收侵犯注册商标专用权的"通灵玉翠"珠宝320件。

当事人应在收到本处罚决定书之日起十五日内（末日为节假日顺延），到中国农业银行×市任一网点缴清上述款项。若使用转账支票、银行本票、银行汇票缴纳罚没款时，必须在转账支票、银行本票、银行汇票"收款人"栏填写"代报解罚没收入专户"，在转账支票、银行本票、银行汇票"用途"栏填写"缴纳×工商行政管理局罚没款"。逾期不缴纳的，将依据《行政处罚法》的有关规定，每日按罚款数额的百分之三加处罚款。

如对本处罚决定不服，可在接到本处罚决定书之日起六十日内向×工商行政管理局或×市人民政府申请行政复议，也可在接到本处罚决定书之日起十五日内直接向×市人民法院提起行政诉讼。

×工商行政管理局

×年×月×日

点评：

作为一件案情并不复杂的商标案件，本文书在证据列举和定性说理部分比较突出，从几个不同角度对当事人的行为进行分析，同时结合当事人的申辩意见，采用法律解释和法理学理论等各种方法合理论证，运用法律逻辑思维、生活常识、专业知识和有关科学原理进行分析，具有较好的针对性和充分的说理性。

不足：本案认定非法经营额100多万，对只没收侵权商品而没有罚款的理由没有说明，自由裁量权适用没有专门说理。

关于对某公司
侵犯注册商标专用权案的处罚决定

×工商行政管理局行政处罚决定书

×工商案［2010］第×号

当事人：×××机电设备有限公司

住所：略

法定代表人姓名：陈×

经营范围：发电机、发电机电器控制屏、液压升降机制造，发电机组组装、维修、出租服务，柴油机销售，自营本公司自产产品的进出口及技术业务（国家法律、行政法规禁止经营除外）

注册号：略

2010年3月22日，我局接群众举报，称当事人向四川省B公司（以下简称"B公司"）销售假冒"STAMFORD"发电机，要求工商部门查处。经执法人员赴四川调查，在位于成都市××区××机电城B公司门市，发现1台标称×机电设备有限公司生产组装的发电机组，该发电机组的发电机铭牌标注有红色且突出的商标"STAMFORD"。为进一步查清案情，4月9日，经局长批准对当事人涉嫌侵权行为立案调查。

经查，当事人在营销中发现用"STAMFORD"牌发电机组装成的发电机组比较畅销。为增加销路，2010年3月初，当事人在明知"STAMFORD"是他人注册商标的情况下，以30000元的价格，向发电机生产企业××市A公司（以下简称A公司，另案处理）定制1台标注"STAMFORD"商标的发电机。3

月17日,A公司按约定向当事人交付了1台额定功率450KW发电机,该机铭牌标注有红色且突出的"STAMFORD"英文字母商标、"ID NO10222054"等内容。当事人利用该台发电机与另外购进的柴油机等部件组装成发电机组后,于2010年3月20日,以137000元的价格卖给江都人胡×在成都设立的B公司。2010年6月10日,当事人主动将上述销往B公司的发电机上的铭牌收回,并交与执法人员。

经查:康明斯交流发电机技术系统有限公司是"STAMFORD"注册商标的所有权人。A公司生产并销售给当事人额定功率450KW发电机的铭牌标注"STAMFORD"商标的行为,未经康明斯交流发电机技术系统有限公司授权许可。

另查明:当事人卖给B公司的发电机组售价137000元,其价格组成中,发电机为31200元。至案发时,当事人尚未与B公司、A公司结算货款。

以上事实证据如下:

证据一:2010年3月30日,执法人员在B公司门市制作的《现场笔录》1份对、拍摄照片5张、提取《身份证》复印件1份、《××运输有限公司物流合同》复印件1份、《领款单》复印件1份,证明当事人涉嫌侵犯"STAMFORD"注册商标专用权的行为;

证据二:对当事人的法定代表人陈×进行的《询问(调查)笔录》3份、对当事人的员工陈×(陈×父亲)进行的《询问(调查)笔录》1份,在B公司门市制作的《现场笔录》1份、拍摄照片5张、提取《身份证》复印件1份、《××运输有限公司物流合同》复印件1份、《领款单》复印件1份,证明当事人售给B公司发电机组,以及当事人组织生产该台发电机组的相关事实;

证据三:当事人提供的《送货单》客户联(NO 00257518)复印件1份,A公司提供的《送货单》存根联(NO 00257518)1份,对当事人的法定代表人陈×进行的《询问(调查)笔录》3份、对当事人的员工陈×(陈×父亲)进行的《询问(调查)笔录》1份,对A公司法定代表人武×进行的《询问(调查)笔录》1份,A公司提供的《销售台账》复印件1份,证明当事人要求定制并从A公司以30000元价格购进1台额定功率450KW发电机,该机铭牌标注有红色且放大的"STAMFORD"英文字母、"ID NO 10222054"等内容的相关事实，以及当事人在明知"STAMFORD"是他人的注册商标的情况下，为更好地在市场销售发电机组，从 A 公司定购发电机的事实情况；

证据四：康明斯交流发电机技术系统有限公司出具的《情况说明》、对 A 公司法定代表人武×进行的《询问（调查）笔录》2 份，证明 A 公司售给当事人的发电机标注"STAMFORD"注册商标未经康明斯交流发电机技术系统有限公司授权许可；

证据五：当事人提供的《发电机组成本核算清单》1 份、发电机组价格单复印件 1 份、对当事人的法定代表人陈×进行的《询问（调查）笔录》1 份，证明当事人卖给 B 公司 137000 元的发电机组价格组成中发电机价格为 31200元；

证据六：康明斯交流发电机技术系统有限公司出具的"STAMFORD"注册商标证书复印件 1 份，证明"STAMFORD"商标的权属情况，以及核定使用商品包括电机、发电机等；

证据七：当事人提供的《企业法人营业执照》复印件 1 份，证明当事人的基本情况；

证据八：执法人员提取的 A 公司《企业法人营业执照》复印件 1 份、陈×《身份证》复印件 1 份、陈×《身份证》复印件 1 份，证明其基本情况；

证据九：当事人提供的标注有"STAMFORD、ID NO 10222054"等内容的发电机铭牌 1 块、对当事人的法定代表人陈×进行的《询问（调查）笔录》1份，证明当事人有主动消除违法行为危害后果的积极行为。

与本案有关的其他证据材料。

在调查过程中，当事人提出其销出的是整个发电机组，而不是单纯的发电机，且发电机组的发电机、柴油机等主要部件以及组装厂家（当事人公司）均以铭牌形式进行了明示，其销售的发电机组本身并不侵权，因此不应构成商标侵权行为。

我局认为：

1.《商标法》第五十二条第（二）项所规定的"销售"应当作广义的理解，

泛指所有的贸易活动。《与贸易有关的知识产权协议》第十六条规定"注册商标所有人应享有专有权防止任何第三方未经许可而在贸易活动中使用与己注册商标相同或近似标记去标示相同或类似的商品或服务，以造成混淆的可能"。《协议》把第三方的行为界定为贸易活动中的使用行为，而不是单纯的销售行为。鉴于《商标法》的立法精神与《协议》是一致的，本案中当事人的行为可理解为销售。

2.《商标法》第五十二条第（二）项所称的"销售侵犯注册商标专用权商品"，应当是指在商业（营利）活动中，有偿转让侵犯注册商标专用权的商品的所有权。经营者将侵权商品用于生产、加工、组装新产品并出售的，只要在加工成果或新产品上仍然保留了侵权商标，应当认定为销售侵犯注册商标专用权商品。因为加工业务的实质，就是有偿转让承揽加工工作成果的所有权，作为零配件、原材料的侵权商品的所有权也就一并有偿转让了。本案中当事人售出的发电机组的发电机应认定为侵犯注册商标专用权的行为。

因此，当事人的异议不构成商标侵权的理由不能成立。

我局于2010年7月30日依法向当事人送达了×工商听告〔2010〕×号《行政处罚听证告知书》，当事人在法定期限内未提出陈述、申辩，也未要求听证。

当事人在明知"STAMFORD"是他人注册商标的情况下，仍购进侵犯注册商标专用权的发电机，并组装成发电机组对外销售，其行为构成了《商标法》第五十二条（二）项"销售侵犯注册商标专用权的商品的"的行为。其销售的发电机组中的发电机应认定为侵犯注册商标专用权的商品。根据《商标法》五十三条"有本法第五十二条所列侵犯注册商标专用权行为之一，引起纠纷的，由当事人协商解决；不愿协商或者协商不成的，商标注册人或者利害关系人可以向人民法院起诉，也可以请求工商行政管理部门处理。工商行政管理部门处理时，认定侵权行为成立的，责令立即停止侵权行为，没收、销毁侵权商品和专门用于制造侵权商品、伪造注册商标标识的工具，并可处以罚款。当事人对处理决定不服的，可以自收到处理通知之日起十五日内依照《中华人民共和国行政诉讼法》向人民法院起诉；侵权人期满不起诉又不履行的,工商行政管理部门可以申请人民法院强制执行。进行处理的工商行政管理部门根据当事人的请求,可以就侵犯商标专用权的赔偿数额进行调解;调解不成的,当事人可以依照《中华人民共和国民事诉讼法》向人民法院起诉。"的规定,应给予当事人相应的处罚。依据《行政处罚法》第二十七条(一)项"主动消除或者减轻违法行为危害后果的;"之规定,结合该案中当事人有主动消除违法行为危害后果的情形,应当依法从轻处罚。

综上所述,当事人的上述行为构成了《商标法》第五十二条(二)项"销售侵犯注册商标专用权的商品的"行为,依据《商标法》第五十三条、《商标法实施条例》第五十二条"对侵犯注册商标专用权的行为,罚款数额为非法经营额3倍以下;非法经营额无法计算的,罚款数额为10万元以下"的规定,决定责令当事人停止侵权行为,并处以罚款35000元。

当事人应当自收到本处罚决定书之日起十五日内(末日为节假日顺延)到中国农业银行×市支行任一网点缴清上述款项。若使用转账支票、银行本票、银行汇票缴纳罚没款时,必须在转账支票、银行本票、银行汇票"收款人"栏填写"待报解罚没收入专户",在转账支票、银行本票、银行汇票"用途"栏填写"缴纳×工商局罚没款"。逾期不缴纳的,每日按罚款数额的百分之三加处罚款。

如不服本处罚决定,可在自收到本处罚决定书之日起六十日内,向×工商行政管理局或×市人民政府申请行政复议,也可以在十五日内直接向×市中级人民法院提起行政诉讼。

×工商行政管理局

×年×月×日

点评:

这个商标侵权案件的特殊之处在于,侵权商品是当事人所销售的发电机组的一部分,当事人据此提出异议认为发电机组不侵权。针对此,办案人员首先引用了《与贸易有关的知识产权协定》,对"销售"的含义做了广义的解释。然后对侵权物品经加工、组装成新产品后的是否侵权问题进行了充分阐释,指出只要加工或组装的新产品上仍保留了侵权商标,应当认定为销售侵犯注册商标专用权商品。正确阐明了《商标法》的立法精神。说理式行政处罚文书不一定要很长篇幅,关键是要阐明处罚依据和理由,充分回应当事人的申辩和质疑,本案的处罚文书很好地做到了这一点。

　　不足:没有认定说明"非法经营额"。

关于对×市活塞厂商标侵权案的处罚决定

×工商行政管理局行政处罚决定书

×工商×字［×］第×号

当事人：××市活塞厂

住所：略

法定代表人：郑×

注册资金：五十五万四千元

经济性质：集体所有制

经营方式：制造、加工、销售；经营范围：活塞加工、内燃机配件制造、机械加工、修理、铝合金加工、内燃机活塞组配

注册号：略

成立日期：1999 年 3 月 11 日

经查，当事人在未与"BH"（渤海）注册商标所有人山东滨州渤海活塞股份有限公司签订商标使用许可合同，也未经授权许可的情况下，为使其加工的潍柴斯太尔 WD68A 型活塞在市场畅销，牟取利益，于 2008 年 6 月 18 日，从××县以每个 3.2 元的价格购进标注有"BH"注册商标标识和"山东滨州渤海活塞股份有限公司"字样的潍柴斯太尔 WD68A 型活塞外包装箱 30 个；以 7.2 元的价格购进标注有"BH"注册商标标识的潍柴斯太尔 WD68A 型活塞产品合格证 90 张，利用自制的铸刻有"BH"商标标识模具，从事加工"BH"牌潍柴斯太尔 WD68A 型活塞。截至 2008 年 9 月 2 日共加工生产"BH"牌潍柴斯太尔 WD68A 型活塞 15 箱（6 只／箱），并以每箱 534 元的价格销往河北保定、庞口两市，共售出 10 箱，获利 772.8 元。尚未使用的 15 个包装箱、75 张产品合格证及

铸造模具1副,被我局依法予以扣押(×工商扣字[2008]第×号)。当事人加工销售上述潍柴斯太尔WD68A型活塞经营额共计8010元。

以上事实证据如下:

证据一:2008年10月10日,经×市活塞厂法定代表人郑×签字盖章确认的本人身份证复印件1份、委托书1份,反映了当事人姓名、性别、民族、年龄、住址及委托该厂主管经营的负责人季×处理×市工商局查处其加工销售"BH"牌潍柴斯太尔WD68A型活塞的委托时间、权限、期限等情况。

证据二:2008年10月10日,经被委托人季×签字盖章确认的本人身份证复印件1份,反映了其姓名、性别、民族、年龄、住址等基本情况。

证据三:2008年10月10日,经被委托人季×签字盖章确认的企业法人营业执照复印件1份,反映了该厂企业名称、住所、法定代表人、注册资金、经济性质、经营方式、经营范围等基本情况。

证据四:2008年10月10日,经被委托人季×签字盖章确认的现场检查笔录1份,照片3张,证明了其经营场所地址、面积、加工"BH"牌潍柴斯太尔WD68A型活塞所使用包装箱、产品合格证的内容、数量、购进地址、价格及销售"BH"牌潍柴斯太尔WD68A型活塞的价格、不能提供山东滨州渤海活塞股份有限公司授权许可使用"BH"注册商标手续等事实。

证据五:2008年10月10日,经被委托人季×签字盖章确认的×工商扣字[2008]第×号扣留财物通知书、财物清单、送达回证各1份,证明了当事人涉嫌的违法行为、采取扣留行政强制措施的单位、扣留依据、扣留时间、扣留财物名称、规格、单位、数量、依法履行告知当事人享有的权利的事实。反映了送达文书的文号、受送达人、送达时间、送达地点、送达方式、收件人签章、送达人员签章等情况。

证据六:2008年10月10日,经被委托人季×签字盖章确认的询问笔录1份,反映了当事人加工"BH"牌潍柴斯太尔WD68A型活塞所使用的包装箱、产品合格证的内容、数量、购进地址、价格及销售"BH"牌潍柴斯太尔WD68A型活塞的时间、地址、数量、价格以及未经山东滨州渤海活塞股份有限公司授权许可使用"BH"注册商标等情况。

证据七:2008 年 10 月 10 日,经被委托人季×签字盖章确认的收据 2 张,反映了当事人购进标注有"BH"注册商标标识潍柴斯太尔 WD68A 型活塞外包装箱和产品合格证的时间、地址、数量、金额等相关情况。

证据八:2008 年 10 月 10 日,经被委托人季×签字盖章确认的实物入库凭证 7 张,反映了当事人加工制造"BH"牌潍柴斯太尔 WD68A 型活塞的时间、数量、规格、成本等相关情况。

证据九:2008 年 10 月 10 日,经被委托人季×签字盖章确认的销售清单 2 张,反映了当事人销售"BH"牌潍柴斯太尔 WD68A 型活塞的时间、地址、数量、规格、单价、金额等相关情况。

证据十:2008 年 10 月 10 日,经被委托人季×签字盖章确认的产品合格证 1 张,反映了产品名称、产品标准、型号、批号、生产日期、生产厂家名称、地址、电话、传真等相关情况。

证据十一:2008 年 10 月 24 日,经当事人盖章确认的生产"BH"牌潍柴斯太尔 WD68A 型活塞情况说明 1 份,反映了加工"BH"牌潍柴斯太尔 WD68A 型活塞所需原料、工艺流程、成本价、生产数量及销售数量、销售价格、销售去向等相关情况。

证据十二:2008 年 10 月 31 日,经××天路商标事务所(有限公司)盖章的商标信息 1 份,反映了"BH"(渤海)牌注册商标的注册号、申请日期、申请人名称、申请人地址、商标图像、商品服务列表、类似群、注册公告期号、专用权期限等相关情况。

我局认为,注册商标的专用权,是指商标注册人在核定使用的商品上专有使用核准注册的商标的权利,它是法定的知识产权。商标专用权只在特定的范围即核定使用的商品与核准注册的商标内有效,并且在该特定范围内商标注册人对其注册商标的专有使用。

"核准注册的商标",是指经商标局核准注册的由文字、图形、字母、数字、三维标志和颜色等要素,以及各要素组合组成的商标;"核定使用的商品",是指注册时核准使用的指定商品类别中的具体商品。核准注册的商标和核定使用的商品是确定注册商标专用权保护范围的两个具体标准。

　　未经商标注册人的许可，是指未按照《商标法》第四十条规定办理许可手续，在同一种商品或者类似商品上使用与其注册商标相同或者近似的商标的行为。其具体表现形式有以下几种情况：一是在同一种商品上使用与他人的注册商标相同的商标；二是在同一种商品上使用与他人的注册商标近似的商标；三是在类似商品上使用与他人的注册商标相同的商标；四是在类似商品上使用与他人的注册商标近似的商标。实施上述行为，无论是出于故意还是过失，都会造成商品来源的混淆，使消费者发生误认误购，从而损害到商标注册人的合法权益和消费者的利益，是典型的商标侵权行为。

　　本案中当事人未与"BH"（渤海）注册商标所有人签订商标使用许可合同，在未经授权许可的情况下，购进标注有"BH"注册商标标识和"山东滨州渤海活塞股份有限公司"字样的潍柴斯太尔 WD68A 型活塞外包装箱和产品合格证，利用自制铸刻有"BH"商标标识模具，在相同的商品上使用注册商标所有人山东滨州渤海活塞股份有限公司的"BH"注册商标，造成商品来源混淆，使相关公众误认、误购，损害了商标注册人的合法权益，构成《商标法》第五十一条第（一）项规定的侵犯注册商标专用权的行为。

　　鉴于当事人为使其加工的潍柴斯太尔 WD68A 型活塞在市场畅销，购进标注有"BH"注册商标标识和"山东滨州渤海活塞股份有限公司"字样的潍柴斯太尔 WD68A 型活塞外包装箱、产品合格证以及利用自制的铸刻有"BH"商标标识模具，从事加工销售"BH"牌 WD68 型活塞的行为，造成了商品来源的混淆，使消费者发生误认误购，从而损害到商标注册人的合法权益和消费者的利益，严重扰乱了市场经济秩序，社会危害性较大，具有从重处罚情节。

　　综上所述，当事人的行为违反了《中华人民共和国商标法》第五十二条第（一）项"未经商标注册人的许可，在同一种商品或者类似商品上使用与其注册商标相同或者近似的商标的"的规定，属于侵犯注册商标专用权的行为。2008 年 11 月 3 日，按照《中华人民共和国行政处罚法》第三十一条"行政机关在作出行政处罚决定之前，应当告知当事人作出行政处罚决定的事实、理由及依据，并告知当事人依法享有的权利。"、第三十二条"当事人有权进行陈述和申辩。行政机关必须充分听取当事人的意见,对当事人提出的事实、理由和证据,应当进行复核;当事人提出的事实、理由或者证据成立的,行政机关应当采纳。行政机关不得因当事人申辩而加重处罚。"、第四十二条"行政机关作出责令停产停业、吊销许可证或者执照、较大数额罚款等行政处罚决定之前,应当告知当事人有要求举行听证的权利;当事人要求听证的,行政机关应当组织听证。当事人不承担行政机关组织听证的费用。听证依照以下程序组织:(一)当事人要求听证的,应当在行政机关告知后3日内提出;(二)行政机关应当在听证的7日前,通知当事人举行听证的时间、地点;(三)除涉及国家秘密、商业秘密或者个人隐私外,听证公开举行;(四)听证由行政机关指定的非本案调查人员主持;当事人认为主持人与本案有直接利害关系的,有权申请回避;(五)当事人可以亲自参加听证,也可以委托1至2人代理;(六)举行听证时,调查人员提出当事人违法的事实、证据和行政处罚建议;当事人进行申辩和质证;(七)听证应当制作笔录;笔录应当交当事人审核无误后签字或者盖章。当事人对限制人身自由的行政处罚有异议的,依照治安管理处罚条例有关规定执行。"和《工商行政管理机关行政处罚案件听证规则》第六条"制定工商行政管理规章,应当遵循下列原则:(一)国家法制统一原则;(二)依照法定职权和程序制定原则;(三)职权和责任相一致原则;(四)维护公民、法人和其他组织合法权益原则;(五)保障行政机关依法行使职权原则。"、第七条"制定工商行政管理规章应当坚持科学立法、民主立法,做到结构严谨,内容完备,形式规范,条理清晰,用词准确,文字简洁,具有可操作性。"、第八条"工商行政管理规章规定的事项应当属于执行法律、行政法规及国务院有关决定、命令的事项,其内容不得与上位法相抵触。在上位法设定的行政许可、行政处罚、行政收费、行政强制措施等事项范围内,对实施上述事项作出具体规定的,一般应当制定规章。法律、行政法规尚未规定的,需要对违反行政管理秩序的行为设定警告或者一定数量罚款的,应当制定规章。"、第九条"工商总局法规司为工商总局的法制机构(以下简称法制机构),承担组织规章的起草、审查、备案、解释、修改、废止、汇编、翻译等具体工作。"之规定,我局下发×工商听告字[2008]第

×号听证告知书,告知当事人拟作出行政处罚决定的事实、理由、依据和处罚内容及依法享有陈述、申辩、要求举行听证的权利。当事人在规定的期限内未进行陈述、申辩,也未要求举行听证。依据《中华人民共和国商标法》第五十三条"有本法第五十二条所列侵犯注册商标专用权行为之一,引起纠纷的,由当事人协商解决;不愿协商或者协商不成的,商标注册人或者利害关系人可以向人民法院起诉,也可以请求工商行政管理部门处理。工商行政管理部门处理时,认定侵权行为成立的,责令立即停止侵权行为,没收、销毁侵权商品和专门用于制造侵权商品、伪造注册商标标识的工具,并可处以罚款"和《中华人民共和国商标法实施条例》第五十二条"对侵犯注册商标专用权的行为,罚款数额为非法经营额3倍以下;非法经营额无法计算的,罚款数额为10万元以下"之规定,经研究决定对当事人作如下处罚:

1. 没收侵权活塞5箱、尚未使用的包装箱15个、产品合格证75张及铸造模具1副;

2. 处以非法经营额2.5倍的罚款,计20025元;

上述两项合计20025元。

当事人应在收到处罚决定书之日起十五日内(末日为节假日顺延),到农业银行×分行营业部缴纳罚款。账户:××财政厅罚没收入专用账户。

逾期不缴纳罚款,我局将依照《中华人民共和国行政处罚法》第五十二条:"当事人逾期不履行行政处罚决定的,作出行政处罚决定的行政机关可以采取下列措施:(一)到期不缴纳罚款的,每日按应缴罚款数额的百分之三加处罚款;(二)根据法律规定,将查封、扣押的财物拍卖或者将冻结的存款划拨抵缴罚款;(三)申请人民法院强制执行"的规定执行。

如不服本处罚决定,可在收到处罚决定书之日起六十日内向×工商行政管理局或×市人民政府申请复议;也可在收到处罚决定书之日起十五日内直接向×人民法院提起诉讼。复议或诉讼期间行政处罚不停止执行。

×工商行政管理局

×年×月×日

点评：

　　本文书证据表述到位，罗列清楚，一目了然。文书说理部分内容充分详实，对违法行为的构成要件做了清楚明确的表述，对法律条文的引用非常恰当，并且结合案件实际情况进行论述，很有说服力。文中对非法经营额的计算非常准确，其计算方式依据了《最高人民法院、最高人民检察院关于办理侵犯知识产权刑事案件具体应用法律若干问题的解释》第十二条的规定。

　　不足：文书结构不够完整，没有立案过程的表述，告知情况没有用独立的段落进行表述；处以非法经营额 2.5 倍的罚款，没有说明自由裁量的理由、依据。

关于对××食品有限公司
擅自使用知名商品特有的包装、装潢
和注册商标的处罚决定

×工商行政管理局行政处罚决定书

×工商检处字[2009]第×号

当事人:××食品有限公司

住所:略

法定代表人:刘×

注册资本:人民币叁仟叁佰捌拾肆万元

实收资本:人民币贰仟贰佰叁拾伍万元

公司类型:法人独资有限责任公司

经营范围:肉及制品、水产品、速冻面点、米点食品(是否为糕点食品?),速冻果蔬、菜肴生产销售;冷冻饮品、饮料加工制造销售;制冷;建材、矿产品(除国家专控物资);粮食收购、零售;食用动物、牛皮、糖、汽车配件商业;经营本企业自产产品及相关技术出口业务及本企业生产、科研所需的原辅材料、机械设备、仪器仪表零配件及相关技术的进口业务(国家限定公司经营和禁止进口的商品除外);开发、生产、加工、销售包装及包装(薄膜、纸制)彩色印刷品。兼营:火车的货物储存、中转、运输;机械维修;制冷设备安装;经营本企业的进料加工和"三来一补"业务(凡涉及许可证的项目凭许可证在有效期限内经营)

注册号:略

现已查明,当事人于 2009 年 5 月 17 日以 235.50 元/卷的价格从××市××印务有限公司定制购进 11 卷(16cm×1500m/卷)×牌小布丁奶油口味雪糕的外包装材料,然后利用这些×牌小布丁奶油口味雪糕的外包装材料,在 2009 年 6 月 26 日包装生产了 627 箱(60 支/箱)×牌小布丁奶油口味雪糕;在 2009 年 7 月 12 日包装生产了 706 箱(60 支/箱)×牌小布丁奶油口味雪糕,至此,除正常损耗外,当事人所购进 11 卷×牌小布丁奶油口味雪糕的外包装材料均已全部使用。至 2009 年 7 月 23 日止,当事人所生产的×牌小布丁奶油口味雪糕已销售 627 箱,售价为 0.26 元/支,减去原材料 0.1053 元/支、包装袋 0.0374 元/支、雪条棒 0.0073 元/支和包含税费的管理费用 0.0125 元/支,每支获利 0.0975 元,当事人共获利 3667.95 元;尚库存 706 箱。按销售价计算,当事人所生产的×牌小布丁奶油口味雪糕货值 20794.80 元。

当事人所生产的×牌小布丁奶油口味雪糕的外包装、装潢与内蒙古伊利实业集团股份有限公司已于 2002 年 3 月 20 日获得外观设计专利的伊利牌小布丁奶油口味雪糕的外包装、装潢非常相似,另外伊利牌小布丁奶油口味雪糕的外包装上的"卡通人"图形已于 2008 年 3 月 21 日获准在第 30 类商品上商标注册,而当事人所生产的×牌小布丁奶油口味雪糕的外包装上的"卡通人"图形与伊利牌小布丁奶油口味雪糕的外包装上的"卡通人"图形基本一样。但内蒙古伊利实业集团股份有限公司从未授权当事人使用该公司的小布丁奶油口味雪糕的外包装、装潢和"卡通人"图形注册商标。

以上事实主要证据如下:

证据(一)内蒙古伊利实业集团股份有限公司投诉书 2 份,授权委托书 3 份,内蒙古伊利实业集团股份有限公司盖章确认的《企业法人营业执照》、《营业执照》、《外观设计专利证书》复印件各 2 份、《商标注册证》复印件 5 份、《中国弛名商标》复印件各 1 份,伊利广西分公司工作人员提供的伊利牌小布丁奶油口味雪糕外包装袋和×牌小布丁奶油口味雪糕外包装袋各 1 只,用以证明查办当事人涉嫌擅自使用知名商品特有的包装、装潢和注册商标的不正当竞争案的案件来源;

证据(二)内蒙古伊利实业集团股份有限公司出具的证明书1份,证明内蒙古伊利实业集团股份有限公司从未授权当事人使用该公司的小布丁奶油口味雪糕的外包装、装潢和注册商标的事实;

证据(三)2009年7月23日对当事人进行检查的《现场笔录》1份,2009年7月23日×工商检扣(2009)第×号《实施行政强制措施通知书》1份,现场检查时提取的经当事人确认的×牌小布丁奶油口味雪糕外包装袋1只,证明当事人生产×牌小布丁奶油口味雪糕的事实;

证据(四)当事人提供的××市×印务有限公司付货单复印件1份,证明当事人定制购进11卷(16cm×1500m/卷)×牌小布丁奶油口味雪糕的外包装材料的事实;

证据(五)对当事人生产和销售的负责人进行调查的《询问笔录》3份,当事人提供的产品交库单2份、冰淇淋发货单复印件16份和奶油布丁成本、利润核算单1份,证明当事人2009年6月26日至2009年7月12日,生产×牌小布丁奶油口味雪糕1333箱(60支/箱),已销售627箱,库存706箱,经营额20794.80元,获利3667.95元的事实;

证据(六)当事人提供的企业法人营业执照复印件1份,证明当事人的身份。

本案调查终结后,2009年10月21日,本局到当事人住所向当事人直接送达了×工商检告字[2009]×号《行政处罚告知书》,但当事人的负责人和授权委托人当场均表示拒绝签收。不得已,本局于2009年10月22日向当事人邮寄送达了×工商检告字[2009]×号《行政处罚告知书》,当事人在邮寄之日起15日内未向本局陈述和申辩。

本局认为:经营者在市场交易中,应当遵循自愿、平等、公平、诚实信用的原则,遵守公认的商业道德,不得采用不正当手段从事市场交易,损害竞争对手。内蒙古伊利实业集团股份有限公司所使用的小布丁奶油口味雪糕的外包装和装潢非为该类商品所通用,具有显著的区别性特征,且取得外观设计专利和"卡通人"图形商标注册,并使用在先,该种包装、装潢为内蒙古伊利实业集团股份有限公司所特有。

　　当事人生产销售的×牌小布丁奶油口味雪糕使用的外包装、装潢在整体设计上，与内蒙古伊利实业集团股份有限公司的小布丁奶油口味雪糕的外包装、装潢大同小异，一般购买者以普通注意力极易对产品的来源发生误认和混淆。当事人的行为已构成了《中华人民共和国反不正当竞争法》第五条第（一）、（二）项和《××自治区反不正当竞争条例》第七条第（一）项、第八条第一款规定的擅自使用知名商品特有的包装、装潢和注册商标的不正当竞争行为。

　　鉴于当事人能积极配合工商部门调查处理，违法行为造成实际危害后果较轻，符合《××工商行政管理机关行使行政处罚自由裁量权的规定》第六条第一款"具有下列情形的违法行为应当从轻处罚"第（八）项"其他违法行为情节与危害后果较轻并能及时纠正的。"和第二款"对上列从轻处罚的违法行为，必须符合下列条件：1. 首次实施违法行为；2. 行为人主动消除或者减轻违法行为危害后果；3. 违法经营额数较小。"规定从轻处罚的情形，且当事人主要是从整体上仿冒内蒙古伊利实业集团股份有限公司的小布丁奶油口味雪糕的外包装、装潢，而非单独使用该公司的"卡通人"图形商标。为保护企业和消费者的合法权益，遵循处罚与教育相结合的原则，依据《××自治区反不正当竞争条例》第二十八条"经营者违反本条例第八条、第十一条、第十二条、第十五条、第十六条、第十八条、第十九条规定的，依照《中华人民共和国反不正当竞争法》的规定给予行政处罚；构成犯罪的，依法追究刑事责任。"、《中华人民共和国反不正当竞争法》第二十一条第二款"经营者擅自使用知名商品特有的名称、包装、装潢，或者使用与知名商品近似的名称、包装、装潢，造成和他人的知名商品相混淆，使购买者误认为是该知名商品的，监督检查部门应当责令停止违法行为，没收违法所得，可以根据情节处以违法所得一倍以上三倍以下的罚款；情节严重的，可以吊销营业执照；销售伪劣商品，构成犯罪的，依法追究刑事责任。"和国家工商总局《关于禁止仿冒知名商品特有名称、包装、装潢的不正当竞争行为的若干规定》第八条第一款"经营者有本规定第二条所列行为的，工商行政管理机关除依前条规定予以处罚外，对侵权物品可作如下处理：第（二）项责令并监督侵权人消

除现存商品上侵权的商品名称、包装和装潢；"的规定,责令当事人立即停止侵权行为,并作如下处罚:

一、责令并监督侵权人消除现存商品上侵权的商品包装和装潢;

二、没收违法所得人民币 3667.95 元,上缴国库;

三、罚款人民币 3732.05 元,上缴国库。

当事人应自接到本处罚决定书之日起 15 日内将罚款交至工商行政管理机关罚款代收机构(代收机构名称:中国建设银行×市支行;地址:略;户名:×市工商行政管理局;账号:略)。到期不缴纳的,本局可以每日按罚款数额的百分之三加处罚款。

如你单位不服本处罚决定,可以在接到本处罚决定书之日起 60 日内向×自治区工商行政管理局或者×市人民政府申请行政复议;也可以在接到本处罚决定书之日起 3 个月内依法向人民法院提起诉讼。复议或诉讼期间行政处罚不停止执行。

×工商行政管理局

×年×月×日

点评:

1. 文书就已列举的证据看,层次清楚,证明对象明确。

2. 违法事实不够清楚:一是未表述和认定被侵权的商品是知名商品;二是未表述和认定被侵权商品和侵权商品的包装、装潢谁使用在先;三是未对侵权商品和被侵权商品的包装、装潢是否相似进行比对性描述;四是处罚裁量中认定的从轻情节所涉及的事实没有表述和认定。且前述事实均无证据证明。

3. 从文书叙述的事实看,存在擅自使用知名商品特有的包装、装潢和侵犯注册商标专用权两个违法行为,而文书只对当事人擅自使用知名商品特有的包装、装潢的行为进行了认定和处罚,对商标侵权行为却未予认定,且未说明理由。

4. 证据列举中虽然有案由的证据,却无案由的表述。案由是启动案件程序的合法性和正当性的反映,如果缺失则可能招致质疑。

关于对沈×利用网络
销售假冒商品案的处罚决定

×工商行政管理局行政处罚决定书

×工商案字［2008］第×号

当事人:沈×

身份证号码:略

住址:略

2008 年 9 月 16 日,我局接举报称:当事人利用淘宝网销售侵权斯伯丁篮球、adidas、Nike(图形商标)足球,要求工商部门查处。同日,我局执法人员对当事人位于×市×镇×号的经营现场进行了检查,发现当事人正在淘宝网上利用×会员名在销售篮球和足球等,现场有标斯伯丁商标的篮球 135只,adidas 足球 83 只、Nike(图形商标)足球 36 只,其行为涉嫌构成了《中华人民共和国商标法》第五十二条第一款(二)项规定之行为。同日,我局根据《工商行政管理机关行政处罚程序暂行规定》第十七条规定,予以立案调查。并根据《中华人民共和国商标法》第五十五条的规定,对涉嫌侵权假冒斯伯丁商标的篮球 135 只,adidas 足球 83 只、Nike(图形商标)足球 36 只进行封存,同时依法向沈×送达了×工商扣字［2008］第×号封存财物通知书。

现查明:当事人于 2005 年 8 月 21 日用丈夫顾×的名字在淘宝网(浙江淘宝网络有限公司开设)上注册会员名"×,在支付宝(支付宝(中国)网络技术有限公司开设)上注册账户(账户号:略),并又用顾×的身份证在淘宝网上开设店铺(店铺名:×体育)。当事人于 2007 年 1 月至 2008 年 9 月 16 日期间,在×市利用淘宝网上开设的店铺,从事斯伯丁® SPALDING®篮球、adidas®足球、Nike(图形商标)足球销售活动,并通过支付宝账户收取货款,期间当事人从×体育用品厂陈×处共购进购进斯伯丁® SPALDING®篮球 6000只;从×体育用品厂陈×和×商贸城共购进 adidas®足球 551 只;从马×和×商贸城共购进 Nike®(图形商标)足球 1062 只,其中网上记录销售斯伯丁® SPALDING®篮球 8057 只,计销货金额 474201.3 元(支付宝上交易金额,其中包含由买家支付的邮寄费),其中邮寄费为 15 元/只,计邮寄费 120855 元,实际销售金额 491442.3 元;已销售 adidas®足球 468 只,计销货金额 25191.6元(支付宝上交易金额,其中包含由买家支付的邮寄费),其中邮寄费为 15元/只,计邮寄费 7020 元,实际销售金额 18171.6 元;已销售 Nike(图形商标)足球 1026 只,计销货金额 46441.4 元(支付宝上交易金额,其中包含由买家支付的邮寄费),其中邮寄费为 15 元/只,计邮寄费 15390 元,合计实际销售金额 31051.4 元,合计销售金额 264473.3 元。另有斯伯丁® SPALDING®篮球 135 只、adidas®足球 83 只、Nike(图形商标)足球 36 只未售,被我局依法封存。而斯伯丁® SPALDING 商标的注册人是 A 有限公司,商标注册号为 799388、799387(核定使用范围包括篮球);adidas 商标的注册人是 B 有限公司,商标注册号为 162239(核定使用范围包括球类);Nike(图形商标)商标的注册人是 C 有限公司,注册号为 1152156(核定使用范围包括英式足球、美式足球)。当事人销售的上述篮球和足球分别经"SPALDING"商标注册人 A 有限公司的授权委托人×体育用品有限公司鉴定:系假冒产品,adidas 商标的注册人 B 有限公司的授权委托人×(中国)有限公司鉴定:系假冒侵权产品,Nike(图形商标)商标的注册人 C 国际有限公司的授权委托人×体育(中国)有限公司鉴定:系假冒产品。

上述事实,由以下主要证据材料所证实:

证据一:当事人身份证复印件一份,证明当事人的主体资格。

证据二:我局于 2008 年 9 月 16 日对当事人经营场所(住所)《现场检查笔录》1 份,照片 16 张。证明当事人在淘宝网上销售斯伯丁® SPALDING®篮球、adidas®足球、Nike(图形商标)足球,尚有斯伯丁® SPALDING®篮球 135

只、adidas®足球 83 只、Nike®（图形商标）足球 36 只未售的事实。

证据三：浙江淘宝网络有限公司向我局出具的说明 2 份，支付宝（中国）网络技术有限公司向我局出具的说明 1 份，我局对当事人的询问笔录 5 份，顾×的询部笔录 2 份，马×的询问笔录 1 份，支付宝（中国）网络技术有限公司向我局提供的当事人交易记录和我局对当事人在淘宝网上注册的会员名及支付宝上注册的账户上调取的交易记录；证明当事人于 2005 年 8 月 21 日用当事人丈夫顾×的名字在淘宝网（浙江淘宝网络有限公司开设）上注册会员名×，在支付宝（支付宝（中国）网络技术有限公司开设）上注册账户（账户号：2088002045540761×），并又用顾×的身份证在淘宝网上开设店铺（店铺名：×体育），于 2007 年 1 月至 2008 年 9 月 16 日期间，利用在淘宝网上开设的店铺销售并通过支付宝账户收取货款从事斯伯丁® SPALDING®篮球、adidas®足球、Nike（图形商标）足球销售经营活动；从×体育用品厂陈×处共购进购进斯伯丁® SPALDING®篮球 6000 只；从×体育用品厂陈×和×商贸城共购进 adidas®足球 551 只；从马×和×商贸城共购进 Nike（图形商标）足球 1062 只，其中已销售斯伯丁® SPALDING®篮球 5865 只，销售金额 215250.3 元，已销售 adidas®足球 468 只，销售金额 18171.6 元，已销售 Nike®（图形商标）足球 1026 只，销售金额 31051.4 元，合计销售金额 264473.3 元的事实。

证据四：我局分别对当事人销售的上述斯伯丁® SPALDING®篮球、adidas®足球、Nike（图形商标）足球的抽样取证记录 3 份，"斯伯丁 SPALDING"商标注册人 A 有限公司的授权委托人×体育用品有限公司鉴定结论报告 1 份，adidas 商标的注册人 B 有限公司的授权委托人×体育（中国）有限公司鉴定证书 1 份，Nike（图形商标）商标的注册人 C 国际有限公司的授权委托人×体育（中国）有限公司鉴定证明 1 份。证明当事人销售上述斯伯丁® SPALDING®篮球、adidas®足球、Nike®（图形商标）足球侵犯斯伯丁、adidas、Nike（图形商标）注册商标专用权的事实。

我局认为，当事人销售侵犯"斯伯丁、SPALDING、adidas、Nike（图形商标）"注册商标专用权的篮球、足球的行为，侵犯了他人注册商标专用权，构成了违反了《中华人民共和国商标法》第五十二条第一款第（二）项"销售侵犯注册商标专用权的商品的"的规定。依据《中华人民共和国商标法》第五十三条"工商管理部门处理时,认定侵权行为成立的,责令立即停止侵权行为,没收、销售侵权商品,并可处以罚款"《中华人民共和国商标法实施条例》第五十二条"对侵犯注册商标专用权的行为,罚款数额为非法经营额3倍以下;非法经营额无法计算的,罚款数额为10万元以下"的规定,拟对当事人作出:1. 责令立即停止违法行为;2. 没收侵犯他人注册商标专用权的斯伯丁篮球 SPALDING 篮球 135 只、adidas 足球 83 只、Nike(图形商标)足球 36只;3. 罚款人民币陆万(60000)元。

2008 年 10 月 6 日,我局依据《中华人民共和国行政处罚法》第三十一条"行政机关在作出行政处罚决定之前,应当告知当事人作出行政处罚决定的事实、理由及依据,并告知当事人依法享有的权利。"、第三十二条"当事人有权进行陈述和申辩。行政机关必须充分听取当事人的意见,对当事人提出的事实、理由和证据,应当进行复核;当事人提出的事实、理由或者证据成立的,行政机关应当采纳。行政机关不得因当事人申辩而加重处罚"、第四十二条第一款"当事人要求听证的,应当在行政机关告知后 3 日内提出;"规定,将×工商听告字[2008]第×号《行政处罚听证告知书》送达当事人。告知当事人我局对其上述行为拟作出行政处罚的事实、理由、依据及当事人依法享有的权利。

当事人申辩,在其店铺设立初期,由于销售较少,为提高店铺信用,在 SPALDING(斯伯丁)®篮球销售中有信用炒作行为,对信用炒作的 2192 只计销售额 12911.9 元不能认定为违法销售额。我局认真听取了当事人的申辩意见,进行了认真的复核,并请教了相关网络销售专家,本着实事求是的原则,对信用炒作产生的虚假交易记录逐一进行剥离。在当事人交易记录中,共计销售假冒 SPALDING(斯伯丁)®篮球 8057 只,计销售金额 474201.3 元;经甄别,用于炒作的有 2192 只,销售金额 129011.9 元,我局不予认定。

综上所述,当事人销售侵犯"斯伯丁 SPALDING、adidas、Nike(图形商标)"注册商标专用权的篮球、足球的行为,侵犯了他人注册商标专用权,违反了《中华人民共和国商标法》第五十二条第一款第(二)项"销售侵犯注册商标专用权的商品的”的规定。依据《中华人民共和国商标法》第五十三条“工商管理部门处理时,认定侵权行为成立的,责令立即停止侵权行为,没收、销售侵权商品,并可处以罚款”、《中华人民共和国商标法实施条例》第五十二条“对侵犯注册商标专用权的行为,罚款数额为非法经营额 3 倍以下;非法经营额无法计算的,罚款数额为 10 万元以下”的规定。决定对当事人单位处理如下:

1. 责令立即停止违法行为;2. 没收侵犯他人注册商标专用权的斯伯丁 SPALDING 篮球 135 只、adidas 足球 83 只、Nike(图形商标)足球 36 只;3. 罚款人民币陆万(60000)元。

当事人应在收到本处罚决定书之日起十五日内(末日为节假日顺延)到中国农业银行×市支行任一网点缴清上述款项。若使用转账支票、银行本票、银行汇票缴纳罚没款时,必须在转账支票、银行本票、银行汇票“收款人”栏填写“待报解罚没收入专户”,在转账支票、银行本票、银行汇票“用途”栏填写“缴纳×工商行政管理局罚没款”。逾期不缴纳的,将依据《中华人民共和国行政处罚法》第五十一条“当事人逾期不履行行政处罚决定的,作出行政处罚决定的行政机关可以采取下列措施:(一)到期不缴纳罚款的,每日按罚款数额的 3% 加处罚款;(二)根据法律规定,将查封、扣押的财物拍卖或者将冻结的存款划拨抵缴罚款;(三)申请人民法院强制执行”的规定,每日按罚款数额的百分之三加处罚款。

当事人如对本处罚决定书不服,可在收到本处罚决定书之日起六十日内向×工商行政管理局或×市人民政府申请复议,也可在十五日内直接向×市人民法院提起行政诉讼。

当事人对本行政处罚决定不服申请行政复议或提起行政诉讼的,除法律另有规定,本处罚决定不停止执行

×工商行政管理局

×年×月×日

点评：

　　该案是利用网络从事违法行为的案件，类型新颖。案件事实表述完整准确，紧扣行政处罚当事人构成行政违法行为的要素和对构成违法有直接影响的主客观构成要件与情节，突出了案件的重点事实。特别是对涉案标的物数量、金额、违法所得等都有较为清晰的说明；同时，对于当事人的主观意图和造成的社会后果作出了客观表述。

　　不足：由于涉及销售数量、单项及合计金额等较多数据，又因为信用炒作出现销货量超过进货量的情况，语句组织上略显杂乱。违法金额已超过刑事追诉标准，是否按照两法衔接要求移送过公安部门未作交代。

二、限制竞争行为

关于××石油燃气有限公司限制竞争案的处罚决定

×工商行政管理局行政处罚决定书

×工商处字［×］第×号

当事人：××石油燃气有限公司

注册号：略

住所：略

法定代表人：姜×

注册资本：叁仟万圆整

公司类型：有限责任公司

经营范围：天然气、石油液化气、燃气器具销售及其管道设施的设计、安装和维修

2008年12月9日，我局公平交易分局接到××省工商行政管理局公平交易分局《督办函》，《督办函》内容：要求我局根据举报调查当事人在市场交易过程中涉嫌存在限制竞争的行为。接函后，我局于2008年12月23日依法立案调查。

经查明：当事人是××市独家经营天然气的公用企业。2005年4月5日，当事人与其股东××市A燃气有限公司（以下简称A公司，占当事人40%的股份）签订CNG《供用气合同》，该合同第九条第三款第二项约定"……供气人不得在××市区域内与其他用气人签订CNG经营用气供气合同，不再从事CNG加气业务经营。"2006年7月18日，××市洁能环保科技

有限公司（以下简称洁能公司）向××市建设委员会申请新建天然气汽车加气站行政许可，××市建设委员会依法对其所送材料进行了审查，指出"发现你公司所送的材料不齐全，缺你公司与气源单位签订的稳定供气合同。"并于2006年10月17日向洁能公司发出了《建设行政许可补正材料通知书》，洁能公司继而向当事人申报了《天然气年用量申报计划》，要求签订供气合同。2006年11月17日，当事人《回复函》称："一、请政府有关职能部门给予明确意见。二、对该公司的用气申请报公司董事会审议。"之后，一直未与洁能公司签订供气合同。2008年8月8日，洁能公司再次向当事人提出申请，当事人再次予以拒绝。拒绝理由为：已与A公司签订了CNG供用合同，需继续履行。其主要原因是："一、因公司当时还处在发展初级阶段，经营CNG加气业务的时机尚不成熟，因此委托股东方A公司经营此项业务。二、根据合资公司章程，在五年后将接纳原××市燃气总公司全体员工，后因合资公司经营需要只接纳了员工总数的三分之一，因此，剩余人员的生存问题由经营CNG加气业务解决。三、A公司作为改制企业和股东一方有优先经营权。四、我公司已陆续接到多家申请经营CNG加气业务的单位和个人，考虑到×城区的CNG用气市场和相关天然气发展规划，因此，要适当控制车用天然气的盲目发展。"

　　证明以上事实的主要证据有：1. 当事人与A公司签订的CNG经营合同，2. 当事人与A公司签订的CNG供应气合同的情况说明，3. 当事人拒绝与洁能公司供气的说明，4. 洁能公司向当事人发出的天然气用气交易函及送达回证，5. 当事人向洁能公司的回复函，6. 洁能公司向××市建设委员会申请增加天然气经营项目的报告，7. ××市建设委员会向洁能公司下达的建设行政许可补正材料通知书，8. 洁能公司举报材料，9. 洁能公司的城市燃气经营许可证。

　　2009年7月1日，本局依法向当事人下达了《行政处罚听证告知书》，2009年7月3日当事人口头提出听证申请。根据当事人的要求，本局于2009年7月30日依法举行了听证会。在听证会上，当事人对调查人员提供的证据的真实性没有异议，但认为这些证据不能证明当事人有不正当竞争行为,其理由:一、根据《××省燃气管理条例》第二十条第(二)项规定,燃气经营公司不得向无燃气经营许可证的单位和个人提供经营性气源,洁能公司无压缩天然气经营许可证,当事人依法不能向其供气;二、调查人员适用法律错误,洁能公司不是合法的压缩天然气经营者,不是受《中华人民共和国反不正当竞争法》第六条保护的"其他经营者";三、按照×政发[2000]2号×市人民政府文件规定当事人拥有天然气的独家经营权,不应再允许其他经营者经营天然气;四、根据第一家优先的商业道德,并且A公司出了五万元的配套费,视为买断了我公司压缩天然气经营用气供气;五、天然气供应指标非常有限,不能满足市场需求;六、责令改正处理决定没有法律依据。

我局认为:一、《××省燃气管理条例》规定的燃气经营企业不得向无燃气经营许可证的单位和个人提供经营性气源,与建设部门要求企业申请办理燃气经营许可证时必须要具有"稳定的气源合同",看似矛盾,实质并不矛盾。因为《××省燃气管理条例》规定"不得向无燃气经营许可证的单位和个人提供经营性气源"是指不得为无证单位和个人直接供气,而建设部门要求的"稳定的气源合同"是指签订合同,它们分别受不同法律法规的调整。签订合同,按照《中华人民共和国合同法》的规定,有合同的订立、合同的履行,是一个交易的过程,当事人可以在合同中注明"待经营许可证办下来后履行合同"。《中华人民共和国合同法》第五十二条规定的五种无效合同中,并没有涵盖当事人与洁能公司签订"稳定的气源合同"的情形。也就是说,签订"稳定的气源合同"法律上没有禁止。最高人民法院关于适用《中华人民共和国合同法》若干问题的解释(一)第四条"合同法实施以后,人民法院确认合同无效,应当以全国人大及其常委会制定的法律和国务院制定的行政法规为依据,不得以地方性法规、行政规章为依据。"由此可见,当事人以《××省燃气管理条例》的规定为由拒绝与洁能公司签订"稳定的气源合同"的理由是不充分的。

二、《反不正当竞争法》中的"经营者"是从行为角度给经营者定性的。即只要参与或者从事市场行为,不论是否已具有法定的经营主体资格,都属于《反不正当竞争法》上的经营者。《反不正当竞争法》第六条"排挤其他经营者的公平竞争"包括排挤现实的竞争和潜在的竞争。现实的竞争是指在市场上业已存在的两个或者两个以上的经营者之间的现实发生着的竞争;潜在的竞争是指尚未进入但可能进入特定市场而与该市场上业已存在的经营者之间可能发生的竞争关系。排挤现实经营者的竞争就是不正当地夺取了特定市场上存在的其他经营者也有可能得到的交易机会,排挤潜在的竞争是指为潜在的竞争者设置进入障碍或者使其放弃进入该市场。《反不正当竞争法》之所以将排挤潜在的竞争也纳入损害目的或者后果之列,是因为《反不正当竞争法》所保护的是竞争或者竞争机制,而不限于保护看得见的现有竞争者。就是说,我国《反不正当竞争法》既保护现实的竞争者,又保护潜在的竞争者。不管不正当竞争行为损害现有的竞争者,还是损害潜在的竞争者,都会对竞争机制造成损害。因此,当事人认为洁能公司不是合法的经营者,不是受《反不正当竞争法》第六条保护的"其他经营者"的观点是对法律的理解有偏差。

三、没有证据证明××市人民政府授予当事人拥有天然气 CNG 加气的独家经营权。当事人提供的×政发[2000]2 号××市人民政府文件没有规定当事人拥有天然气 CNG 加气的独家经营权。

四、商业道德和当事人的行为都不能违反国家法律。

五、天然气供应指标非常有限,不能满足市场需求不能作为公用企业限定他人购买其指定经营者的商品,以排挤其他经营者公平竞争的理由。

六、"责令改正处理决定没有法律依据"。依据《中华人民共和国行政处罚法》第二十三条的规定,"行政机关实施行政处罚时,应当责令当事人改正或者限期改正违法行为。"依据《中华人民共和国反不正当竞争法》第二十三条"公用企业或者其他依法具有独占地位的经营者,限定他人购买其指定的经营者的商品,以排挤其他经营者的公平竞争的,省级或者设区的市的监督检查部门应当责令停止违法行为,可以根据情节处以五万元以上二十万元以下的罚款。被指定的经营者借此销售质次价高商品或者滥收费用的,监督检查部门应当没收违法所得,可以根据情节处以违法所得一倍以上三倍以下的罚款。"的规定,应当责令停止违法行为。

综上所述,当事人作为公用企业就其提供的商品(天然气)与特定经营者(A公司)签订独家交易协议,拒绝与其他经营者进行交易,客观上造成(限定)了他人只能在该特定经营者处购买其提供的商品,排挤了其他经营者进入该商品市场进行公平竞争,这种行为构成了国家工商行政管理局《关于禁止公用企业限制竞争行为的若干规定》第四条第(七)项所指的"其他限制竞争的行为",属于《中华人民共和国反不正当竞争法》第六条禁止的"限定他人购买其指定的经营者的商品,以排挤其他经营者的公平竞争"的行为,依照《中华人民共和国反不正当竞争法》第二十三条的规定,本局决定:

一、责令当事人停止违法行为;

二、对当事人处以罚款十五万元。

当事人必须自收到本处罚决定书之日起15日内履行上述处罚决定,到×市农业银行×支行缴纳罚款(户名:××市工商行政管理局,账号:略)。逾期不缴纳,本局将依照《行政处罚法》第五十一条第(一)项之规定,每日按罚款数额的3%加处罚款。

当事人如对以上处罚不服,可在收到本处罚决定书之日起60日内向×省工商行政管理局或×市人民政府申请复议,或者三个月内依法直接向×人民法院提起行政诉讼。

×工商行政管理局

×年×月×日

点评:

本案属于供气行业的限制竞争案件。依法查处与广大百姓生活密切相关的行业和领域内公用企业的限制竞争行为,是《反不正当竞争法》赋予工商机关的职责。本案的查处对工商机关查处不断变化的限制竞争行为,更好地维护群众利益具有很好的指导意义。

本处罚决定书的违法事实部分叙述较为全面、客观。说理部分论述透彻。从《合同法》、《反不正当竞争法》、《××省燃气管理条例》等不同层级的法律的角度,对当事人行为的违法性进行了充分的论述,体现了以法服人、以理服人的执法理念。如果在说理部分能够依据《合同法》合法原则,从当事人通过签订《供用气合同》实施限制他人从事 CNG 加气业务经营,违反《反不正当竞争法》的角度对当事人行为的违法性加以论述,将更具说理性。因为《合同法》不仅规定了当事人签订合同的自由原则,同时也规定了合法原则,要求当事人签订合同必须符合我国的法律规定,其中也包括《反不正当竞争法》,当事人不得以合同的形式对抗国家法律。一旦出现这种情况,此类合同就成为当事人实施违法行为的证据。

本案经过了听证程序。要求听证是法律赋予当事人的权利,本案当事人行使了其权利,说明其具有较强的法律意识,同时也对工商机关执法人员提高能力和水平起到了促进作用,更能提高工商机关所办案件的质量。

关于中国建设银行
×支行限制竞争案的处罚决定

×工商行政管理局行政处罚决定书

×工商处字[2009]第×号

当事人: 中国建设银行×支行

注册号: 略

营业场所: 略

负责人: 倪×

资金数额: 略

经营范围: 经营中国银行业监督管理委员会依照有关法律、行政法规和其他规定批准的业务,经营范围以批准文件所列的为准。

经查:当事人×支行为完成上级行制定的业务考核指标,在 2006 年 1 月 20 日与××置业有限公司(以下简称×置业)签订 3000 万元的房地产开发《人民币资金借款合同》的同时,要求×置业必须与之签订《银企合作协议》,由其提供"工程预决算审查、项目评估咨询等业务"服务,并据此获取中间业务收入。由于该行无上述业务的相关资质和技术人员,在该行与×置业签订的《银企合作协议》的框架之下,组织中国建设银行股份有限公司×分行造价咨询中心(以下简称造价中心)与×置业于 2006 年 1 月 26 日签订了《工程造价咨询合同》,由造价中心提供上述业务服务,×置业支付 27.776 万元的预结算编审服务费。2007 年 3 月 29 日、2007 年 4 月 5 日、2008 年 2 月 21 日×置业先后付给当事人 70000 元、50000 元、134737.45 元(含×置业代收施工方承建工程项目核减款项 12237.45 元），共计 254737.45 元，当事人均以"询服费"、"手续费"等名义向×置业开具发票，并计入其中间业务费收入科目，对于 23022.55 元差额款，当事人因×置业是老客户，予以优惠。期间，×支行及造价中心并未完全按照合同约定向×置业提供相应的服务，其中工程造价咨询业务也仅仅对"长河景园"一期工程中 1 号楼做了可行报告、为造价 2000 余万元 7－11 号楼住宅楼做了预核算编审。按照×价费发〔1999〕73 号文件和×价费发〔2004〕239 号文件规定，其提供的工程造价咨询项目应收服务费 71158.44 元。扣除当事人上述收入完税金额（企业所得税：2007 年税率为 33%、2008 年为 25%；营业税及按营业税 7% 和 4% 缴纳的城建税和教育费附加合计税率为 5.5%）158456.44 元，违法收入 96281.01 元。

以上违法事实有以下证据：

1. ×置业知情人的调查笔录 2 份，×支行行长倪×调查笔录 1 份、营业部主任闫×调查笔录 2 份，造价中心副主任赵×询问笔录 1 份，×支行及造价中心的情况说明各 1 份；×支行与×置业签订的《人民币资金借款合同》、《房地产开发贷款封闭管理合作协议》、《银企合作协议》各 1 份，造价中心与×置业签订的《×工程造价咨询合同》1 份。证明当事人×支行的限制竞争行为为滥收费用的具体事实；

2. 中国建设银行股份有限公司×分行、×支行营业执照、金融许可证各 1 份，造价咨询中心开展工程造价咨询服务业务的相关批文共 8 份，中国建设银行股份有限公司×分行、×支行对相关单位及知情人的授权委托书共 3 份，经相关知情人核对无误的身份证复印件 3 份。证明当事人及相关人员身份的合法性；

3. 在×支行提取并经其签字确认无误的相关会计凭证复印件共 8 页、造价中心出具并经签章确认的五栋住宅楼工程预结算审查报告复印件 5 份。证明当事人滥收费用的数额；

国家工商行政管理局工商公字〔2000〕第 134 号答复中明确指出"其他依法具有独占地位的经营者"是指"公用企业以外的依法从事垄断性经营或

者具有其他优势地位的经营者,其类型主要是专营专卖行业、为国民经济运行提供金融、保险等基础性经济条件的行业以及其他由国家进行特殊管制的行业的经营者",因此,当事人属于《中华人民共和国反不正当竞争法》第六条所指的"其他依法具有独占地位的经营者"。

综上所述,当事人×支行利用为借款人发放贷款的优势地位,强行要求×置业与之签订《银企合作协议》,并在自身无法提供此项服务的情况下,按照《银企合作协议》中的约定,使借款人×置业与造价咨询中心签订了《工程造价咨询合同》,由其提供工程预结算编审服务,其行为限制了借款人与其他提供同类业务经营者合作的机会,排挤了其他工程造价咨询单位的公平竞争,扰乱了市场秩序。同时当事人在提供工程预结算业务服务中,还违反国家规定标准超额收取服务费。当事人的上述行为违反了《中华人民共和国反不正当竞争法》第六条"公用企业或者其他依法具有独占地位的经营者,不得限定他人购买其指定的经营者的商品,以排挤其他经营者的公平竞争"和《关于禁止公用企业限制竞争行为的若干规定》第四条第(六)项"对不接受其不合理条件的用户、消费者拒绝、中断或者削减供应相关商品,或者滥收费用"之规定。构成具有独占地位经营者限制竞争行为、滥收费用行为。

《中华人民共和国反不正当竞争法》第二十三条规定"公用企业或者其他依法具有独占地位的经营者,限定他人购买其指定的经营者的商品,以排挤其他经营者的公平竞争的,省级或者设区的市的监督检查部门应当责令停止违法行为,可以根据情节处以五万元以上二十万元以下的罚款。被指定的经营者借此销售质次价高商品或者滥收费用的,监督检查部门应当没收违法所得,可以根据情节处以违法所得一倍以上三倍以下的罚款。"、国家工商局工商公字[1999]第190号答复规定"《反不正当竞争法》第六条的立法目的是禁止公用企业或者其他依法具有独占地位的经营者滥用独占地位,进行强制交易,限制竞争。该条'限定他人购买其指定经营者的商品中'的'限定',是指公用企业或者其他依法具有独占地位的经营者以强行要求、设置服务障碍、胁迫、推荐、差别待遇等方式,强制或者变相强制他人购买其指定的经营者的商品。限定他人购买其指定的经营者的商品包括三种情况:限定他人购买自己提供的商品;限定他人购买其下属单位提供的商品;限定他人购买其指定的其他经营者提供的商品"、"公用企业或者其他依法具有独占地位的经营者在实施限制竞争行为的同时又销售质次价高商品或者滥收费用,构成两种违法行为,即限定他人购买其提供的商品的限制竞争行为,以及借此销售质次价高或者滥收费用的行为。工商行政管理机关对这两种行为可以一并处理,即除依照《反不正当竞争法》第二十三条对其限制竞争行为予以处罚外,还应当依照《反不正当竞争法》第二十三条规定对其作为被指定的经营者借此销售质次价高或者滥收费用的行为予以处罚,即没收违法所得,可以根据情节处以违法所得一倍以上三倍以下的罚款",依据上述规定,在责令当事人停止违法行为的同时,处罚如下:

1. 没收违法所得96281.01元;

2. 对其限制竞争行为罚款100000元;对其滥收费用行为罚款203718.99元。

当事人如不服本处罚决定,可在收到本处罚决定书之日起六十日内向×省工商行政管理局或×市人民政府申请复议;也可以在十五日内向人民法院提起诉讼。

当事人对行政处罚决定不服,申请复议或提起诉讼的,行政处罚不停止执行。

×工商行政管理局

×年×月×日

点评:

本案属于金融行业不正当竞争案件。本案的成功查处,说明了在《商业银行法》、《银行业监督管理法》等法律实施后,并没有排除工商机关依据《反不正当竞争法》对银行业的不正当竞争行为的监督权。银行业的商业贿赂、限制竞争、虚假宣传等不正当竞争行为,仍然受到《反不正当竞争法》的规制。

　　本处罚决定书对案件事实表述清楚,所列证据能够证明所列举的事实。在说理部分,围绕"其他依法具有独占地位的经营者"、"限定他人购买其制定的经营者的商品"、"滥收费用"等问题如何理解和把握,说理、论述了工商机关认定限制竞争行为中最常遇到的问题,既有助于回答当事人对工商执法的质疑,也指明了工商机关查处此类案件的思路和方向。

　　本处罚决定书中没有体现采纳当事人陈述申辩的情况和理由、作出行政处罚听证告知以及当事人实施听证权利等内容,实为美中之不足。

关于××铁路局××工务段限制竞争案的处罚决定

×工商行政管理局行政处罚决定书

×工商处字[2010]第×号

当事人：××铁路局××工务段

负责人：韩

地址：略

公司类型：国有企业

经营范围：铁路线路、桥涵的维修及大中修工作

2009年8月4日，根据举报，本局执法人员对当事人进行检查，发现当事人在维修铁路专用线过程中涉嫌强制交易，并于当日经主管领导批准，依法予以立案调查。

现查明，当事人是国有企业，隶属于××铁路局，经济上独立核算，担负着铁路线路、桥涵的维修及大中修工作。××铁路局1993年9月27日下发（×铁总[1993]513）文件，要求产权单位自建的铁路专用线均须由建设单位委托铁路有关部门负责维护。当事人在执行该文件过程中，为保证行车安全，要求产权单位自建的专用线必须由当事人负责维护，不允许自行维修或委托他人维修，限定产权单位必须接受当事人提供的服务，并要求产权单位按年度与当事人签订"（非）路产专用线维修合同书"并缴纳维修费，而不是按照轨道条件，通过总重量来确定维修期限，收取维修费。专用线产权单位必须按合同规定缴纳维修费及滞纳金，否则有权封锁线路。当事人所辖铁

路专用线 117 条(140 多公里),均由当事人负责维修,当事人不允许专用线产权单位自行维护或委托他人维护。2009 年,当事人收取专用线维修费970486.00 元。

在调查过程中,当事人能够积极配合调查,说明情况,并主动消除危害后果,积极与专用线产权单位沟通协商,重新制定了维修合同文本,从 2010年年初开始,杜绝强制交易行为,并协调有关等部门办理相关手续。

以上事实有以下主要证据佐证:

1. 当事人情况说明一份,证明该单位隶属于×铁路局,财务独立核算,其收取维修费是依据×铁总[93]513 号文件要求,专用线须由铁路部门维护;

2. 当事人就×市工商局询问通知书的答复一份,证明专用线必须由铁路部门维护依据的文件是×铁总[93]513 号文件 23 条,物价部门的收费许可正在办理中,×市市内有专用线 24 条,2009 年收取维修费 970486.00 元;

3. ××果品公司铁路专用线情况说明一份,证明每年一月份签订维修合同,缴纳维修费,根据铁路局的规定,专用线必须由当事人维修保养;

4. ××市食品有限公司证明材料一份,证明当事人实施了强制交易行为;

5. 当事人一段长韩×的询问笔录一份,证明当事人依据××铁路局关于铁路线路必须由铁路部门维修的文件规定,实施了收取维修费的行为;

6. 当事人财务科副科长左×询问笔录一份,证明当事人辖区共有 117条专用线,都是由当事人负责维护;

7. ×××物流配送中心主任孙×调查笔录一份,证明该单位的专用线必须由当事人维修,维修费也必须按合同规定缴纳,否则,当事人有权封锁线路;

8. ××煤矿机械有限公司物资采购部部长张×调查笔录一份,证明该单位的专用线由当事人负责维修;

9. ××县粮库有限责任公司负责人黄×调查笔录一份,证明该公司的专用线由当事人负责维修;

10. 当事人税务登记一份,证明当事人的自然情况;

11. ××县粮库有限责任公司的企业法人营业执照及黄×的身份证各一份,证明该公司的自然情况及黄×的身份;

12. ×物流配送中心×油库维修合同书一份,证明该单位的专用线是由当事人维修,并签订合同;

13. ×市制钢有限公司维修合同书一份,证明该单位的专用线是由当事人维修,并签订合同;

14. ×市×区××货场维修合同书一份,证明该单位的专用线是由当事人维修,并签订合同;

15. ××煤矿机械有限公司维修合同书一份,证明该单位的专用线是由当事人维修,并签订合同;

16. 当事人开具的发票一张,证明当事人给产权单位出具了发票,并缴纳了税金;

17. 左×的身份证一份,证明该人的身份;

18. 张×的身份证一份,证明该人的身份;

19. 当事人委托书一份,证明当事人委托左×负责解答工商机关调查的收取维修费相关事宜;

20. 举报记录一份,证明本局接到举报和案件来源。

根据以上事实,本局于2010年1月18日,依法向当事人送达了《行政处罚听证告知书》(×工商听告字[2010]3号),告知当事人本局对其拟作出行政处罚的事实、理由、依据及其享有的陈述、申辩及要求听证的权利。当事人在规定期限内未作出陈述、申辩、也未提出听证要求。

本局认为,当事人是国有企业,隶属于××铁路局,经济上独立核算,担负着铁路线路、桥涵的维修及大中修工作,属于《反不正当竞争法》调整的公用企业的范围。

根据《铁路专用线专用铁路管理办法》第四十八条的规定,"专用线路、机车、信号等技术设备的维修保养,可采取专用线企业养护和委托铁路部门养护两种形式。维修周期按有关规定办理,维修标准要达到铁路部门的要求,使之处于完好的技术状态。"产权单位对自建专用线的维修养护具有双向选择权,既可以由自己养护,维修标准只要达到铁路部门的要求即可;也可以委托铁路部门养护。具体采用哪种方式,由产权单位自己决定。当事人要求产权单位自建的专用线必须由其负责维护是没有法律依据的,完全是当事人一方决定的。因此当事人的行为具有利用其公用企业的地位实施强制交易的特性,具有违法性。

根据《铁路线路修理规则》第六章"线路设备修理标准"中"线路维修周期应按照轨道条件,通过总重量来确定维修期限"的规定,说明并不是所有的专用线都需要每年维修一次,而是通过总重量来确定维修期限。因此,当事人要求自建专用线的产权单位按年度缴纳维修费,不符合该规则的规定,也具有违法性。

综上所述,当事人的行为违反了《中华人民共和国反不正当竞争法》第六条:"公用企业或者其他依法具有独占地位的经营者,不得限定他人购买其指定的经营者的商品,以排挤其他经营者,不得限定他人购买其指定的经营者的商品,以排挤其他经营者的公平竞争。";《关于禁止公用企业限制竞争行为的若干规定》第四条第(二)项:"限定消费者只能购买和使用其指定的经营者生产和经营的商品,而不得购买和使用其他经营者提供的符合技术标准要求的同类商品";(五)"以检验商品质量、性能等为借口,阻碍用户、消费者购买、使用其他经营者提供的符合技术标准要求的其他商品";(六)"对不接受其不合理条件的用户、消费者拒绝、中断或者消减借用应相关商品,或者滥收费用"规定,当事人的行为属于公用企业限制竞争行为,已构成违法。

当事人能够积极配合本局调查,并与专用线产权单位沟通协商,重新制定了维修合同文本,主动消除危害后果。依据《行政处罚法》第二十七条"当事人有下列形之一的,应当依法从轻或者减轻行政处罚"第(一)项"主动消除或减轻违法行为后果的"规定,当事人有依法可以从轻的情节。

依据《中华人民共和国反不正当竞争法》第二十三条规定:"公用企业或者其他依法具有独占地位的经营者,限定他人购买其指定的经营者的商品,以排挤其他经营者的公平竞争的,省级或者设区的市的监督检查部门应当责令停止违法行为,可以根据情节处以五万元以上二十万元以下的罚款。被指定的经营者借此销售质次价高商品或者滥收费用的,监督检查部门应当没收违法所得,可以根据情节处以违法所得一倍以上三倍以下的罚款"之规定。本局责令当事人改正违法行为,并处以五万元罚款,上缴国库。

当事人应当自收到本行政处罚决定书之日起十五日内到中国工商银行股份有限公司××支行缴纳罚款略,逾期不交纳罚款,每日按罚款数额的百分之三加处罚款。

当事人如不服本处罚决定,可在收到本处罚决定书之日起60日内向×省工商行政管理局或×市人民政府申请复议,也可以在三个月内直接向人民法院提起行政诉讼,但行政处罚不停止执行。

×工商行政管理局

×年×月×日

点评:

本案属于铁路交通运输行业限制竞争案。本案当事人作为铁路运输行业的经营者,利用其承担铁路线路、桥涵的维修及大中修工作的便利,仅仅依据一纸文件规定,就将所辖的产权单位自建专用线117条,通过合同的形式,指定由其负责维修,否则其有权封锁线路,是一种典型的公用企业利用自身的优势地位妨碍其他经营者的公平竞争,侵害消费者合法权益的行为,依据《反不正当竞争法》应当受到处罚。该案的成功查处,树立了工商机关查处铁路交通行业限制竞争行为的权威,对工商机关拓宽执法领域,查处限制竞争行为提供了有益的参考。

本处罚决定书违法事实叙述全面客观,真实地反映了案情。同时将当事人认识态度、悔改表现等情形加以叙述,写明了从轻处罚的情形,成为本案的亮点之一。本处罚决定书的证据列举非常充分,不仅有当事人自身的证据材料,同时调查收集了大量的相关单位和人员证言证词、书证等证据材料,形成了完整的证据链,确保了事实和证据之间的关联性。说理部分从当事人的主体身份、强制交易、滥收费用等角度入手,逐一分析了当事人行为的违法性,说理透彻,起到了答疑和解惑的作用。

　　本案中当事人虽然有从轻处罚的情形,但是当事人实施限制竞争行为收取的维修费高达 97 万多元,而对其的处罚是罚款 5 万元,对当事人的处罚略显失当。

关于××水务有限公司
限制竞争案的处罚决定

×工商行政管理局行政处罚决定书

×工商案［2010］第×号

当事人：××水务有限公司

住所：略

法定代表人：×

注册号：×

公司类型：有限责任公司（台港澳与境内合资）

经营范围：许可经营项目：特许区域内（×城市所辖×区域）经营自来水生产、供应；一般经营项目：自来水管道安装、维修；市政公用工程施工总承包；水暖器材加工；水质分析与检测、测试；水表检定及水流量检测

经查：当事人是负责××市×区域范围内经营自来水生产、供应的公用企业。自2008年9月3日以来，当事人在用水单位向其申请正式接水、办理登记手续时，利用其优势地位，要求用户与其签订供水工程施工合同，限定用户的水表外到市政公用管网的供水管道等设施均由当事人统一施工，用户不得自行组织进行勘察、设计、施工。如果不签合同，不由其施工，则不会接水。调查中我局要求当事人提供近二年来工程施工经营情况，但当事人一直未能提供。截至2010年6月24日，我局已查实当事人与用户签订的8份供水工程施工合同中，工程预算总价为4685808.53元，收取工程预付款4039237.96元，供水工程施工款已结算了2825171.96元，另尚有1份工程合

同待施工。

以上事实主要证据如下：

证据一、当事人《营业执照》、资质证书的复印件及其出具的授权委托书、被授权人的身份证复印件各一份，证明当事人主体身份、权限；

证据二、对当事人的受委托人及其安装工程公司经理的询问笔录共3份，证明当事人限定用户接受其供水工程施工的事实；

证据三、对申请接水用户的询问（调查）笔录5份，企业登记注册资料5份、供水施工工程合同8份、财务资料14份，证明当事人与用户签订合同的过程，限定用户接受其施工服务的事实；

证据四、对具有市政公用工程施工资质的单位的询问（调查）笔录2份、资质证书2份，证明当事人垄断供水管网工程施工的事实；

证据五、对××房地产开发商的询问（调查）笔录3份、××施工单位的询问（调查）笔录2份，证明当事人限定用户接受其供水工程施工的事实；

证据六、当事人提供的用户接水登记表11份，××省小额支付系统定期借贷业务授权书一份、供水工程施工合同10份，证明当事人在用户办理接水手续时的流程和内容的事实。

案件调查中，当事人提出根据国家《城市供水条例》的规定，接水工程必须是强制性的由其施工，理由是该工程施工完成后需要移交其管理，后续的维修保养均是由其负责的，所以其不存在违法。

我局认为：《城市供水条例》只是规定了"城市供水工程竣工后，应当按国家规定组织验收，未经验收或验收不合格的不得投入使用。用水单位自行建设的与城市公共供水管道连接的户外管道及附属设施，必须经城市自来水供水企业验收合格并交其统一管理后方可使用"，并非当事人所说的接水工程必须是强制性的由其施工。当事人作为××市×区自来水供水的公用企业，具有明显的独占地位，其在用户申请办理接水登记手续时，要求用户与其签订格式合同——《供水工程施工合同》，限定用户接受其指定的给水工程施工服务，排挤其他施工单位的公平竞争，属于不正当竞争行为。

2010年8月9日，我局依法告知当事人拟作出处罚的事实、理由、依据及享有的权利,当事人于 8 月 12 日向我局提出陈述、申辩,认为我局认定违法事实错误和适用法律错误。理由是:1. 由《城市供水条例》等法律法规可见,用户各自聘请施工队伍以各自的标准进行供水管网施工违反有关规定,也不利于其对供水管网的正常维护;2. 其与用户签订的供水工程施工合同是自愿的,用户未提出异议;3. 调查中未提出其行为影响公平竞争的依据,用户与其之间不存在竞争,故不应由《反不正当竞争法》调整;4. 该法规定的是限定他人购买其指定的经营者的商品,而其与用户签订供水工程施工合同与购买指定经营者的商品毫无关系,不存在"限定或指定"的情形;5. 在本案中不涉及其他经营者,更无法证明当事人的行为给其他经营者造成了实际损害。

我局认为:《城市供水条例》第三十二条和第十六条规定的内容是"用户自建管网与公用管网系统连结,必须经供水企业同意,并报相关行政主管部门批准;城市供水工程的设计、施工,应委托持有相应资质的施工队伍承担"。这说明只要具备相应的施工资质,任何单位均可从事该管网建设,并非是必须要由供水企业来设计、施工。但其施工质量必须符合国家相关标准,经城市自来水供水企业验收合格后方可投入使用,因此标准也只能有一个,故当事人提出的"用户各自聘请施工队伍以各自的标准进行供水管网施工是违反有关规定的"说法是不能成立的。当事人申辩与用户签订的《供水工程施工合同》是在自愿的基础上进行的说法也是没有尊重事实。从我局已查实的当事人与用户签订的供水工程施工合同来看,没有一户表明是出于自愿。因用户无法选择,也就谈不上自愿。

当事人提出的"根据《反不正当竞争法》第二条规定,该法调整的法律关系为经营者之间的法律关系,且该法明确规定的违法情形是'限定他人购买其指定的经营者的商品',而不是本案中当事人与用户签订供水工程施工合同,与购买指定经营者的商品毫无关系"。我局认为:当事人为用户的供水工程项目进行勘察、设计、施工的行为属于提供营利性服务的行为,而在《反不正当竞争法》第二条第三款中明确规定了"本法所称的商品包括服务",当事人限定他人接受其提供的施工服务,正是《反不正当竞争法》所调整的行为。

当事人提出的"不正当竞争一般应以存在实际损害后果作为必要的构成要件。在本案中不涉及其他经营者,更无法证明当事人的行为给其他经营者造成了实际损害。当事人也从未对不签订供水施工合同的用户拒绝供水"。我局认为:《反不正当竞争法》明确规定的不正当竞争行为,就是经营者采取不正当的手段争取交易机会的行为,而不正当的手段则是违反《反不正当竞争法》规定的"损害其他经营者的合法权益,扰乱社会经济秩序"的手段。供水工程的勘察、设计、施工的业务由当事人指定其自身统一实施,其他具备资质的单位无一家能进入该市场,这不但剥夺了用户的选择权、公平交易权,也排斥了其他经营者的正当经营活动,损害了公平竞争秩序。

由此可见,当事人上述行为具备《反不正当竞争法》所列举的公用企业限止竞争行为中的构成要件。当事人提出的上述辩解我局不予采纳。

综上所述,当事人的上述行为违反了《中华人民共和国反不正当竞争法》第六条"公用企业或者其他依法具有独占地位的经营者,不得限定他人购买其指定的经营者的商品,以排挤其他经营者的公平竞争。"的规定,现依据该法第二十三条"公用企业或者其他依法具有独占地位的经营者,限定他人购买其指定的经营者的商品,以排挤其他经营者的公平竞争的,省级或者设区的市的监督检查部门应当责令停止违法行为,可以根据情节处以五万元以上二十万元以下的罚款。被指定的经营者借此销售质次价高商品或者滥收费用的,监督检查部门应当没收违法所得,可以根据情节处以违法所得一倍以上三倍以下的罚款。"之规定,决定责令当事人停止违法行为,并处以罚款 150000 元,上缴国库。

当事人应在收到本处罚决定书之日起 15 日内(末日为节假日顺延)到中国农业银行×市任一网点(储蓄所除外)缴清上述款项。若使用转账支票、银行汇票、银行本票缴纳罚没款时,必须在转账支票、银行汇票、银行本票"收款人"栏填写"待报解罚没收入专户",在转账支票、银行汇票、银行本票"用途"栏填写"缴纳×工商局罚没款"。逾期不缴纳的,每日按罚款额的百分之三加处罚款。

上述决定,如有不服,当事人可于收到本处罚决定书之日起 60 日内向×

工商行政管理局或者×市人民政府申请复议,或者在3个月内直接向×市×区人民法院提起诉讼。

×工商行政管理局

×年×月×日

点评:

　　本案属于供水行业的限制竞争案件。供水经营者属于公用企业,在总局颁布的关于禁止公用企业限制竞争行为的若干规定(第20号令)予以专门明确。近年来,供水行业的经营者在公用事业经营过程中不断发生限制消费者选择权、其他经营者公平竞争权的行为,对此,工商机关应当依法坚决予以查处。

　　本处罚决定书违法事实叙述基本清楚,说理部分的论述实为其亮点。针对当事人提出的《反不正当竞争法》调整的商品或服务的概念、合同自愿、限定或指定的理解、公平竞争的含义、对其他经营者的损害等问题逐一辩驳,充分论述了当事人通过签订供水工程施工合同,剥夺用水单位选择供水工程施工单位、排斥其他供水工程施工单位参与竞争的行为的违法性,很好地回应了当事人的质疑,并起到了解惑的作用。

　　不足之处在于,在处罚决定书中没有就案件来源、处罚听证告知程序实施、自由裁量权的行使等内容加以列明。

关于××市自来水公司
限制竞争案的处罚决定

×工商行政管理局行政处罚决定书

×工商案字［2010］第×号

当事人：××市自来水公司

住所：略

法定代表人：×

经查：当事人于2009年在×市×小区安装智能水表，该水表为预付水费的使用模式。居民申请自来水开户时，当事人要求每户必须预付100吨水费，否则不予供水。2009年11月至2010年1月15日，×小区共有78户居民按照当事人的要求各自预付了100吨水费（其中77户按2.1元/吨计费，1户按1.55元/吨计费），当事人此项营业收入合计16325元。当事人称此举目的是预收水费，解决资金周转问题。

以上事实有以下证据为证：

证据一：×市自来水公司企业档案查询单一份，法定代表人×身份证复印件一份，授权委托人×身份证复印件一份，×市自来水公司委托书一份，证明当事人及授权委托人的基本情况。

证据二：×市×小区顾×等四位居民询问笔录各一份，被询问人提供身份证，购水发票及和×市自来水公司签订的供水协议复印件各一份，证明该小区居民申请自来水开户具体程序和交款预购100吨自来水及举报投诉人基本身份情况的事实。

证据三:现场检查笔录一份及顾×提供商品房买卖合同复印件一份,证明顾×在×市×小区购房并安装的 FS 智能水表的事实。

证据四:执法人员在×小区拍摄照片 3 张,顾×提供 FS 智能水表使用说明书一份,证明×小区安装的均为 FS 智能水表及该种水表基本情况的事实。

证据五:××市自来水公司全权委托代理人副经理顾×询问笔录两份,证明×市×小区 78 户业主申请开通自来水的过程以及××市自来水公司要求业主办理开户手续时必须预购 100 吨自来水的事实。

证据六:顾×提供××市自来水公司收取×小区 78 户居民购买 100 吨自来水人员名单(共四页)及 3 张售水发票存根联复印件,证明×小区有 78 户居民申请开通自来水时,均购买了 100 吨自来水的事实。

证据七:顾×提供建筑业统一发票复印件一份、标注交款单位为"×小区"的收据复印件一份、×科技开发有限公司开具的增值税发票复印件 3 份,证明××市自来水公司在×小区安装自来水设施预收安装费及购买智能水表价格情况的事实。

证据八:×小区物业负责人汤×调查询问笔录一份,证明×小区居民申请开通自来水程序情况的事实。

证据九:×小区物业负责人汤×提供××市××物业管理有限公司营业执照复印件一份、物业公司为业主办理自来水开户手续时所开具的空白证明一份、汤×本人身份证复印件一份,证明汤×身份情况及业主办理自来水开户手续时所持证明情况的事实。

证据十:同××市×商品房开发商××房地产开发有限公司授权委托人孙×询问笔录一份,孙×提供公司授权委托书一份,企业法人营业执照复印件一份,本人驾驶证复印件一份,证明××市自来水公司受开发商安排在××市×小区安装自来水配套设施及接受委托和本人身份情况的事实。

我局认为:××市自来水公司在××市范围内具有供水服务的独占经营地位,其作为公用企业,在提供供水服务时应当以人为本,体现公用企业的公益性和服务性,而不应当附加任何不合理条件。此案中,当事人在用户申请自来水开户时,要求用户必须预先购买100吨自来水,如用户不接受此条件,则不予提供与水表相匹配的IC卡。根据智能水表使用条件,没有相匹配的IC卡,水表将无法使用,用户也就无法开通自来水。实际上,当事人是给申请用水用户设定了额外的义务,为正常的供水服务设置了一种附加条件,对不符合条件者拒绝提供服务,而这种条件的设定显然是不合理的。

首先,当事人和×小区居民之间是供水合同的法律关系,合同双方应当遵循公平的原则确定合同权利和义务。《中华人民共和国合同法》第十章"供用电、水、气、热力合同"第一百八十二条规定:用电(水)人应当按照国家有关规定和当事人的约定及时交付电(水)费。用电(水)人逾期不交付电(水)费的,应当按照约定支付违约金。我们国家的供水合同原则上是"先供水后交费"的模式,理论上供水公司要承担一定的居民违约风险,但居民违约的风险相对于供水人停水的违约风险微乎其微,这样设置权利义务的目的是对公用企业的相对强势地位的一种制衡,是非常合理的。在现阶段,我市居民水表多是机械式水表,供水公司无法自动停止供水,但是采用智能水表之后,用户必须预付水费才能实际用水,居民的违约风险理论上降低为零,供水公司可以提前回收资金,实际上用户的义务相对加重了。采用智能水表,使得双方权利义务已经发生了一定程度的倾斜,这时候是否采用智能水表应当严格遵循用户自愿的原则。本案中,虽然没有充分证据证明供水公司未经用户同意强制安装智能水表,但当事人也表示:"在使用智能水表这个问题上,用户是没有选择权的"。所以说,在权利义务已经发生了一定程度倾斜的情况下,供水公司仍然附加条件,继续要求用户必须预付100吨水费方能供水,显然是绝对加重了用户的负担,导致了权利义务的严重不对等。其次,双方签订的《供水协议》约定:"甲方(供水公司)为乙方(用户)安装水表底数为零起点的IC智能水表"。这说明开通供水服务的条件只是用户安装起点为零的智能水表,至于是否预付水费预付多少水费应当由用户自由选择。当事人要求用户必须预付100吨水费的条件显然限制了用户的选择权。

其次,经营者应当自己消化资金运转的经营风险。采用智能水表已经在技术上实现先交费后用水，供水方可以提前收回水费，这部分资金运营风险已经消化，而且正常的水费余额更会带来额外的资金收益，这时候仍然要求用户预付 100 吨水费实际上是转嫁正常的经营风险和资金成本，让消费者承担经营者的风险，这显然是不合理的。

因此，供水公司对采用智能水表的用户申请供水时，附加条件要求用户预付 100 吨水费，对不预付水费的用户不予供水，实际上是自行设置了不合理条件，对于不接受不合理条件的用户拒绝提供服务。虽然本案中×小区的 78 户居民均已预交了 100 吨水费，但究其根本，居民是迫于当事人的垄断经营地位，为了获取供水服务不得以而为之。而当事人之所以能够将自己的意志强加给用户，也无非是借助自身的独占经营地位。

综上所述，供水公司违反自愿、平等和公平的市场交易原则，借助自身独占地位，擅自设置不合理条件，对于不接受条件者不予提供服务的行为，加重了用户、消费者义务，限制了用户、消费者的选择权，导致了双方权利义务的严重不对等，破坏了公平竞争的市场秩序，构成了国家工商行政管理总局《关于禁止公用企业限制竞争行为的若干规定》第四条第六项"对不接受其不合理条件的用户、消费者拒绝、中断或者削减供应相关商品，或者滥收费用"的违法行为。

2010 年 5 月 13 日，我局向当事人送达了×工商公听字［2010］×号听证告知书，告知当事人拟对其作出罚款 150000 元的行政处罚。听证期内，当事人未提出举行听证的要求，但提出申辩意见，主要为："由于对一些法规了解少，所以导致出现违法行为，目前我公司已主动停止违法行为，并保证以后守法经营"。经研究，我局认为依据《×省工商行政管理机关行政处罚自由裁量权适用规则（试行）》第十三条第（九）项"当事人有下列情形之一的，从轻或减轻行政处罚：……主动消除或者减轻违法行为危害后果"的规定，当事人的申辩意见属实，予以采纳，在法定处罚幅度内从轻处罚。

依据《关于禁止公用企业限制竞争行为的若干规定》第五条第一款"公用企业实施前条所列行为的，由工商行政管理机关依据《反不正当竞争法》第二十三条的规定，责令停止违法行为，并可以根据情节，处以五万元以上二十万元以下罚款"及《中华人民共和国反不正当竞争法》第二十三条"公用企业或者其他依法具有独占地位的经营者,限定他人购买其指定的经营者的商品,以排挤其他经营者的公平竞争的,省级或者设区的市的监督检查部门应当责令停止违法行为,可以根据情节处以五万元以上二十万元以下的罚款……"之规定,又考虑到当事人主动配合调查,主动整改且经济负担较重的实际情况,我局决定对当事人处罚如下:

罚款 10 万元,上缴国库。

当事人应在收到本处罚决定书之日起 15 日内(末日为节假日顺延)到中国农业银行×市任一网点缴清上述款项。若使用转账支票、银行本票、银行汇票缴纳罚没款时,必须在转账支票、银行本票、银行汇票"收款人"栏填写"待报解罚没收入专户",在转账支票、银行本票、银行汇票"用途"栏填写"缴纳×工商局罚没款"。逾期不缴纳的,每日按罚款额的百分之三加处罚款。

当事人如对本处罚决定不服,可于接到本处罚决定书之日起六十日内,向×工商行政管理局或×市人民政府申请复议,也可在接到本处罚决定书之日起三个月内直接向×市×区人民法院提起诉讼。

×工商行政管理局

×年×月×日

点评:

本案属于供水行业的限制竞争案件。随着国家对城市基础建设投入的不断加大,与广大群众生活密切相关的水表、电表等基础设施也在不断更新换代。在推行这些利民措施的过程中,具有独占地位的经营者会利用自身的独占地位实施增加用户、消费者的负担、侵害用户、消费者合法权益、限制其他经营者参与公平竞争等行为,使得供水、供电等公用事业的公益性大打折扣,进而会损害国家的公信力。本案的成功查处,既打击了违法行为,又保护了广大用户、消费者的合法权益,充分体现了工商机关市场监管执法的价值所在。

　　本案证据收集全面,形成了完整的证据链,使当事人的违法行为和证据之间具有了关联性。在说理部分,从当事人加重用户负担的不合理性入手,进而分析了其滥用独占地位违反《反不正当竞争法》有关规定的行为违法性,说理论述有理有据,起到了解惑的作用。

　　本处罚决定书的事实部分叙述略显简单,如没有说明案件的来源,与后面列举的"证据二"中的举报投诉人情况无法前后呼应。

关于××自来水公司限制
竞争案的处罚决定

×工商行政管理局行政处罚决定书

×工商案字［2010］第×号

当事人：××自来水公司

法定代表人：陈×

住所：略

经营范围：许可经营项目：自来水生产、供应

2010年3月22日，我局接12315消费者戴×反映：因未及时交付水费，被××自来水公司违规收取了水费滞纳金。当日，我局执法人员对××自来水公司进行检查，发现该公司依据《城市供水价格管理办法》（计价格［1998］1810号）第三十条（该条于2004年11月29日《国家发展改革委、建设部关于修改〈城市供水价格管理办法〉的通知》（发改价格［2004］2708号）删去"水费滞纳金"等规定）对未及时交付水费的用户收取水费滞纳金，涉嫌构成了《关于禁止公用企业限制竞争行为的若干规定》第四条第一款第（六）项所指行为。为进一步查清事实，我局于3月22日依据《工商行政管理机关行政处罚程序规定》第十七条规定，予以立案查处。

现查明：当事人于2004年5月份开始向用户收取滞纳金，对欠缴水费用户收取滞纳金的依据是1998年9月23日国家发展计划委员会、建设部《城市供水价格管理办法》（计价格［1998］1810号）第三十条规定"接到水费通知单15日内仍不交纳水费的，按应交纳水费额每日加收5‰的滞纳金。

……"2004 年 11 月 29 日，国家发改委、建设部［2004］2708 号文件，作出《国家发展改革委、建设部关于修订〈城市供水价格管理办法〉的通知》，将《城市供水价格管理办法》（计价格［1998］1810 号）第三十条中，"接到水费通知……每日加收 5‰的滞纳金"的规定予以删去，该通知自 2004 年 12 月 1 日起施行。当事人 2004 年 12 月 1 日起未停止收取水费滞纳金，且用户根据生活需要向当事人提请接水申请时，当事人强制用户接受《用户接水申请书》中用户须知规定的"逾期不交水费者，按日加收 5‰滞纳金……"，用户不接受的，当事人不给用户安装供水系统。当事人还在《居民用水交费卡》、《自来水费缴款通知单》、《催缴水费通知书》上表明用户逾期不交自来水水费的，每日按欠费总额加收 5‰的滞纳金，否则采取停水措施。已接水的用户在这种情况下，考虑到停水会带来生活不便，则只能缴纳欠缴的水费及水费滞纳金。

上述违法事实，主要证据如下：

证据一：当事人提供的营业执照复印件一份、法定代表人身份证复印件一份、委托代理人身份证复印件一份、法定代表人委托书一份，证明了当事人的主体资格；

证据二：申诉人交付水费滞纳金发票的照片四张、《12315 消费者申诉转办单》一份、《××市自来水公司自来水发票》多份、自来水用户的调查笔录三份，证明自来水用户交纳水费滞纳金等事实；

证据三：当事人提供的《用户接水申请书》三份、自来水公司委托代理人询问笔录四份、自来水用户调查笔录二份，证明当事人强制自来水用户接受《用户接水申请书》中用户须知关于"水费滞纳金"的规定，用户不接受规定的，自来水公司不给安装供水系统的事实；

证据四：当事人提供的《居民用水交费卡》二份、《自来水费缴款通知单》一份和《催缴水费通知书》二份、自来水公司委托代理人询问笔录四份、自来水用户调查笔录二份，证明当事人威胁用户接受自来水水费滞纳金的事实；

证据五：收取水费滞纳金现场拍摄的电脑显示平面一份、自来水公司委托代理人询问笔录四份，证明当事人对逾期交付水费的自动生成 5‰水费滞

纳金的事实;

证据六:当事人提供的 2007 年 1 月至 2010 年 2 月期间财务销售汇总和收取用户水费滞纳金汇总表多份、《情况说明》多份,证明当事人 2004 年 5 月份以来收取水费滞纳金情况等事实;

证据七:当事人提供的《关于收取滞纳金的证明及提请从轻处罚的报告》、《退款凭条》两份、《承诺书》一份、《退款公告》(张贴在自来水公司营业部)照片二张,证明当事人对强制用户接收水费滞纳金等情况的认识、整改、退款等事实。

根据《关于禁止公用企业限制竞争行为的若干规定》第四条第一款第(六)项规定"公用企业在市场交易中,不得实施下列限制竞争的行为:(六)对不接受其不合理条件的用户、消费者拒绝、中断或者削减供应相关商品,或者滥收费用",我局认为:当事人是××市一家从事自来水生产、供应的公用企业,主要负责××市城区供水,当事人利用其公用企业在市场交易中的强势地位,强制用户接受《用户接水申请书》中用户须知表明的"水费滞纳金"的规定,并利用《居民用水交费卡》、《自来水费缴款通知单》和《催缴水费通知书》威胁用户接受"水费滞纳金"的规定,否则不给用户安装供水系统或停水。当事人的行为构成了《关于禁止公用企业限制竞争行为的若干规定》第四条第一款第(六)项规定的行为。

在调查过程中,当事人认为:因其水费回收困难,催款员从原来的 3 人增加到 8 人,以及采取"语音提示"等方式催缴水费,仍不能及时回收水费,在国家发展改革委、建设部 2004 年 11 月 29 日发布[2004]2708 号文件,作出《国家发改委、建设部关于修订(城市供水价格管理办法)的通知》,将《城市供水价格管理办法》(计价格[1998]1810 号)第三十条中"接到水费通知……每日加收 5‰的水费滞纳金"的规定予以删除后,没有停止水费滞纳金的收取,且强制用户接纳水费滞纳金的规定是违反政策法规的,公司只顾了自身利益,对于国家停止水费滞纳金的规定认识不够,没有考虑消费者利益,公司现已停止收取水费滞纳金,并制定整改措施,逐步退还水费滞纳金,请求从轻处罚。

我局认为：当事人对自来水用户不接受其"水费滞纳金"这一不合理条件拒绝供水的行为，已经构成了限制竞争行为，我局应当依法对其实施行政处罚。鉴于当事人在我局调查过程中能积极配合，主动停止收取水费滞纳金，并及时制定相关措施，逐步退还用户的滞纳金。依据《行政处罚法》第二十七条第一款第（一）项规定，予以从轻处罚。

当事人利用其公用企业在市场交易中的强势地位，强制用户接受水费滞纳金这一不合理的规定，其行为构成了《关于禁止公用企业限制竞争行为的若干规定》第四条第一款第（六）项所指行为，依据《关于禁止公用企业限制竞争行为的若干规定》第五条第一款、《行政处罚法》第二十七条第一款第（一）项规定，拟对当事人处罚如下：

一、责令当事人立即停止违法行为；

二、罚款人民币伍万元整（50000 元）。

2010 年 7 月 15 日，我局依据《中华人民共和国行政处罚法》第三十一条、第三十二条、第四十二条规定，向当事人送达了×工商案听告字［2010］×号《××工商行政管理局行政处罚听证告知书》，将我局对当事人拟作出行政处罚的事实、理由及依据告知当事人，并告知当事人在我局作出行政处罚决定前有陈述、申辩和要求举行听证的权利。当事人在规定期限内未要求举行听证，我局视为当事人放弃上述权利。

综上所述，当事人利用其公用企业在市场交易中的强势地位，强制用户接受水费滞纳金这一不合理的规定，其行为构成了《关于禁止公用企业限制竞争行为的若干规定》第四条第一款第（六）项所指行为，依据《关于禁止公用企业限制竞争行为的若干规定》第五条第一款、《行政处罚法》第二十七条第一款第（一）项规定，决定对当事人处罚如下：

一、责令当事人立即停止违法行为；

二、罚款人民币伍万元整（50000 元）。

当事人应在收到本处罚决定书之日起十五日内（末日为节假日顺延）到中国农业银行××市支行任一网点缴清上述款项。若使用转账支票、银行本票、银行汇票"收款人"栏填写"代报解罚没收入专户"，在转账支票、银行本票、银行汇票"用途"栏填写"缴纳×工商行政管理局罚没款"。逾期不缴纳的,将依据《中华人民共和国行政处罚法》第五十一条第(一)项规定,每日按罚款数额的百分之三加处罚款,并依法向×区人民法院申请强制执行。

如对本处罚决定不服,可在收到本处罚决定书之日起六十日内向×工商行政管理局或者××市人民政府申请复议,也可在三个月内直接向××区人民法院提起行政诉讼。

×工商行政管理局

×年×月×日

点评:

本案案值不大,但对群众的利益影响较大,办案机关采取教育与处罚相结合的方式,使当事人认识并改正自身违法行为,取得了良好的社会效果,体现了关注民生的执法办案方向。

本文书案情并不复杂,但作者并未三言两语带过,而是清晰完整地再现了案件办理过程,证据列举明确,格式工整,文字流畅,有一定的说理性。

不足之处在于证据部分,国家发改委、建设部等部门的[2004]2708号文件等在本案中也是证明案件事实的重要环节,建议在证据列举中予以体现。

关于××省卷烟公司××市公司
限制竞争案的处罚决定

×工商行政管理局行政处罚决定书

×工商案字［2010］第×号

当事人：××省卷烟公司××市公司

住所：略

法定代表人：徐×

许可经营项目：卷烟雪茄烟全国购进本地批发；普通货运

一般经营项目：企业资产管理；仓储；房屋租赁

2009年8月25日，当事人限定卷烟零售商接受其指定的金融机构服务的行为被群众举报，为查明事实，本局于2009年8月28日立案调查。

现已查明：自2003年9月1日起，当事人与中国工商银行股份有限公司×市分行合约（以下简称工商银行×分行），指定工商银行×分行办理全市3500户卷烟零售商采购卷烟时货款的充值、划拨、清算业务。为推行这一结算方式，当事人要求卷烟零售商必须先到工商银行×分行所属的各网点开户，并持牡丹卡或存折（账号报当事人备案）方能结算购烟款。卷烟零售商在订购卷烟时，先将采购款预存至上述工商银行的牡丹卡或存折，然后由工商银行将货款划拨给当事人。卷烟零售商采购的卷烟由当事人送货上门。

在市郊区域，因无工商银行金融服务网点，工商银行×分行（甲方）委托×市邮政局（乙方）代理当事人市郊部分卷烟零售商的中国工商银行牡丹卡或存折的充值业务。甲方按每月受理牡丹卡充值总额的1.2‰支付乙方手续费。

因工商银行×分行是当事人结算卷烟款的唯一指定银行,卷烟零售商不经上述银行开户并结算卷烟款,就无法从当事人处采购卷烟。

又查,中国银行股份有限公司×分行、交通银行股份有限公司×分行、中国建设银行股份有限公司×分行等银行都具备卷烟结算款的充值、划拨、清算业务的能力。

以上事实有以下证据在卷证明:

证据(一)当事人的企业登记资料一份,证明当事人销售卷烟的经营资质;

证据(二)现场检查笔录六份,证明当事人指定工商银行×分行为其唯一卷烟款结算银行、代理全市3500户卷烟零售商卷烟款结算及其指定结算银行一事未经公开招标的事实;

证据(三)对市区、郊区、县城等卷烟零售商的询问笔录二十五份及身份证明,证明当事人要求各卷烟零售商在工商银行×分行各网点开户用以结算烟款、不在该行开户的卷烟零售商无法结算购烟款及卷烟零售商持有其他银行卡(折)但无法进行卷烟款结算的事实;

证据(四)对当事人销售经理的询问笔录一份,证明当事人在全市指定唯一银行结算烟款、卷烟零售商不经其指定银行结算烟款就无法采购卷烟的事实;

证据(五)对其它银行的询问笔录四份,证明其它银行有办理卷烟结算款能力的事实;

证据(六)协助调查函及其送达回证各两份,证明本局依法要求工商银行×分行及×市邮政局配合检查、提供资料的事实;

证据(七)工商银行×分行同×市邮政局签订的《代理牡丹卡充值业务合作协议》一份、工商银行×分行有关说明一份,证明工商银行×分行委托×市邮政局代理当事人市郊卷烟零售商的牡丹卡充值业务、当事人指定银行结算卷烟销售款业务无书面协议的事实;

证据(八)限期提供有关资料的通知书及其送达回证各一份,证明本局

依法要求当事人提供其委托工商银行×分行办理卷烟结算款业务的协议或合同等资料的事实;

证据(九)从卷烟零售商处提取的卷烟销售发票、工商银行×分行银行卡或存折复印件等十三份,证明各卷烟零售商到当事人指定的工商银行×分行开户用以结算购烟款的唯一结算方式的事实;

证据(十)当事人提供的《解除指定银行结算备忘录》一份和对"备忘录"内容进行调查核实的询问笔录及身份证明五份,证明当事人已改正违法行为的事实。

本案调查终结后,本局于 2009 年 11 月 19 日向当事人送达了×工商听字〔2009〕×号《行政处罚听证告知书》,当事人在法定期限内向本局提出如下书面申辩:

一、当事人未同工商银行×分行签订指定结算协议,双方是一个合作关系,工商机关没有证据证明其有"限定"的行为;

二、卷烟零售商未支付工商银行代办结算相关费用,不构成《中华人民共和国反不正当竞争法》第六条所指"购买指定的经营者商品"的违法行为,工商机关不应对其实施行政处罚。

本局认为,当事人的申辩理由不能成立,理由如下:

一、当事人"限定"指定银行结算卷烟款的违法事实存在,并被法定证据所证实。"协议"不是《中华人民共和国反不正当竞争法》第六条"限定"的必要证据。本案中,现场检查笔录、对当事人的销售经理、卷烟零售商的询问笔录等三十二份证据,是《工商行政管理机关行政处罚程序规定》第二十三条所列法定证据,均证明当事人限定卷烟零售商到指定的银行结算卷烟采购款,否则无法采购卷烟。证据具有较强的代表性,且客观真实有效。

二、本案中,卷烟零售商是否支付工商银行相关代办结算费用不影响案件定性。随着市场交易手段的多样化,货币形式结算的买卖关系,已不能涵盖"购买……商品"的全部要义,也不符合现代交易习惯。《中华人民共和国反不正当竞争法》第六条中的购买是指产品质量而不是数量,以实施了限定购买行为就构成限制竞争,原因有:

第一，《中华人民共和国反不正当竞争法》第六条的立法精神是禁止公用企业利用其独占地位，违背自愿原则，对交易相对人限定交易条件的行为。本案中，当事人利用其垄断地位，在销售卷烟时，强行要求购买者到其指定的银行结算卷烟款，否则无法采购卷烟，其限定的交易条件显而易见。

第二，金融系统结算服务与普通商品（服务）的买卖相比，其利润获得渠道不尽相同。众所周知，银行是一个经营性单位，企业经营的目的是为了赢利。卷烟经营者"购买"银行的结算服务，银行获取利润途径体现在资金流的增加，资金的过渡性占有，是一种隐形（或代位）的获取。因此，工商银行提供结算服务同样是卖（其服务），卷烟经营户通过工商银行结算烟款同样是买（其服务）。

据此，当事人利用其销售卷烟的垄断地位，设置交易条件，剥夺了卷烟零售商在采购卷烟时对结算银行的自由选择权，阻碍了其他金融机构的公平竞争，其限制竞争行为为我国反不正当竞争法所禁止。为营造公平竞争的市场经济秩序，规范企业经营行为和促进企业健康发展，应依法对当事人予以行政处罚。

本局于 2009 年 11 月 19 日下达《行政处罚听证告知书》后，当事人于 2010 年 3 月 1 日向我局提供了《解除指定银行结算备忘录》，经核查属实。鉴于当事人主动改正违法行为，符合《中华人民共和国行政处罚法》第二十七条第一款第（一）项规定的从轻情节。按照《国家工商行政管理总局关于工商行政管理机关正确行使行政处罚自由裁量权的指导意见》"从最低限到最高限这一幅度当中，选择较低的 30% 部分处罚时，可视为从轻处罚"的规定进行从轻的罚款处罚。

综上所述，当事人限定卷烟零售商接受其指定的金融机构服务的行为违反了《中华人民共和国反不正当竞争法》第六条"公用企业或者其他依法具有独占地位的经营者，不得限定他人购买其指定的经营者的商品，以排挤其他经营者的公平竞争"的规定，依据《中华人民共和国反不正当竞争法》第二十三条"公用企业或者其他依法具有独占地位的经营者，限定他人购买其指定的经营者的商品，以排挤其他经营者的公平竞争的，省级或者设区的市的监督检查部门应当责令停止违法行为,可以根据情节处以五万元以上二十万元以下的罚款。被指定的经营者借此销售质次价高商品或者滥收费用的,监督检查部门应当没收违法所得,可以根据情节处以违法所得一倍以上三倍以下的罚款"之规定,决定对当事人处罚如下:

罚款人民币 60000 元,上缴国库。

当事人在接到本处罚决定书之日起十五日内(末日为节假日顺延)到中国农业银行×市任一网点缴清上述款项(账号:略)。若使用转账支票、银行本票、银行汇票缴纳罚没款时,必须在转账支票、银行本票、银行汇票"收款人"栏填写"待报解罚没收入专户",在转账支票、银行本票、银行汇票"用途"栏填写"缴纳×工商行政管理局×分局罚没款"。逾期不缴纳的,每日按罚款额的百分之三加处罚款。拒不缴纳的,申请人民法院强制执行。

如不服本处罚决定,可在接到本处罚决定书之日起六十日内向×省工商行政管理局或×区人民政府申请复议,也可以在接到本处罚决定书之日起三个月内直接向×区人民法院提起诉讼。

×工商行政管理局
×年×月×日

点评:

本案属于依法具有独占地位的卷烟公司限制竞争案。《反垄断法》实施以来,对公用企业或依法具有独占地位的经营者的限制竞争行为或者垄断行为如何查处,即是依据《反垄断法》还是依据《反不正当竞争法》调查处理,一些执法人员持有不同的观点。有的认为应当依据《反垄断法》调查处理,由国家工商总局立案调查,或者由国家工商总局个案授权的省级工商局立案调查,市级工商局无权立案调查。这导致一些省、市工商局在接到此类行为的投诉或者监督检查中发现此类行为时缩手缩脚,不敢依据《反不正当竞争法》调查处理。2009 年 7 月 1 日实施的《工商行政管理机关查处垄断协议、滥用市场支配地位案件程序规定》(总局令第 42 号)第二十四条第二款规定:"省级以下工商行政管理机关可以依据其他法律、法规的规定,对发生在本行政区域内公用企业成为其他依法具有独占地位经营者的很制竞争行为进行监督检查，本案通过实际的例子，很好地解决了此类违法行为的法律适用以及《反垄断法》与《反不正当竞争法》的衔接问题，也符合国家工商总局关于查处此类案件法律适用的指导精神。

本案违法事实部分叙述客观真实，法律适用准确。处罚决定书中对当事人行使陈述、申辩权的情况予以说明，并对不采纳当事人陈述、申辩内容的理由作了充分表述，体现了工商机关公开透明、以理服人的办案理念，实为本案的一大亮点。

卷烟批发经营在我国实行的是专卖制度，由各级卷烟公司独家经营。因此卷烟公司属于《反不正当竞争法》规定的其他依法具有独占地位的经营者，其经营行为应当受到《反不正当竞争法》的调整。本案当事人的行为不仅限制了卷烟零售商的选择权，同时也限制了其他金融机构与工商银行的公平竞争，应当受到处罚。本案当事人在工商机关下达处罚决定书之前，向工商机关提交了《解除指定银行结算备忘录》，并主动改正了其行为，也说明工商机关的执法是正确的。

关于 A 发展有限公司
限制竞争、滥收费用一案的调查终结报告

一、当事人及案由

当事人：A 发展有限责任公司

法定代表人：胡 ×

住址：略

经营范围：经营《广播电视节目传送业务经营许可证》许可的项目

2010 年 5 月，我局收到群众举报称，A 发展有限公司为了达到推行数字电视目的，在推行有线电视数字化平移过程中，涉嫌利用其独占地位，强行限制用户接受其提供的数字电视信号，并滥收费用。鉴于此案属政府形象工程，涉及面广，有关社会公众民生热点、难点问题，经我局慎重研究予以立案调查，指派执法人员龚 × 主办、刘 ×、朱 × 协办。

二、违法事实

2009 年 8 月 18 日起至 2010 年 6 月期间，× 市 A 发展有限公司在市区范围内推行数字电视化平移工程。在此期间，该公司存在以下行为：

（一）强制用户接受其提供的数字电视信号服务

A 发展有限公司在 2009 年 8 月 18 日起至 2010 年 6 月期间，要求市区内有线电视用户只能使用其提供的机顶盒收看数字电视节目，否则就只能收看 6 个以下模拟电视节目信号，强制用户接受其提供的数字电视机顶盒，限制用户自主选择权。

（二）利用数字电视平移工程滥收费用

A 发展有限公司在推行有线电视数字化平移过程中，以"押金"、"数字电视费"名义向用户收取费用。

（1）以"押金"名义收取45万元。

2009年8月至9月，该公司在开展有线电视数字化平移的过程中，利用其在行业中的独占地位，在提前收取有线电视用户2年收视费的情况下，向使用有线数字电视的用户以收取"机顶盒"IC卡"押金"的名义，强行收取每户"押金"100元，共计收取"押金"45万元；

（2）以"数字电视费"名义收取费用。

2009年10月，因公众对其滥收"押金"不合理费用，不断向我局投诉，群众反映强烈，加之2009年9月国家发展改革委、国家广电总局联合下发了《取消有线电视服务不合理收费项目》的通知，该公司为了规避查处，又从2009年10月起至2010年4月期间，以收取两年"数字电视费"名义，向使用机顶盒收看数字电视的用户按每户388元的标准收取"数字电视费"，共计金额795.4元。在财务账目处理时，将其中每户388元的"数字电视费"的144元记入财务科目中的"经营费用"科目，另144元记入"预收账款"科目，剩余100元进入应付款的"押金"科目，以此种方法从擅自收取的795.4万元的"数字电视费"中非法获取"押金"收入211万元。

在我局调查时，该公司辩称其所收取有线电视用户每户388元"数字电视费"是经×市政府同意，并报市物价局备案。经我局调查核实，该公司收取有线电视用户每户388元"数字电视费"行为，既未依法举行公众听证会并在公众信息网公示，也未取得相关部门出具的《行政许可申请受理通知书》，更未经×市政府批准。该公司目前经政府批准的收费项目仅为"有线电视安装、收视费"。因此，其超出收费许可证核准范围收取的费用均为滥收费用。截止我局查证时，该公司共发展数字电视用户25600户（不包括分机用户），以"押金"名义收取用户"押金"45万元，在财物账目中列入"其他应付款"科目；另以"数字电视费"名义收取用户费用795.4万元，并将其中211万元以"押金"名义做在财务"其他应付账款"科目，用以上方式共非法获取"押金"收入总额256万元。

本案没有实施行政强制措施，对照《最高人民检察院、公安部关于公安机关管辖的刑事案件立案追诉标准的规定（二）》，也不够移送追诉当事人刑事责任的条件。

三、证据及证明对象

1.《现场检查笔录》一份,证明当事人具有收取数字电视"押金"费用的事实。

2.《询问笔录》七份,证明当事人在数字电视平移中使用数字电视机顶盒、收取 100 元押金费用及公司财务账目对 388 元费用处理的情况。

3. 当事人提供的企业法人营业执照、收费许可证、广播电视节目传送业务经营许可证复印件各一份,证明当事人的主体资格、收费范围等情况。

4.《国务院办公厅转发发展改革委等部门关于鼓励数字电视产业发展若干政策的通知》、《×市推进有线电视数字化工程实施方案》、《×市区有线电视数字化平移实施办法》等文件 4 份,证明当事人收取的数字电视费及押金于法无据。

5. 当事人提供的记账凭证复印件 17 份,证明当事人把收取的 256 万元"押金"费用在财务科目中列入为"其他应付款"科目的事实。

6. 当事人提供的《委托书》及汪×、沈×身份证复印件各一份,证明汪×、沈×代表当事人在本案调查处理中有合法的主体资格,其行为代表当事人的行为。

7. 当事人提供的《关于有线电视数字化工程的情况说明》一份,证明当事人截止 2010 年 5 月 24 日已完成对 25600 余户实行有线电视数字化平移的事实。

8. 当事人提供的《×市有线电视数字化工程领导小组办公室第九次会议纪要》一份,证明当事人决定将收取的 100 元押金费用调整为用户八个月的收视维护费。

上述证据都已经证据提供人签字确认。

四、定性分析

一、从主体方面来看。当事人是专门从事广播电视节目传送业务的经营者,在本行业内没有充分的竞争,消费者对当事人提供的传送广播电视传播节目服务具有较强的依赖性。根据国家工商行政管理局《关于如何认定其他依法具有独占地位的经营者问题的答复》(工商公字[2000]第48号)第一条《反不正当竞争法》第六条规定的"其他依法具有独占地位的经营者",是指公用企业以外的由法律、法规、规章或者其他合法的规范性文件赋予其从事特定商品(包括服务)的独占经营资格的经营者。所谓独占地位,是指经营者的市场准入受到法律、法规、规章或者其他合法的规范性文件的特别限制,该经营者在相关市场上独家经营或者没有充分的竞争以及用户或者消费者对其提供的商品具有较强的依赖性的经营地位。故当事人属于《反不正当竞争法》第六条规定的"其他依法具有独占地位的经营者"。

二、从主观方面来看。根据2009年9月国家发展改革委、国家广电总局联合下发的《取消有线电视服务不合理收费项目的通知》、《国务院办公厅转发发展改革委等部门关于鼓励数字电视产业发展若干政策的通知》、《×市推进有线电视数字化工程实施方案》、《×市区有线电视数字化平移实施办法》的规定,有线电视数字化平移不收取用户任何费用,数字电视机顶盒、IC卡由当事人免费赠送,有线电视用户只交纳收视费,付费节目由有线电视用户自由选择。当事人在明知上述规定的情况下收取数字电视用户"押金"费用,主观方面上存在故意。

三、从客观方面来看。第一、当事人在实施数字电视平移过程中要求市区内有线电视用户只能使用当事人提供的机顶盒收看数字电视节目,否则就强行关闭模拟电视信号或者只提供6个以下模拟电视节目信号,限制用户自主选择权。而国务院办公厅转发的《关于鼓励数字电视产业发展的若干政策》中规定,到2015年基本停止播出模拟电视信号,而非立即停止播出模拟电视信号。该行为所涉及的使用者不止1人,而是不特定的多数人,影响很大,往往造成不良的社会影响和后果,引起数字电视用户的强烈不满。故当事人的行为违反了《中华人民共和国反不正当竞争法》第六条:"公用企业或者其他依法具有独占地位的经营者,不得限定他人购买其指定的经营者的商品,以排挤其他经营者的公平竞争。"和《××省反不正当竞争条例》第二十二条规定"公用企业或者其他依法具有独占地位的经营者,不得采用下列限制竞争的行为:(一)限定用户、消费者只能购买、使用其提供的或者指定的经营者生产、销售的商品,而不得购买和使用其他经营者提供的符合技术标准要求的同类产品"之规定,构成了强制用户只能使用当事人提供的机顶盒收看数字电视节目的限制竞争行为。第二、有线电视数字化平移工程本是一项惠民工程,但当事人在实施平移的过程中违反收费许可证核准的收费范围,未经法定收费许可程序,以"押金"名义和"数字电视费"名义两种方式滥收押金费用共计256万。且当事人收取上述费用,既未依法举行公众听证会并在公众信息网公示,也未取得相关部门出具的《行政许可申请受理通知书》,更未经×市政府批准。

根据国家工商行政管理局《关于<反不正当竞争法>第二十三条和第三十条"质次价高"、"滥收费用"及"违法所得"认定问题的答复》(工商公字[1999]第313号)第一条:……"滥收费用"是指超出正常的收费项目或者标准而收取不合理的费用,包括应当收费而超过规定标准收取费用,或者不应当收费而收取费用……的规定,故当事人所收取的256万"押金"属滥收的费用。当事人的行为违反了《关于禁止公用企业限制竞争行为的若干规定》第四条(六)项规定"对不接受其不合理条件的用户、消费者拒绝、中断或者削减相关商品,或者滥收费用"的规定,构成了滥收费用的行为。

四、从客体方面来看。《中华人民共和国反不正当竞争法》第二条规定:"经营者在市场交易中,应当遵循自愿、平等、公平、诚实信用的原则,遵守公认的商业道德",当事人的上述两种行为,侵害了国家对公平竞争的市场经济秩序的保护制度并对其他经营者和消费者的保护制度造成损害,当事人对违反法律禁止的行为应承担相应的法律责任。

五、处罚依据及建议

对当事人强制用户只能使用其提供的机顶盒收看数字电视节目信的限制竞争行为依据《××省反不正当竞争条例》第四十六条规定"经营者违反本条例第二十二条规定的,可以根据情节处以五万元以上二十万元以下的罚款。被指定的经营者借此销售质次价高的商品或者滥收费用的,没收违法所得,可以根据情节处以违法所得一倍以上三倍以下的罚款"之规定;对当事人滥收费用的行为依据《中华人民共和国反不正当竞争法》第二十三条："公用企业或者其他依法具有独占地位的经营者,限定他人购买其指定的经营者的商品,以排挤其他经营者的公平竞争的,省级或者设区的市的监督检查部门应当责令停止违法行为,可以根据情节处以五万元以上二十万元以下的罚款。被指定的经营者借此销售质次价高商品或者滥收费用的,监督检查部门应当没收违法所得,可以根据情节处以违法所得一倍以上三倍以下的罚款。"和《关于禁止公用企业限制竞争行为的若干规定》第六条规定"被指定的经营者借此销售质次价高商品或者滥收费用的,由工商行政管理机关依据《反不正当竞争法》第二十三条的规定,没收违法所得,并可能根据情节,处以违法所得 1 倍以上、3 倍以下罚款"之规定,鉴于以下两点原因:第一、××市有线电视数字化工程领导小组已于 2010 年 7 月 16 日召开工作会,会议决定将当事人收取的 100 元押金调整为用户八个月的收视维护费;第二、有线电视数字化平移属市政府的一项惠民工程,涉及面广,影响范围宽,涉及群众切身利益,事关政府形象,且当事人滥收费用金额巨大,若予以没收,将影响群众的切身利益,易造成负面的社会影响。根据《××省工商行政管理机关行政处罚自由裁量权实施办法》第八条第四项:"当事人有下列情形之一的,应当依法减轻行政处罚:(四)主动消除或者减轻违法行为危害后果的。"之规定,当事人具有法定减轻处罚情节。综上:建议责令当事人立即停止违法行为并建议对当事人限制竞争的行为减轻处以罚款 4 万元的行政处罚;对当事人滥收费用的行为减轻作出罚款 4 万元的行政处罚,其滥收的 256 万元违法所得不予没收,责令当事人退还给相关用户。同时根据《××省工商行政管理机关行政处罚自由裁量权实施办法》第十三条:"减轻行政处罚幅度未低于法定处罚幅度下限数额的 50% 且减轻数额较小的,由局长(或分管副局长)决定。减轻行政处罚幅度低于法定自由裁量幅度下限数额的 50% 和减轻数额较大的,应当通过局案件审批委员会研究决定,具体数额由市、州、县(区)工商行政管理局确定。"之规定,建议将该案当事人的处罚建议提交局案件审批委员会研究决定。

×工商行政管理局

×年×月×日

点评：

该案涉及面广，社会影响大，最终处理方式稳妥。文书表述清晰，结构合理。

事实认定部分，以"押金"名义收取用户45万元比较清晰，但经政府批准的收费项目"有线电视安装、收视费"与当事人以"数字电视费"名义收取的费用795.4万元之间的关系不够清晰，尤其对于其中211万元又以"押金"名义做账，是内部做账错误还是另外又向客户收取？其余的584.4万元是否合理应当阐述。

定性处理的法律依据引用上，如果可以用上位法《反不正当竞争法》表达清楚完整的，不建议使用地方条例和部门规章。该文书第五部分的"处罚依据与建议"部分表述不够明晰。当事人到底是"经营者"还是"被指定的经营者"易产生混淆。《反不正当竞争法》第六条，限定他人购买其指定的经营者的商品包括三种情况：限定他人购买其自己提供的商品；限定他人购买其下属单位提供的商品；限定他人购买其指定的其他经营者提供的商品。本案中，当事人限定他人购买其自己提供的商品，具有双重身份，既是实施限制竞争行为的经营者，又是被指定的经营者。当事人实施限制竞争行为的同时又借此滥收费用，构成两种违法行为，工商机关对这两种行为可以一并处理。最终的处罚结果也建议单列出来，不应由读者再从中寻觅。

关于×××科技有限公司
限制竞争案的处罚决定

×工商行政管理局行政处罚决定书

×工商检字［2010］第×号

当事人：×××科技有限公司

法定代表人：龚×

注册资本：略

住所：略

企业类型：其他有限责任公司

经营范围：电子产品、通讯产品、计算机软硬件的销售；信息化办公管理系统、航天科技开发管理系统等软件和设备的研究、开发；推广应用及相关的技术咨询服务（凡涉及许可证和专项审批的凭证件经营）

成立日期：2002 年 6 月 3 日

注册号：略

2010 年 1 月 11 日，本局接到举报称当事人在销售防伪税控开票系统的过程中，存在强制搭售和滥收费用的情况，涉嫌不正当竞争，于 2010 年 1 月 11 日立案调查。

经查明：根据《增值税防伪税控系统管理办法》、《国家税务总局关于推行增值税防伪税控系统若干问题的通知》（国税发［2000］183 号）、《国家税务总局关于增值税防伪税控一机多票系统有关情况的通报》（国税函［2006］517 号）等规定，A 股份有限公司在全国建立服务单位，负责防伪税控系统的安装调试、操作培训、维护服务和企业用防伪税控系统专用设备的销售。根据与 A 股份有限公司签订的协议,×××科技有限公司负责增值税防伪税控系统在全省范围内(除×地区)的推广实施。当事人与×××科技有限公司签订的《××省防伪税控系统基层服务单位销售服务授权协议书》,×××科技有限公司的授权指定当事人成为××市区范围内"从事增值税防伪税控开票子系统专用设备销售并为用户提供相关技术支持与服务的单位"(简称基层服务单位),××市区的一般纳税人只能在当事人处购买税控系统专用设备和服务。

根据国家税务总局、××省物价局等部门的有关规定,当事人销售防伪税控产品时,组织纳税人开展增值税防伪税控一机多票系统培训,纳税人不需支付培训费,当事人所收取的增值税防伪税控系统专用设备技术维护费中已包含增值税防伪税控系统专用设备的操作培训费用,当事人不得另行收取培训费。但是,当事人在实际经营中,组织纳税人开展增值税防伪税控一机多票系统培训,在收取增值税防伪税控系统专用设备技术维护费的同时,另行收取 350 元/户的培训费。当事人在 2008 年至 2009 年二年间,收取培训费总计 277200 元,扣除相关税收和直接培训成本(书),当事人累计牟取违法所得 193568.02 元。

上述违法事实有以下证据在案佐证:

证据(一)当事人的营业执照复印件:证实当事人的基本情况;

证据(二)国家税务总局相关文件,包括《增值税防伪税控系统管理办法》、《国家税务总局关于推行增值税防伪税控系统若干问题的通知》(国税发[2000]183 号)、《国家税务总局关于增值税防伪税控一机多票系统有关情况的通报》(国税函[2006]517 号)、《关于如何认定其他依法具有独占地位的经营者问题的答复》(工商公字[2000]第 48 号)等:证明×股份有限公司是《反不正当竞争法》第二十三条、《关于禁止公用企业限制竞争行为的若干规定》第九条规定的"其他依法具有独占地位的经营者";

证据(三)当事人和×××科技有限公司的协议书:证明×股份有限公司、×科技有限公司和当事人的关系,并依此证明当事人是《反不正当竞争法》第二十三条、《关于禁止公用企业限制竞争行为的若干规定》第六条规定的由"其他依法具有独占地位的经营者"指定的"经营者",即"被指定的经营者";

证据(四)《××省物价局关于增值税防伪税控系统专用设备和技术维护价格的通知》(×价工[2000]×号)、国家税务总局关于印发《国家税务总局关于推行增值税防伪税控一机多票系统的公告》的通知(国税发[2006]79号)、《国家税务总局关于增值税防伪税控一机多票系统有关情况的通报》(国税函[2006]517号)、《国家税务总局关于转发<国家发展改革委关于降低增值税专用发票和防伪税控系统技术维护价格的通知>的通知》(国税函[2009]343号)、《××省物价局转发国家发展改革委关于降低增值税专用发票和防伪税控系统技术维护价格的通知》(×价服[2009]×号)等文件:证明当事人销售防伪税控产品时,组织纳税人开展增值税防伪税控一机多票系统培训,纳税人不需支付培训费,当事人所收取的增值税防伪税控系统专用设备技术维护费中已包含增值税防伪税控系统专用设备的操作培训费用,当事人不得另行收取培训费;

证据(五)当事人的前台服务人员郭×询问笔录一份:证明当事人在纳税人向其购买防伪税控产品过程中,在收取增值税防伪税控系统专用设备技术服务费的同时,另行收取培训费的基本情况;

证据(六)当事人的培训负责人吉×的询问笔录一份及培训材料若干,证明当事人开展增值税防伪税控一机多票系统培训的基本情况;

证据(七)当事人的财务负责人郑×的询问笔录一份及财务报表和会计凭证若干,证明当事人2008年、2009年收取培训费的数量、金额、入账等情况;

证据(八)当事人提供的《培训费收入成本表》一份及相关缴税材料,证明当事人2008年、2009年收取培训费的成本、利润、缴税等情况;

证据(九)当事人委托书一份:证明当事人委托其工作人员配合调查的情况;

证据(十)外围企业调查笔录及材料若干:证明当事人在纳税人向其购

买防伪税控产品过程中,在收取增值税防伪税控系统专用设备技术服务费的同时,另行收取培训费的基本情况。

2010年4月7日,本局依法直接向当事人送达工商×听字〔2010〕第×号《×市工商行政管理局行政处罚听证告知书》,当事人在法定期限内未提出听证(陈述、申辩)要求。

我局认为,基于国税总局制定的规范性文件的特别限制,A股份有限公司在增值税防伪税控系统的市场经营中没有充分的竞争,并且用户对其提供的增值税防伪税控系统及技术服务具有较强的依赖性,属于《反不正当竞争法》第二十三条、《关于禁止公用企业限制竞争行为的若干规定》第九条规定的"其他依法具有独占地位的经营者"。通过A股份有限公司和×××科技有限公司的协议,以及×××科技有限公司和当事人的协议,当事人取得授权,负责××市区范围内增值税防伪税控系统的销售和技术服务,当事人属于《反不正当竞争法》第二十三条、《关于禁止公用企业限制竞争行为的若干规定》第六条规定的由"其他依法具有独占地位的经营者"指定的"经营者",即"被指定的经营者"。

根据上述的违法事实和证据,当事人收取明文规定不得收取的增值税防伪税控一机多票系统培训费的行为构成了《中华人民共和国反不正当竞争法》第二十三条、《关于禁止公用企业限制竞争行为的若干规定》第六条禁止的"被指定的经营者借此滥收费用"的行为,属于不正当竞争的行为。

根据《中华人民共和国反不正当竞争法》第二十三条、《关于禁止公用企业限制竞争行为的若干规定》第六条和第九条之规定,责令当事人改正违法行为,决定作如下处罚:

1、没收违法所得人民币193568.02元;

2、处以罚款人民币193568.02元。

以上合计罚没款人民币387136.04元,上缴国库。

当事人自收到本处罚决定书之日起十五日内,到建设银行×市分行营业部(帐户:×市财政局罚没专户;账号:×,单位分户帐号:×)缴纳罚没款。当事人逾期不履行行政处罚决定的,依据《中华人民共和国行政处罚法》第五十一条第(一)、(三)项的规定,本局将依法采取下列措施:(一)到期不缴纳罚没款的,每日按罚没款数额的百分之三加处罚款;(二)申请人民法院强制执行。

如不服本处罚决定,可在收到本处罚决定书之日起六十日内向××省工商行政管理局或×市人民政府申请复议;也可以在三个月内直接向×市×区人民法院起诉。

当事人对行政处罚决定不服申请行政复议或者提起行政诉讼的,行政处罚不停止执行。

×工商行政管理局

×年×月×日

点评:

本案属于其他依法具有独占地位的经营者实施限制竞争行为的案件,而且涉及增值税防伪税控系统市场,非常具有典型性和新颖性。打击偷税漏税行为,保障国家税收安全是国家税务机关的职责。推行增值税防伪税控系统,涉及千家万户的企业,国家税收机关通过合法的规范性文件明确具备条件的经营者从事诸如专用设备销售、维护服务等经营活动,同时使该经营者成为依法具有独占地位的经营者,并不违反国家法律规定。如果因此而具有了独占地位的经营者或者由其指定的经营者在经营活动中实施强制交易、滥收费用等行为的,即构成了限制竞争行为,应当受到《反不正当竞争法》的规制。

不足之处是在证据列举部分,其中的"(二)、(四)"属于规范性文件,不应当作为证据列出。根据《工商行政管理机关行政处罚程序规定》第二十三条规定,证据包括以下几种:书证;物证;证人证言;视听资料、计算机数据;当事人陈述;鉴定结论;勘验笔录、现场笔录。其列举的证据(二)和(四)的内容应当体现了文书的说理部分,用以证明当事人行为的违法性。

关于××自来水厂限制竞争案的处罚决定

×工商行政管理局处罚决定书

×工商处字[2008]第×号

当事人：××自来水厂

法定代表人：张×

注册资本：壹佰叁拾陆万元

住所：略

经济性质：集体所有制

经营范围：自来水生产、供应

成立日期：2000年1月26日

注册号：略

2008年5月21日，根据举报，××市工商行政管理局委托××工商分局对位于本市的××自来水厂进行检查时发现当事人存在向用户收取自来水安装费的情况，涉嫌构成不正当竞争，遂于当日立案调查。

经查明：当事人××自来水厂负责×行政区划内供水设施的建设维护和管理（包括水费的收取），任何在该区域内的自来水用户都只能接受当事人提供的自来水及供水的相关服务。当事人对申请自来水接水的新用户或申请自来水扩容的老用户按照所申请的水管口径对照"×工贸发[2002]第2号"文件的规定确定主管道代建费数额（对部分用户有优惠）。并按照申请用户的实际情况估算大致的施工费用。要求用户先缴纳上述两项费用的押金，然后再由当事人为相关用户施工。施工范围为从公共管道施工至新用户入户计量水表处。施工完成后，当事人与用户核算具体的施工费用，在对照押金后,对用户采取多退少补的方法结算,并开具建筑安装专用发票。工程名称为:自来水安装工料费,并后附××自来水厂耗用材料报告表1份。

当事人与用户核算完上述款项后计入当事人会计账目中的其他业务收入科目。其中,按××自来水厂耗用材料报告表计算的材料支出记入"材料"子科目;按照"×工贸发[2002]第2号"文件确定的主管道代建费和施工中的人工支出记入"安装"子科目。

自2005年1月1日至案发,当事人共向40个用户收取24000元——134785.54元不等的上述性质的费用总计2784230.34元,其中计入其他业务收入——"安装"科目金额为2440582.4元,计入其它业务收入——"材料"科目金额为343647.94元。

另查明:当事人还向×区域内新建的商品房楼盘提供自来水安装施工,施工范围为公共管道至小区内每套商品房的进户水表,申请施工流程及费用收取情况同上,施工费用由房地产开发商支付。从2005年1月1日至案发共涉及9个新建楼盘,当事人总计收取主管道代建费、人工支出、材料费4615205.65元。其中计入其他业务收入——"安装"科目金额为3677309元;计入其他业务收入——"材料"科目为937896.65元。

综上,当事人自2005年1月1日至案发,在为新申请自来水安装用户和申请自来水扩容用户的公共管道至用户进户水表的施工中,总共收取费用为7399435.99元。

上述事实由以下证据证实:

证据(一)2008年5月21日对××自来水厂进行现场检查的现场检查笔录1份,当事人自2005年1月1日至案发时(本案的数据计算到2008年4月30日止)的其他业务收入科目中的安装、材料子科目的明细分类账和会计凭证的复印件4份(部分证据包括2005年、2006年、2007年、2008年,新开楼盘9户的账册),证明当事人收取接水费涉嫌不正当竞争被本局立案查处的事实。

证据(二)2008年8月7日对当事人××自来水厂会计谢×的询问笔录1份,证明当事人收取相关费用及实际施工情况,累计违法经营额

7399435.99 元的事实。

证据(三)2008 年 6 月 30 日对×电气有限公司和×印刷厂的调查笔录各 1 份及其营业执照复印件、法定代表人或负责人身份证复印件各 1 份、当事人开具给×电气有限公司和×印刷厂的建筑安装专用发票、××自来水厂耗用材料报告表各 1 份,证明当事人对用户收取接水费及用户申请流程、施工过程、施工范围等情况。

证据(四)当事人法定代表人出具的委托书 1 份及谢×身份证复印件 1 份,证明被询问人谢×的身份。

证据(五)《××省城市供水管理办法》、《××省人民政府关于清理整顿建设项目收费的通知》、国家工商行政管理总局《关于工商行政管理部门对自来水公司强制收取水增容费行为是否具有管辖权问题的答复》复印件各 1 份。证明自来水供水行为的相关法律法规规定情况。

2008 年 10 月 28 日,我局向当事人送达了×工商听告字[2008]×号《行政处罚听证告知书》,当事人在法定期限内未提出听证(陈述、申辩)要求。

我局认为:当事人系×区域内唯一一家提供自来水供水服务的集体所有制企业,属于《中华人民共和国反不正当竞争法》所指的公用企业。根据《××省城市供水管理办法》第四十四条"乡(镇)村供水、用水及其管理活动,可以参照本办法执行"的规定,当事人属于《××省城市供水管理办法》的调整范围。

根据《××省城市供水管理办法》第十一条"城市供水实行谁投资、谁受益,鼓励社会资金投资城市供水行业。"和第二十条第一款"城市供水公共设施,从取水口至进户总水表(含进户总水表)由城市供水企业维护和管理;从进户总水表至用户的供水设施由所有者或者管理者负责维护和管理"的规定,当事人为新申请自来水的用户和申请自来水扩容的用户自公共管道至用户进户总水表的施工安装属于当事人在向用户收取自来水水费之前必要的前提。可以认为上述的施工安装最终的收益方为当事人××自来水厂。故按照《××省城市供水管理办法》第十一条的规定应当由当事人自行投资建设。

　　而当事人利用其作为独占的××区域范围的供水服务部门,利用其公用企业的优势地位,对用户设置安装施工的条件——只有用户先缴纳本应该由当事人自行投资部分的建设费用,当事人才会为用户安装施工,事实上属滥收费用。根据国家工商总局工商公字[2002]第260号《关于工商行政管理部门对自来水公司强制收取水增容费行为是否具有管辖权问题的答复》……自来水公司属于《反不正当竞争法》第六条规定的公用企业。公用企业滥用其优势地位,强制向用户设定不合理交易条件和滥收费用的行为,违反了《反不正当竞争法》第六条和《关于禁止公用企业限制竞争行为的若干规定》第四条第六项"对不接受其不合理条件的用户、消费者拒绝、中断或者消减供应相关商品,或者滥收费用"的规定构成限制竞争行为,工商行政管理机关有权依据《反不正当竞争法》第二十三条的规定予以处罚。"的答复精神,工商行政管理机关对当事人的上述行为拥有管辖权。

　　根据以上事实和证据,本分局认定当事人的这种行为违反了《中华人民共和国反不正当竞争法》第六条"公用企业或者其他依法具有独占地位的经营者,不得限定他人购买其指定的经营者的商品,以排挤其他经营者的公平竞争。"和《关于禁止公用企业限制竞争行为的若干规定》第四条第(六)项"对不接受其不合理条件的用户、消费者拒绝、中断或者消减供应相关商品,或者滥收费用"的规定,构成了限制竞争的不正当竞争行为。

　　根据《中华人民共和国反不正当竞争法》第二十三条"公用企业或者其他依法具有独占地位的经营者,限定他人购买其指定的经营者的商品,以排挤其他经营者的公平竞争的,省级或者设区的市的监督检查部门应当责令停止违法行为,可以根据情节处以五万元以上二十万元以下的罚款。……"及《关于禁止公用企业限制竞争行为的若干规定》第五条第一款"公用企业实施前条所列行为的,由工商行政管理机关依据《反不正当竞争法》第二十三条的规定,责令停止违法行为,并可以根据情节,处以五万元以上、二十万元以下罚款。"的规定,决定对当事人处罚如下:

1. 责令停止违法行为;
2. 罚款180000元(壹拾捌万元),上缴国库。

上述罚款当事人应在收到本处罚决定书之日起十五日内(末日为节假日顺延)到×市工商银行(账户:×市财政局财政资金收支两条线财政专户;账号:略)缴纳。当事人逾期不履行本处罚决定,我局将依法采取下列措施:(一)到期不缴纳罚款的,每日按罚款数额的百分之三加处罚款;(二)申请×区人民法院强制执行。

当事人如不服本处罚决定,可在收到本处罚决定书之日起六十日内向×工商局或×市人民政府申请复议;也可以在收到本处罚决定书之日起三个月内直接向×区人民法院提起行政诉讼。当事人对行政处罚决定不服申请行政复议或者提起行政诉讼的,行政处罚不停止执行。

×工商行政管理局

×年×月×日

点评:

本案属于供水行业的限制竞争案件。作为公用事业的供水行业,其经营者在为广大用户提供供水服务的过程中却存在多种形式的限制竞争行为,包括经营者强制用户在智能水表卡预存水费、经营者要求用户与其签订《供水工程施工合同》以及本案中经营者要求用户缴纳应有其自行投资的管道部分的建设费用等多种表现形式。无论哪种表现形式,只要经营者利用其作为公用企业的地位,实施了损害用户合法权益、限制其他经营者参与公平竞争等的行为,都将受到《反不正当竞争法》的调整和规范。

本案的违法事实部分叙述全面、客观,违法行为发生的时间、地点、人物、经过、情节和结果等要素都有所体现。说理部分论述比较透彻,对当事人的主体身份、当事人经营中自行投资的范围、工商机关对供水行业的管辖权以及当事人借新用户申请接水和老用户申请扩容之际滥收费用等问题逐一说理论述,环环相扣,充分说明了当事人行为的违法性,起到了答疑和解惑的作用。

本案的不足之处是缺少处罚的定量分析和自由裁量权的行使情况。当事人借机收取了不该收取的费用共计739万多元,最终只受到了罚款18万元的行政处罚,在违法成本如此低廉的情况下,要想真正遏制公用企业的限制竞争行为,结果将可见一斑。二是法律法规及有关答复不属于证据的范围,本文书中证据五建议作如下修改:将证据(五)删除,其中的"《××省城市供水管理办法》、《××省人民政府关于清理整顿建设项目收费的通知》"的有关内容应当体现在说理部分,用以论述当事人行为的违法性。"国家工商行政管理总局《关于工商行政管理部门对自来水公司强制收取水增容费行为是否具有管辖权问题的答复》"的有关内容已经在说理部分有了,直接删除即可。

三、商业贿赂行为

关于对中国××银行股份
有限公司××分行收取评估机构评估费
返还商业贿赂案的处罚决定

×工商行政管理局行政处罚决定书

×工商处字[2009]第×号

当事人:中国××银行股份有限公司×分行

营业场所:略

负责人:林×

经营范围:略

注册号:略

我局 2009 年 7 月底、8 月初在对各评估机构检查中,发现当事人下属各支行收受评估机构评估费返还,涉嫌商业贿赂行为,我局遂于 8 月对当事人涉嫌的营业部及各支行进行立案调查。调查期间,当事人于 8 月 14 日向我局报送"个贷自查表",营业部及各支行合计收受评估费返还 90348 元,未向我局提供凭证;9 月 3 日,当事人向我局报送"个贷评估手续费收入明细表",合计收入 208700 元,但仍未向我局提供具体明细及凭证。为核实收受评估费返还的客观情况,我局调查人员逐一对涉案营业部及各支行现场检查,对其收受情况进行核查,并以核实情况作为定案证据。在调查期间,当事人监察室将各支行客户经理自查的原收受评估费返还分四次共 45866 元交我局扣留。因当事人营业部及各支行的违法性质相同等原因,我局决定并案处理。

现查明:当事人自 2008 年 1 月至 2009 年 7 月(A 支行有 1 笔发生在 2007 年),在办理个人住房贷款业务中,假借个人理财顾问费等名义,收受×金阳光房地产评估事务所(以下为金阳光)、×仲盛行房地产评估咨询有限公司(以下为仲盛行)、×信诚房地产估价有限公司(以下为信诚)、×中宇房地产估价有限公司(以下为中宇公司)、×华融房地产评估有限公司(以下为华融)等评估机构(另案处理)给付的评估费返还,计入个人理财业务收入、代办个人住房贷款手续费收入。另查明当事人下属 A 支行、C 支行、D 支行、F 支行、G 支行、H 支行等房贷客户经理向×、李×、刘×、屠×、曾×、高×、张×、杨×、周×、朱×、岳×、黎×、孙×、陈×等利用职务之便,收受评估机构给付的评估费返还。营业部及各支行、客户经理收受评估机构评估费返还具体情况见下表(单位:元):

金融机构	金融机构收受返还金额	客户经理收受返还金额	合计收受返还金额	税后金额
营业部	9000		9000	6372
A 支行	15548	23429	38977	34437
B 支行	34460		34460	24398
C 支行	9700	10268	19968	17136
D 支行	5000	6396	11396	9936
E 路支行	13000		13000	9204
F 支行	6800	1600	8400	6414
G 支行	4100	2749	6849	5652
H 支行	6600		6600	4673
I 支行	5000		5000	3540
J 支行	4900	400	5300	3869
K 支行	5900	700	6600	4877
M 支行	4967		4967	3517
L 支行	3300	324	3624	2660
N 支行	3400		3400	2407
O 支行	2100		2100	1487
P 支行	1200		1200	850
Q 支行	1000		1000	708
R 分理处	700		700	496
S 支行	500		500	354
T 支行	300		300	212
合计	137475	45866	183341	143199

以上事实,有我局依法调取并查证属实的下列证据在卷佐证:证据 1. 当事人注册信息及金融许可证复印件,证明当事人的基本情况;2. 当事人提供的"明细账查询-内部账明细表"及收受评估费返还原始凭证复制件,证明当事人收受评估费返还并假借个人理财顾问费等名义记账的事实;3. 当事人开展自查通知、"个贷客户经理自查表"及情况说明,证明当事人房贷客户经理收受评估费返还的事实;4. 我局对当事人各支行的现场检查笔录,证明上述证据合法调取;5. 当事人个人信贷业务合作评估机构管理办法、评估公司理财顾问费操作流程、评估公司理财顾问费收取的有关要求、个人信贷评估业务合作协议、个人理财顾问服务协议,证明当事人假借个人理财顾问费收受评估机构评估费返还的操作流程和收费标准;6. 对上述评估机构的现场检查笔录、询问笔录,调取的合同、账目及凭证复印件,评估机构情况说明,证明当事人及其客户经理收受评估机构评估费返还的事实。

《中华人民共和国反不正当竞争法》第二条第一款规定,"经营者在市场交易中,应当遵循自愿、平等、公平、诚实信用的原则,遵守公认的商业道德";第八条第一款规定,"经营者不得采用财物或者其他手段进行贿赂以销售或者购买商品。在账外暗中给予对方单位或者个人回扣的,以行贿论处;对方单位或者个人在账外暗中收受回扣的,以受贿论处"。《××省反不正当竞争条例》第十二条规定,"经营者不得在账外暗中给予或者收受、索取对方单位和个人回扣;不得以任何方式进行贿赂,以销售或者购买商品"。我局认定当事人收受评估机构评估费返还的行为违反《中华人民共和国反不正当竞争法》第八条第一款、《××省反不正当竞争条例》第十二条之规定,构成收受商业贿赂行为,应依据《中华人民共和国反不正当竞争法》第二十二条之规定予以行政处罚,即"经营者采取财物或者其他手段进行贿赂以销售或者购买商品,构成犯罪的,依法追究刑事责任;不构成犯罪的,监督检查部门可以根据情节处以一万元以上二十万元以下的罚款,有违法所得的,予以没收"。

我局于 2009 年 10 月 13 日在当事人办公室送达《行政处罚告知书》(×市工商告字[2009]10-25 号)、《行政处罚听证告知书》(×市工商听告字

[2009]第21－25号），告知我局对当事人营业部及各支行拟作出行政处罚的事实、理由、依据及拟处罚的意见，当事人营业部及各支行未要求听证。当事人有关负责人员口头向我局有关负责人员、办案人员陈述申辩，并于2009年10月15日以《关于执行行政处罚告知书陈述申辩的函》（建三函[2009]293号）向我局进行书面陈述申辩，其口头及书面陈述申辩意见有七：一是收取评估公司手续费情况说明，认为银行参与评估流程付出了大量的劳动成本，需要费用予以弥补；二是收取评估公司给付的手续费未带来不正当竞争的后果，未对房地产评估及社会经济秩序造成影响；三是不宜以×行21个机构网点分别作为处罚对象；四是我局告知书的罚款事项，当事人无法在财务上进行处理；五是处罚额度过重；六是对客户经理个人的处罚不应纳入对单位的一并处罚；七是该行对我局提出的自查是认真的、整改是积极的，应从轻处理。

针对上述陈述申辩意见，我局认为，当事人的行为构成商业贿赂行为，并应予处罚。理由如下：一、银行及其工作人员不能参与评估费分成。房地产估价业务应独立、客观、公正进行。银行按照商业银行房地产贷款风险管理指引的有关规定，对申请的受理、审核、审批、贷后管理等环节采取的措施，其目的了解抵押物的真实性、合法性，是为了防范贷款风险，其本质上属于内部风险控制。其针对房地产贷款风险管理而采取的措施、付出的劳动，不应参与评估机构评估费的分成。根据建设部、中国人民银行、中国银行业监督管理委员会《关于规范与银行信贷业务相关的房地产抵押估价管理有关问题的通知》（建住房[2006]8号）第五条规定，"商业银行及其工作人员不得以任何形式向房地产估价机构收取中间业务费、业务协作费、回扣以及具有类似性质的不合理或非法费用"；第七条规定，"房地产估价机构应当坚持独立、客观、公正的原则，严格执行房地产估价规范和标准，不得以迎合高估或者低估要求、给予回扣、恶意压低收费等不正当方式承揽房地产抵押估价业务"，银行及其工作人员不能以任何形式向评估机构收取中间业务费、业务协作费、回扣以及具有类似性质的不合理或非法费用。

二、当事人力图以理财顾问协议的形式掩盖其收受评估费分成的本质。

银行不具备房地产评估资质,不得擅自从事评估业务,其假借理财顾问费名义收受的评估费分成,不是佣金,而是商业贿赂。当事人利用贷款审批过程中指定评估机构的优势地位,将贷款业务中衍生出来的房产评估业务委托给有关的房地产评估机构,并假借个人理财顾问费等名义,向应该并且有能力独立进行房地产评估的评估机构提出评估费分成的要求。而房地产评估机构为了承揽更多的评估业务,接受了当事人的分成要求,与当事人达成并履行了分成协议。另外,账外暗中是回扣的构成要件,回扣只是商业贿赂的一种表现形式。当事人将评估费分成(不含客户经理收受部分)计入其账目,从客观上证明了其收受商业贿赂的行为。

三、银行及其工作人员收取评估费返还的行为扰乱评估市场秩序,排挤其他经营者的正当竞争。评估机构的竞争应侧重于信誉、质量、服务、价格(在国家规定的范围内)、效率等,而不能依靠评估费分成的比例、回扣的多少,当事人的行为既损害自身形象,诱发所属员工违法收取回扣、好处费,不利于自身的规范管理,又排挤了其他评估机构合法参与市场竞争,还容易诱发回扣大战,影响评估机构独立、客观、公正执业,扰乱评估市场正常的经营秩序。

四、客户经理收取评估费返还,属于利用职权的行为,理应由其所在的金融机构承担责任。当事人负责个人住房贷款业务的客户经理(含主管),在其履行受理贷款申请、接收贷款资料、调查核实等职务行为的过程中,收受评估机构评估费的返还,与其职务行为密切相关。客户经理在某种程度上左右某笔评估业务由谁做,影响评估机构的业务量,这也正是评估机构向客户经理返还评估费或支付好处的原因。虽然客户经理将个人收受的评估费返还据为已有,但当事人对客户经理的此种利用职务之便违法收取评估费返还的行为负有责任,理应受到行政处罚。

五、我局依法实施自由裁量权。对违法行为依法作出行政处罚是行政机关应尽的义务,依法履行行政处罚决定,是经营者依法应履行的义务,经营者履行处罚决定难以进行账务处理不是行政处罚应考虑的法定情节;开展个人住房贷款既是金融机构的法定业务范围,又是保民生、保增长、保稳定的需要,个人住房贷款业务本身没有错,错就错在不能在开展个人住房贷款的过程中假借名目参与评估费的分成,要从讲政治、讲大局的高度合法、规范开展好这个业务,而绝不能借口工商机关的处罚而退出二手房贷市场。如果当事人借此退出并要挟地方党委、政府,我局将依法向当事人上级公司及银监部门客观反映情况,以制止当事人的无理行径。

至于当事人提出的"不宜以××行21个机构网点分别作为处罚对象"的陈述申辩意见,我局予以采纳。我局以××行下属的21个网点(含1个营业部、20个支行)立案并拟处罚符合行政处罚法的有关规定。因为一方面上述当事人均取得金融许可证、营业执照,是从事金融服务的经营者,属于《反不正当竞争法》的调整对象,另一方面上述当事人与评估机构(负责人)签订理财顾问协议,实施收取评估费返还的客观行为并入账,属于违法行为的实施者。但我局从违法性质相同、个贷业务流程、收取政策及标准制订、业务核算主体、实际责任承担、社会影响诸方面考虑,决定采纳当事人的此申辩意见,以当事人作为统一的行政处罚对象,而不对当事人营业部、各支行分别作出行政处罚。

综上所述,当事人假借个人理财顾问费收取评估机构评估费返还及其客户经理收受评估机构评估费返还的行为,构成了商业贿赂行为。我局对其定性的陈述申辩要求不予采信,但对行政处罚的对象作出调整,且因行政处罚对象的调整而间接地对原告知的处罚幅度作出调整。

在本案中,当事人应我局的要求开展了评估费分成自查,将客户经理上交的评估费返还款交我局扣留,对少数性质严重的客户经理予以免职处理、积分处理;当事人住房金融与个人信贷部、监察室、办公室等部门对我局的调查行为予以配合;已初步采取措施规范与评估机构等业务合作单位的行为管理。当事人商业贿赂行为所涉及的点多面广、持续时间长,且机构与房贷客户经理个人均存在收受行为;建住房[2006]8号文件明确规定不能以任何形式收取评估费返还,但当事人不予执行仍追逐利润继续收取;收取评估费返还在性质上属于商业贿赂;当事人2006年因商业贿赂行为曾被我局处罚(×市工商处字[2006]第×号)。对行贿与受贿行为的处罚总体上要讲究公平。综合考虑以上情节，根据《中华人民共和国行政处罚法》第四条第二款、《××省工商行政管理机关实施行政处罚自由裁量权暂行规定》第十一条第一款第（一）项、第二十六条之规定，我局决定对当事人取高幅度予以处罚。

依据《中华人民共和国行政处罚法》第二十三条、《中华人民共和国反不正当竞争法》第二十二条"经营者采用财物或者其他手段进行贿赂以销售或者购买商品，构成犯罪的，依法追究刑事责任；不构成犯罪的，监督检查部门可以根据情节处以一万元以上二十万元以下的罚款，有违法所得的，予以没收。"之规定，我局决定责令当事人改正违法行为，没收其违法所得 143199 元（我局已扣留 45866 元，余 97333 元），并处罚款 200000 元，合计罚没 343199 元上缴国库。

当事人必须自收到本处罚决定书之日起 15 日内履行上述处罚决定，将罚没款缴至×支行（户名：×市工商行政管理局；账号：略；执法单位编号：0900）。逾期不缴纳罚款，每日按罚款数额的 3% 加处罚款。

当事人如不服本处罚决定，可以自收到本处罚决定书之日起 60 日内向×市人民政府或×省工商行政管理局申请复议，也可以在三个月内依法直接向人民法院提起诉讼。

×工商行政管理局

×年×月×日

点评：

文书对案件的来源、调查经过、证据采集及当事人违法事实的叙述简明扼要，事理清晰。不仅展示了当事人借用佣金名义收受商业贿赂行为的具体方式，也展现了执法人员突破本案关键环节采用的方法和技巧，值得称赞。文书中以列表方式展示当事人及其客户经理收受评估费返还的情况，叙事简洁清晰，使读者得以迅速掌握案件情况，是一大亮点。

本文书针对当事人的陈述申辩意见，结合案情逐一反驳，说理针对性强，逻辑清晰。在说明处罚决定的裁量情节时，既考虑了对当事人有利的情节,又讲明了从重处罚的情节,最后综合裁量,对当事人作出最高罚款辐度的处罚,能够以理服人。

在说理上,对当事人作为与评估业务有利害关系的第三方,而不是交易相对人,收取了评估费返还也构成商业贿赂主体的分析略显不足。

关于对××医院商业贿赂案的处罚决定

×工商行政管理局行政处罚决定书

×工商×案字［2009］第×号

当事人:××医院

注册号:略

住所:略

法定代表人:刘×

宗旨和业务范围:为人民身体健康提供医疗与护理保健服务,医疗与护理等

2009 年 12 月 1 日,我局经检大队在对当事人检查中发现,该医院在与××药业股份有限公司等单位药品购销中,在药品招标后,收受对方折扣让利,涉嫌违反《中华人民共和国药品管理法》的相关规定,为此,我局于 2009 年 12 月 2 日批准立案。办案人员于当天向当事人送达了《行政处罚立案告知书》。

经查,当事人与××药业股份有限公司等单位存在药品购销关系,当事人在与上述单位药品招标后,又对招标的药品进行折扣让利,对这部分的金额,以"废品费"的名义现金收取,计入医院"其他收入"科目,并未冲减药品销售成本,作为医院收入。当事人收取上述"废品费"的总金额为 194287.46 元。

以上事实的主要证据如下:

证据(一)对当事人的全权委托人、副院长进行调查的《询问笔录》一份,证明当事人在与药品供应商在药品中标后再折扣让利的事实;

证据（二）对当事人的财务科科长进行调查的《询问笔录》一份，证明当事人在与药品供应商在药品中标后再折扣让利，以"废品费"的名义入"其他收入"账的事实；

证据（三）对当事人的药剂科副科长进行调查的《询问笔录》一份，证明当事人在与药品供应商在药品中标后再折扣让利的事实；

证据（四）对当事人的财务科出纳会计进行调查的《询问笔录》一份，证明当事人收取以"废品费"名义折扣让利的事实；

证据（五）对××药业股份有限公司镇江地区经理进行调查的《询问笔录》一份，证明当事人收受药品折扣让利的事实；

证据（六）对××医药有限公司×地区业务经理进行调查的《询问笔录》一份，证明当事人收受药品折扣让利的事实；

证据（七）当事人提供的财务凭证复印件 27 份，财务说明 1 份，证明当事人收受以"废品费"名义折扣让利并记入"其他收入"科目的事实；

证据（八）当事人提供的事业单位法人证书复印件一份，证明当事人的性质及基本情况。

我局认为：当事人与××药业股份有限公司等单位在药品购销时，在与上述单位签订药品招标协议后，又以"废品费"的名义向药品供应商收受折扣让利，并未冲减药品售价，而是计入医院"其他收入"财务科目，作为医院收入。其行为违反了国家发改委、国务院纠风办、卫生部、国家工商总局、国家药监局、国家中医药管理局《关于进一步规范医疗机构药品集中招标采购的若干规定》的第七条"严格按照《合同法》规定履行中标药品购销合同……医疗机构必须按药品购销合同明确的品种价格和供销渠道采购药品，不得再同中标企业进行价格谈判以扩大折扣让利幅度"的规定，及违反了《中华人民共和国药品管理法》第五十九条第一款"禁止药品的生产企业、经营企业和医疗机构在药品购销中账外暗中给予、收受回扣或者其它利益"的规定。实行药品集中招标采购是纠正药品购销中的不正之风，减轻群众医药费的有力措施，坚持公平、公正、公开和诚实信用原则，医疗机构与药品供应商的折扣让利应该在招标合同中如实体现，降低药品价格，让利于患者，让患者得到实惠。而当事人却在招标后，违反法律法规规定，与药品供应商再折扣让利，以"废品费"的名义入"其他收入"科目，作为医院收入，其行为实质上是医疗机构收受药品供应商回扣的违法行为。

案件调查结束后，我局于 2009 年 12 月 7 日依法向当事人送达了行政处罚听证告知书，告知当事人拟作出行政处罚的事实、理由、依据、处罚内容及享有的权利。当事人在法定的期限内未提出陈述、申辩和举行听证的要求。

综上所述，当事人的行为违反了《中华人民共和国药品管理法》第五十九条第一款的规定，依据《行政处罚法》第二十三条"行政机关实施行政处罚时，应当责令当事人改正或者限期改正违法行为"、《中华人民共和国药品管理法》第九十条"药品的生产企业、经营企业、医疗机构在药品购销中暗中给予、收受回扣或者其它利益的，……由工商行政管理部门处以一万元以上二十万元以下的罚款，有违法所得的，予以没收；……"的规定，责令当事人立即改正上述违法行为，决定罚款 180000 元，没收违法所得 194287.46 元，上缴国库。

当事人应在收到本处罚决定书之日起十五日内（末日为节假日）顺延，到中国农业银行×市任一网点缴清上述款项。若使用转账支票、银行汇票、银行本票缴纳罚没款时，必须在转账支票、银行汇票、银行本票"收款人"栏填写"待报解罚没收入专户"、在转账支票、银行汇票、银行本票"用途"栏填写"缴纳×工商行政管理局罚没款"。逾期不缴纳的，每日按罚款数额的百分之三加处罚款。

如对本处罚决定不服，可在接到本处罚决定书之日起六十日内向×工商行政管理局或××市×区人民政府申请复议，也可在三个月内直接向××市×区人民法院起诉。

×工商行政管理局

×年×月×日

点评：

本文书从实情出发，紧扣行政处罚当事人构成行政违法行为的要素，对构成违法有直接影响的主客观构成要件与情节进行了说明,准确把握了案件的主要事实,做到了切中案件实质,突出案件重点事实。特别是认真分析了当事人收受"废品费"的本质,明确指出了当事人收受"废品费"未按规定冲减药费成本的事实,指出了当事人将"废品费"计入"其他收入"科目貌似正常的行为,实际已构成违法。做到了繁案精写,事实叙述重点突出,详略得当,说理透彻、逻辑严密、表述准确。

不足:自由裁量权的适用没有说明理由,不能清楚地体现过罚相当的处罚原则。适用法律上,应对选择适用《药品管理法》而不是适用《反不正当竞争法》做说明。

关于对××乳业有限公司
商业贿赂案的处罚决定

×工商行政管理局行政处罚决定书

×工商案字［2008］第×号

当事人：××乳业有限公司

住所：略

法定代表人：刘×

注册资本：130万元人民币

企业类型：有限责任公司

经营范围：乳及乳制品、饮料生产、销售

注册号：略

委托人：×乳业有限公司

受委托人：刘×，×乳业有限公司总经理

2007年8月1日，我局收到×工商行政管理局批转的举报信，反映当事人在销售学生奶过程中存在商业贿赂违法行为。2007年9月26日，我局执法人员根据举报的情况对当事人进行初步调查，发现当事人在销售学生奶业务活动中，涉嫌商业贿赂。2007年11月15日，经我局局长批准对当事人进行立案调查。

现已查明：当事人于2005－2006年，在学生饮用奶销售过程中，在未经过招标的情况下，于2005年3月1日与××局校办产业管理服务中心签订《学生饮用奶管理服务协议》，协议约定：由××局校办产业管理服务中心督

促学校组织实施学生饮用奶计划,当事人在划定的范围内销售学生饮用奶,每学期按每份 0.05 元的标准以"劳务费"名义支付××局校办产业管理服务中心费用。当事人销售学生饮用奶给学校的价格是 1.10 元/袋,其中:0.10 元/袋为学校组织劳务费用,0.05 元/袋为学生解困金,0.05 元支付给××局校办产业管理服务中心作为"劳务费",当事人实际以 0.90 元/袋的销售价格记账。2005 – 2006 年度当事人共销售学生奶 4799567 份,销售金额 5279523.7 元,以现金方式支付给××局校办产业管理服务中心"劳务费"合计 239978.35 元,××局校办产业管理服务中心以"管理费"名义开具收据给当事人,当事人所支付的费用未如实记入法定财务账目。根据当事人陈述及提供的《财务报表》,2005 – 2006 年度当事人学生饮用奶销售未获利润。

以上事实主要证据如下:

证据(一)当事人提供的"企业法人营业执照(副本)"复印件 1 份。证明:当事人的主体资格的事实。

证据(二)《限期提供证据通知书》(×工商限提字[2007]第 05 号)1 份,当事人提供的"情况说明"1 份。证明:当事人 2005 – 2006 年共销售学生饮用奶 4799567 份,支付××局校办产业管理服务中心"劳务费"为 239978 元,不能提供销售学生饮用奶发票及支付"劳务费"相关凭证未建账保存的事实。

证据(三)××局校办产业管理服务中心提供的《学生饮用奶管理服务协议》(有效期:自 2005 年 3 月 1 日至 2008 年 2 月 28 日)复印件 1 份。证明:当事人支付××局校办产业管理服务中心"劳务费"约定标准是 0.05 元/袋和其在划定的范围内供应学生饮用奶的事实。

证据(四)××局校办产业管理服务中心提供的 2005 年 3 月 19#记账凭证复印件 1 份(共 3 页),2005 年 8 月 6#记账凭证复印件 1 份(共 14 页);2006 年 5 月 14#记账凭证复印件 1 份共(6 页),2006 年 10 月 34#记账凭证复印件 1 份(共 4 页)。证明:当事人 2005 – 2006 年度共支付××局校办产业管理服务中心"劳务费"239978.35 元,××局校办产业管理服务中心以

"管理费"名义出具收据的事实；同时证明：当事人在划定范围内的部分学校销售学生饮用奶，××局校办产业管理服务中心按时段统计各学校学生饮用奶销售数量并作为"管理费"结算依据的事实。

证据（五）××市×中学提供的《×中学牛奶、饮用水、校服费收支情况汇总表》复印件1份（共2页），当事人与×中学学生奶款结算收据复印件3份（2005年7月14日、2006年元月23日、2006年6月27日各1份）。证明：2005年春××市×中学计收取学生饮用奶款58960元，实际结算给当事人学生饮用奶款58300元的事实；2005年秋××市×中学收取学生饮用奶款为76422元，实际结算给当事人学生饮用奶款74000元的事实；2006年春××市×中学计收取学生饮用奶款59015元，实际结算给当事人学生饮用奶款为57500元的事实；同时证明：×中学所订购的学生饮用奶是当事人的，当事人与×中学学生饮用奶实际结算价格为0.975元/袋事实。

证据（六）当事人提供的授权委托书一份。证明：××乳业有限公司法定代表人委托总经理刘×作为处理该事宜的委托代理人，代为接受×工商行政管理局的调查，对相关事实进行陈述，提交相关证据材料，签收法律文书等事实。

证据（七）××乳业有限公司总经理刘×询问笔录1份。证明：2005－2006年当事人学生饮用奶销售价格是1.10元/袋，其中：0.10元/袋支付学校劳务费、温奶费等，0.05元/袋支付××局校办产业管理服务中心"劳务费"，0.05元/袋支付学生解困金，实际按0.90元/袋作为销售价格记账，当事人以现金方式支付的"劳务费"在账目上未如实记载，并证明当事人学生饮用奶销售占公司总销售90%份额的事实。

证据（八）刘×提供的本人身份证复印件1份。证明：受委托人合法身份。

证据（九）当事人提供的2005年3月19#凭证复印件1份（共5页），2005年10月19#凭证复印件1份（共7页），2006年3月15#凭证复印件1份（共7页），2006年9月11#凭证复印件1份（共11页）。证明：当事人每月学生饮用奶销售明细及销售价格按0.90元/袋记账的事实。

证据(十)××局校办产业管理服务中心负责人陈×询问笔录复印件1份。证明：××局校办产业管理服务中心根据学生饮用奶销售数量按0.05元/袋的标准向当事人收受"管理费"的事实。

证据(十一)陈×提供的本人身份证复印件1份。证明：相关人员合法身份的事实。

证据(十二)当事人提供的2005年、2006年度财务报表各1份。证明：当事人2005、2006年度利润均为负数的事实。

证据(十三)××局校办产业管理服务中心提供的《事业单位法人证书》复印件1份。证明提供人系事业法人单位。

证据(十四)部分学生家长询问笔录及身份证明各3份。证明：学校变相强制学生订购当事人学生饮用奶的事实。

证据(十五)相关企业调查笔录和身份证明各1份。证明：当事人因采用商业贿赂手段排挤了其他竞争对手的事实。

证据(十六)相关学校调查笔录2份,某市广播电视服务中心翻录的《关注》栏目关于××市第一小学学生饮用奶订购记者调查情况的视听资料1份。证明：当事人利用××局校办产业管理服务中心特殊地位,对学校施加影响而获得学生饮用奶交易机会的事实。

证据(十七)××局校办产业管理服务中心、××市学生饮用奶计划实施协调小组办公室提供的文件3份。证明：省内除当事人外,还有20多家学生饮用奶定点生产企业的事实。

与本案相关的其他事实证据：

2008年1月18日,我局向当事人送达了《听证告知书》(×工商案告字[2008]第021号),2008年1月22日,当事人向我局提出听证申请。我局于2008年3月21日上午依法举行公开听证。听证双方经过举证、质证和辩论,当事人陈述、申辩理由的核心要点是：

(一)当事人在销售学生饮用奶过程中,不存在以排挤竞争对手为目的主观故意,其生产的学生饮用奶能够进入有关学校,是有关学校在比较质量、价格优势后的自主选择；

（二）××局校办产业管理服务中心为其提供宣传、推介、协调矛盾等服务，根据《学生饮用奶管理服务协议》的约定，按每份学生饮用奶0.05元价格支付××局校办产业管理服务中心费用是"劳务费"，客观上没有实施商业贿赂行为；

（三）××局校办产业管理服务中心不是学生饮用奶交易相对人，不具有商业贿赂的受贿主体资格，没有受贿主体的行贿当然不能成立。

我局认为：

一、××市局《关于转发<市政府办公室关于实施国家学生饮用奶计划的通知>的通知》（邮教勤[2003]145号）第三条明确指出："为加强学生饮用奶市场的规范管理，市教育局校办产业管理服务中心负责牵头协调处理相关事务……"。2005年3月1日，当事人与××局校办产业管理服务中心签订《学生饮用奶管理服务协议》，该《协议》约定，当事人按每份学生饮用奶0.05元的标准，以"劳务费"名义支付××局校办产业管理服务中心费用，同时规定当事人供应学生饮用奶的范围为城区学校和运东农村市直学校，并逐步向城郊乡镇学校发展。当事人明知××局校办产业管理服务中心是实施学生饮用奶计划牵头协调机构，通过《协议》方式约定学生饮用奶的供应范围，违背了国家农业部关于《学生饮用奶计划暂行管理办法》第十六条所指"实施学生饮用奶计划的学校，按照当地学生饮用奶计划工作机构的安排，在定点企业中进行招标，自主选定供奶企业……"的规定，并非当事人所说是有关学校在比较质量、价格优势后的自主选择，客观上排挤了其他学生饮用奶定点企业生产的学生饮用奶进入×城区学校和运东农村市直学校。

二、当事人支付××局校办产业管理服务中心所谓"劳务费"是假借行为。《市政府办公室关于实施国家学生饮用奶计划的通知》（邮政发[2003]81号）第二部分明确规定：实施"学生饮用奶计划"是政府引导的行为，各有关部门不能借此牟取经济利益，要遵循市场经济的基本原则进行。学校应当在有"学生奶"生产资质的定点企业中通过公开招标的形式，自主选择质优、价廉的供货单位，并运用合同的方式确定各方的责任。学校也不得在核定的奶价和劳务费用之外任意加价收取其他费用。××局校办产业管理服务中心作为××市教育局明确的实施国家学生饮用奶计划的牵头协调机构,实施宣传、推介、协调矛盾等事务应是其实施学生饮用奶计划本身的职责义务。在学生饮用奶计划实施过程中,当事人向相关学校支付了每袋0.10元的劳务费,用于相关学校组织征订、发放、温奶等劳务,这说明真正的劳务提供者是相关学校。而当事人与××局校办产业管理服务中心以协议约定按每袋0.05元的标准支付"劳务费",××局校办产业管理服务中心却以"管理费"名义出具收款收据,显而易见,当事人支付的不是真实意义上的劳务费用,而是假借"劳务费"、"管理费"名义行商业贿赂之实。

三、国家工商行政管理总局《关于旅行社或导游人员接受商场支付的"人头费"、"停车费"等费用定性处理问题的答复》中规定:《反不正当竞争法》第八条禁止经营者为销售或购买商品而采用财物或其他手段进行贿赂的行为,其实质是禁止经营者以不正当的利益引诱交易。经营者无论将这种利诱给予交易对方单位或个人,还是给予与交易行为密切相关的其他人,也不论给予或收受这种利益是否入账,只要这种利诱行为以争取交易为目的,且影响了其他竞争者开展质量、价格、服务等方面的公平竞争,就构成《反不正当竞争法》第八条禁止的商业贿赂。虽然本案当事人所给付的利诱是××局校办产业管理服务中心,不是交易的相对方,但××局校办产业管理服务中心是其交易行为密切相关的其他人,当然具有商业贿赂的受贿主体资格。

四、依据《×工商行政管理机关行政处罚自由裁量权参照执行标准》第七十八条第(5)项"购销款在二十万元以上的,处以十万至二十万元的罚款"的规定,应对当事人处以十万元以上二十万元以下罚款。本案当事人学生饮用奶的销售额已高达5279523.7元,给付的所谓"劳务费"也高达239978.35元,拟对当事人处以罚款18万元,合法、合情、合理。鉴于《听证报告》意见,当事人的行为未造成严重危害后果,建议对当事人予以从轻处罚;结合委托代理人《申辩意见书》"对一家规模不大的民营企业处以太重的处罚,将会导致该企业的经营困难,……"的要求。2008年4月3日上午,我局召开了重大案件讨论会,决定对当事人予以从轻处罚。

综上所述:当事人的上述行为违反了《中华人民共和国反不正当竞争法》第八条第一款"经营者不得采用财物或者其他手段进行贿赂以销售或者购买商品"的规定,构成商业贿赂行为。依据《中华人民共和国反不正当竞争法》第二十二条的规定,决定对当事人处以罚款120000元。

当事人应当自收到本处罚决定书之日起十五日内(末日为节假日顺延)到中国农业银行×市支行营业部缴清上述款项。若使用转账支票、银行本票、银行汇票缴纳罚没款时,必须在转账支票、银行本票、银行汇票"收款人"栏填写"待报解罚没收入专户",在转账支票、银行本票、银行汇票"用途"栏填写"缴纳×工商行政管理局罚没款"。逾期不缴纳的,将依据《行政处罚法》的有关规定,每日按罚款数额的百分之三加处罚款。

如对本处罚决定不服,可自收到本决定书之日起六十日内,向×工商行政管理局或××市人民政府申请复议,也可在三个月内依法向××市人民法院起诉。

×工商行政管理局
×年×月×日

点评:

文书对当事人与××局校办产业管理服务中心之间,签订协议及协议的履行情况叙述比较清楚。对当事人的陈述申辩意见,逐一进行反驳,针对性强。

案件事实叙述不够完整,尤其是对××局校办产业管理服务中心如何成为与交易关系达成有密切关系的第三方,缺乏交待。在辩驳理由部分出现的相关事实,未在案件事实叙述部分体现。这些事实在证据列举和证明对象中也未体现。

证据列举部分,未根据不同的证明目的对证据进行分类表述,显得冗长。以应对当事人申辩意见的分析代替了说理,没有围绕商业贿赂行为的构成要件,进行说理分析。

关于对××局商业贿赂案的处罚决定

×工商行政管理局行政处罚决定书

×工商案字[2008]第×号

当事人：××局

法定代表人：林×

地址：略

2008年12月6日，我局根据国务院开展商业贿赂专项整治通知精神要求，在对当事人近年来通过公开招标方式，采购学校学生公寓用品和校服类商品行为进行监督检查中，发现当事人假借"管理费"名义收受供货单位费用，涉嫌违反《中华人民共和国反不正当竞争法》的有关规定。当日，我局依据《工商行政机关行政处罚程序规定》第十六、十八条的规定，经局长批准立案调查。

现查明：当事人自2006年至2008年12月案发时止，由当事人勤工俭学办公室（以下简称勤工办）以当事人名义向社会公开招标，为其隶属学校采购学生公寓用品和学生服装（校服），在招标文件中明确中标的供货方向当事人缴纳销售总额3%的"管理费"。当事人所收取的"管理费"未按财务规定如实记入当事人财务账册，而是挂记在"×市A用品有限公司"（以下简称A公司）的"营业外收入"会计科目中，并由×市诚信用品有限公司假借"棉胎"、"搪瓷"、"草席"、"塑料用品"、"校服"、"公寓用品"、"公寓用品管理费"等品名向中标的供货方开具"×市工业销售发票"及"×省增值税普通发票"收取"管理费"。2006年收取××絮棉有限公司、××校服有限公司等供货厂家"管理费"51395.61元；2007年收取××絮棉有限公司、××校服有限公司等供货厂家"管理费"70920元;2008年收取××絮棉有限公司、××校服有限公司等供货厂家"管理费"115447.63元,合计共收取所谓的管理费237763.24元。当事人将收取的"管理费"用于招标活动过程中组织人员考察,发放各学校会计、校长补助等费用支出。

以上事实主要证据如下:

证据一:2006年6月16日、2007年9月12日两份《××市中小学学生服装采购招标文件》,证明当事人通过招标活动,凭借当事人在交易活动中影响力,在招标文件中明文向中标单位索要"销售总额3%的管理费"的事实。

证据二:2006年6月16日、2007年9月12日两份《××市中小学学生服装采购招标文件》、当事人2006年度收取"管理费"的记账凭证及附件、2007年收取的"管理费"的记账凭证及附件、供货企业××絮棉有限公司等单位相关人员的询问笔录、当事人相关工作人员的询问笔录等,证明当事人按照招标文件向中标的××絮棉有限公司、××校服有限公司等供货方收取销售总额3%的管理费,合计总额237763.24元的事实。

证据三:××市×用品有限公司挂记"管理费"的相关财务账册及凭证,证明当事人假借"棉絮、搪瓷类、草席类、综合类、塑料制品类"等商品的名义,由"A公司"开具销售发票,账外暗中挂记在该公司的"营业外收入"会计科目的事实。

证据四:当事人将收取的"管理费"支出福利、补助的记账凭证、审批手续、支出附件等,证明当事人收受"管理费"用于发放学校会计、校长福利、补助等费用的事实。

我局认为:当事人作为学校的行政主管部门,在为下属学校采购学生公寓用品等购销活动中,虽非交易主体,但作为采购招标人以及买方的上级部门,这种特殊身份和地位,直接影响交易成立与否。当事人在交易过程中,以招标方名义向中标的供货方收取供货标的总额3%的管理费,用作补助发放等费用,使得给付管理费的供货方获取学校向其购买学生公寓用品及校服的交易机会。此行为属法律禁止的索贿行为。此外,当事人将收取的管理费假借"棉絮、搪瓷类、草席类、综合类、塑料制品类"等商品名称由"A公司"为其开具销售发票,并挂记在该公司的"营业外收入"会计科目中,也符合《中华人民共和国反不正当竞争法》第八条、《关于禁止商业贿赂行为的暂行规定》第二条所界定的"假借"各种名义,"账外暗中"收受商业贿赂的行为特征。

2009年4月24日,我局依据《中华人民共和国行政处罚法》第三十一、四十二条和《工商行政管理机关处罚程序规定》第五十二条的规定,将×工商听字(2009)第×号《×工商行政管理局处罚听证告知书》送达当事人。告知当事人我局对其上述违法行为拟作出行政处罚的事实、理由、依据和当事人享有的权利。当事人在法定期限内未作出陈述、申辩,也未提出听证要求。

综上所述,当事人收受商业贿赂的行为,违反了《中华人民共和国反不正当竞争法》第八条第一款"经营者不得采用财物或者其他手段进行贿赂以销售或者购买商品。在账外暗中给予对方单位或者个人回扣的,以行贿论处;对方单位或者个人在账外暗中收受回扣的,以受贿论处。"、《关于禁止商业贿赂行为的暂行规定》第二条的规定。依据《中华人民共和国反不正当竞争法》第二十二的规定,决定对当事人作出如下处罚:1. 没收违法所得237763.24元;2. 罚款100000元人民币。

依据《中华人民共和国行政处罚法》第二十三条规定:责令当事人改正违法行为。

当事人应在收到本处罚决定书之日起十五日内(末日为节假日者顺延),到中国农业银行×市任一网点缴清上述款项。若使用转账支票、银行本票、银行汇票缴纳罚款时,必须在转账支票、银行本票、银行汇票"收款人"栏填写"代报解罚没收入专户",在转账支票、银行本票、银行汇票"用途"栏填写"缴纳×工商行政管理局罚没款"。逾期不缴纳的,将依据《中华人民共和国行政处罚法》第五十一条第(一)项规定,每日按罚款数额的百分之三加处罚款。

当事人如对本处罚决定不服,可在收到本处罚决定书之日起六十日内向×工商行政管理局或×市人民政府申请复议，也可在三个月内直接向×市人民法院起诉。

×工商行政管理局

×年×月×日

点评：

　　该文书说理部分在认定当事人构成商业贿赂的受贿主体时，分析了当事人在交易达成中的特殊地位和作用，具有说服力。根据证明目的对证据进行分类列举比较清晰。

　　违法事实叙述不够完整，一是当事人作为行政机关，在本案涉及的交易关系中，是购买方，还是对交易关系有重大影响的第三方，未作事实交待。二是当事人与"A公司"之间的关系未作交待，导致管理费的收取关系不清楚。

　　说理不够规范。未能围绕商业贿赂的构成要件，从法理上说明当事人的违法行为成立。在处罚裁量部分，未对裁量时所考虑的情节作交待，处罚是否适当没有说理。

关于对××培训中心商业贿赂案的处罚决定

×工商行政管理局行政处罚决定书

×工商处字[2010]第×号

当事人:×培训中心

住所:略

负责人:陈×

公司类型:有限责任公司分公司

经营范围:焊工培训及职业技能鉴定

成立日期:2003年6月3日

2009年6月17日,当事人××培训中心涉嫌商业贿赂。因查获案发,我局依法立案进行调查。

经查明:当事人×培训中心(以下简称"培训中心")是一家专门从事焊工培训机构,同时依托设在其隶属企业×压力容器有限公司内的×压力容器厂(×压力容器有限公司的前身)焊工考试委员会协助开展焊工资格考试。为获得焊工培训业务,当事人于2004年初分别与××市特种设备检测院(以下简称"检测院")和××市特种设备安全技术协会(以下简称"技术协会")签订《技术合同书》,并向上述二个单位支付"培训费"、"焊工技术咨询服务费"。截至2009年6月17日被本局查获时止,当事人已开展焊工培训18期,培训焊工561人,并以"焊工项目费"名义收取培训费1156138元,扣除税金106248.46元、材料成本517503.52元、学员住宿费139970元、书籍费17604元、探伤费22500元、线割加工费42444元;并向检测院和技术协会支付"培训费"16笔,计133500元和"焊工技术咨询服务费"8笔,计55985

元;当事人的违法所得为 120383.02 元。

以上事实有以下证据证实:

证据一:2009 年 6 月 17 日现场笔录一份,证明当事人有向检测院和技术协会支付"培训费"和"焊工技术咨询服务费"的事实;

证据二:2009 年 6 月 18 日、6 月 22 日、11 月 15 日、11 月 16 日和 2010 年 6 月 1 日五次对培训中心负责人陈×所做的询问笔录五份,证明当事人开展焊工培训和向检测院、技术协会支付"培训费"、"焊工技术咨询服务费"的事实和经过;同时附当事人的营业执照复印件、负责人陈×的身份证复印件各一份。证明当事人的主体资格及被询问人的身份;

证据三:2009 年 6 月 22 日培训中心负责人陈×提交的以培训中心名义收取的"焊工项目费"清单、"焊工项目费"发票复印件 250 页和焊工培训名单 36 页,证明当事人在开展焊工培训并收取培训费的事实;

证据四:2009 年 6 月 22 日培训中心负责人陈×提交的分别支付给检测院"培训费"发票复印件 16 份和技术协会"焊工技术咨询服务费"发票复印件 8 份,印证当事人有向检测院支付"培训费"和技术协会支付"焊工技术咨询服务费"的事实;

证据五:2009 年 6 月 22 日培训中心负责人陈×提交的检测院于 2009 年 5 月 13 日发出的《关于举办锅炉压力容器压力管道焊工培训班的通知》的文件原件一份,证明当事人要开展焊工培训必须获得检测院批准的事实;

证据六:2009 年 6 月 22 日培训中心负责人陈×提交的××市质量技术监督局 2009 年 1 月 16 日制发《关于同意×压力容器厂焊工考试委员会等二家单位从事焊工考试工作的批复》和《×锅炉压力容器压力管道焊工考试委员会资质认可申请书》复印件各一份,证明×市质量技术监督局对设在×压力容器有限公司内×压力容器厂焊工考试委员会的焊工考试资格有决定权;

证据七:2009 年 6 月 22 日培训中心负责人陈×提交的由×压力容器厂焊工考试委员会 2003 年 2 月 22 日制发的《锅炉压力容器压力管道焊工培训考试收费标准》复印件一份,证明当事人在焊工培训中收取培训费的事实;

证据八:2009 年 6 月 22 日培训中心负责人陈×提交的培训中心与检测院和技术协会签订的技术合同书复印件各一份,证明当事人有与检测院和技术协会签订合同的事实;

证据九:2009 年 8 月 25 日和 2009 年 8 月 26 日分别向××股份有限公司陈×、×压力容器制造有限公司沈×所做调查笔录二份和"焊工项目费"发票复印件二份,证明当事人在开展焊工培训并收取培训费的事实;

证据十:2009 年 6 月 22 日培训中心负责人陈×提交的检测院 2004 年 8 月 10 日开具的金额为 1625 元"资料费"发票复印件一份,证明检测院对培训中心的师资、技术人员进行培训时要单独向当事人收费的事实;

证据十一:2009 年 11 月 15 日培训中心负责人陈×提交的×压力容器有限公司明细账账页和增值税发票复印件 40 页、领料单复印件 12 页、培训中心所得税税票复印件 120 页,证明当事人从事焊工培训中收入、支出和获利情况;

证据十二:2009 年 11 月 16 日培训中心负责人陈×提交的培训中心 2004 - 2008 年收入成本费用明细表一份、线割加工送货单复印件四份、书籍费发票复印件五份、探伤费委托单和费用发放单复印件 22 份,证明当事人从事焊工培训中支出情况;

证据十三:2010 年 6 月 1 日培训中心负责人陈×提交的不锈钢材料发票复印件四份,证明当事人从事焊工培训中成本支出情况。

2009 年 11 月 16 日,本局向当事人送达了行政处罚《听证告知书》,当事人在规定时间内提出听证申请。本局于 2010 年 1 月 13 日依法举行了听证会。当事人在听证时提出五点申辩意见:(一)其提供的培训服务有营业执照、有劳动部门的办学许可等,是合法的;(二)其与检测院、技术协会签订《技术合同书》,向他们支付"培训费"和"焊工技术咨询服务费"是一种对价行为;(三)其认为办案机构认定违法所得证据不足;(四)认为检测院、技术协会收取费用有正规发票,不构成商业贿赂;(五)其认为检测院、技术协会对当事人培训招生有很大影响力证据不足。

经听证审理,我局认为:当事人作为特种设备焊接操作资格证培训机构有权按营业执照核定的经营范围从事经营活动,但不能为获得和扩大焊工培训业务,向对特种设备焊接操作资格证考核、发放中有影响力的单位支付不当利益。从对培训中心负责人陈×的调查笔录可知,检测院并未在当事人培训焊工过程中提供过任何师资、场地、设备、教材等条件,技术协会也未提供技术指导等条件,当事人支付"培训费"和"焊工技术咨询服务费"是缺乏法律或合同依据;单凭一份《技术合同书》支付费用,不足以证明双方构成对价关系;根据检测院 2009 年 5 月 13 日发出《关于举办锅炉压力容器压力管道焊工培训班的通知》、××市质量技术监督局 2009 年 1 月 16 日制发×质发[2009]11 号《关于同意×压力容器厂焊工考试委员会等二家单位从事焊工考试工作的批复》和《×锅炉压力容器压力管道焊工考试委员会资质认可申请书》三份证据,既可以证明当事人要开展焊工培训必须获得检测院的批准的事实,又可以证明检测院和技术协会对当事人的焊工培训招生有很大影响力。至于当事人提出的检测院和技术协会在收受费用中提供正规发票,与是否构成商业贿赂并无关联。故对当事人提出的上述(一)、(二)、(四)、(五)点申辩意见不予采纳。鉴于在案件调查过程中,办案人员多次要求当事人提供详尽培训成本和获利证据,但当事人所提供的每次都不相同,为慎重起见,听证主持人建议重新调查认定。经重新调查,查明因当事人的员工工作疏忽,在以前调查中未将培训所需不锈钢材料计入成本,并提交了相应的进货发票,本局对此予以采信;最终认定当事人的违法所得为120383.02 元。

综上所述,当事人利用检测院和技术协会在特种设备焊接操作资格证考核、发放中的影响力而向他们支付不当利益,其行为已违反了《中华人民共和国反不正当竞争法》第八条第一款"经营者不得采用财物或者其他手段进行贿赂以销售或者购买商品……"以及《关于禁止商业贿赂行为的暂行规定》第二条第一款"经营者不得违反《反不正当竞争法》第八条规定,采用商业贿赂手段销售或者购买商品。"的规定,已构成商业贿赂行为。依据《中华人民共和国行政处罚法》第二十三条"行政机关实施行政处罚时,应当责令当事人改正或者限期改正违法行为。"及《中华人民共和国反不正当竞争法》

第二十二条"经营者采用财物或者其他手段进行贿赂以销售或者购买商品，构成犯罪的，依法追究刑事责任；不构成犯罪的，监督检查部门可以根据情节处以一万元以上二十万元以下的罚款，有违法所得的，予以没收。"的规定，责令改正，并决定处罚如下：

一、没收违法所得 120383.02 元；

二、罚款 80000 元。

以上两项罚没款合计 200383.02 元，上缴国库。

当事人自收到本处罚决定书之日起十五日内到×市便民服务中心结算窗口（户名：×市非税收入财政专户，开户银行：中信银行×支行，账号：略）缴纳罚没款。当事人不履行行政处罚决定的，本局将依法采取下列措施：（一）到期不缴纳罚款的，每日按罚款数额的百分之三加处罚款；（二）申请人民法院强制执行。

如不服本处罚决定，可在接到处罚决定书之日起六十日内向×工商行政管理局或×市人民政府申请复议，也可在三个月内直接向×市人民法院提起诉讼。

当事人对本行政处罚决定不服申请行政复议或者提起行政诉讼的，行政处罚决定不停止执行。

×工商行政管理局

×年×月×日

点评：

该处罚文书在说理部分围绕商业贿赂的构成要件，抓住"为获得和扩大培训业务，假借培训费、技术咨询服务费的名义，给付对业务有影响力的检测院和技术协会利益"三个方面进行论证，并对当事人听证申辩意见逐一进行驳斥，观点明确。

文书事实陈述过于简单，不够清晰。尤其是对受贿方为何是影响当事人培训业务的利害关系人，以及如何利用其地位使当事人获取不正当利益的这一关键事实缺乏描述。

　　在证据列举方面不够严密。如列举××市质监局的文件,证明其对焊工考试资格有决定权,但质监局与受贿方检测院和技术协会是何关系,该证据与本案如何关联,不得而知。再如,说理部分指出当事人的负责人在询问笔录证实,检测院和技术协会没有向当事人提供任何条件和服务,以说明"假借"的事实,这应属本案关键证据之一,但列举证据时并未提及。

关于对××学校附属小学
商业贿赂案的处罚决定

×工商行政管理局行政处罚决定书

×工商×处字[2009]第×号

当事人:××学校附属小学

单位性质:事业单位法人

法定代表人:×

宗旨和业务范围:实施小学义务教育、促进基础教育发展和小学学历教育

举办单位:略

住所:略

登记号:略

经查:2009 年 9 月 18 日,我局根据群众举报,对当事人的财务账目进行了核查。在核查时发现,当事人在购买 2009 年春季教辅和作业本过程中,涉嫌存在接受对方单位财物的行为,因此,我局对当事人进行立案调查。现已查明,2009 年春季,当事人从××书刊发行有限公司(以下简称:B 公司)购买了 138919.3 元的教辅。2009 年 4 月 29 日当事人在给文汇公司结算上述教辅款时,按照约定从文汇公司以赞助费的名义收到了总教辅款 30%,共计41676 元的现金。当事人在收到上述现金后,虽然开具了收据,但该笔现金却没有记入学校的正规财务账目,而是记入了学校的其他财务账目。2008年 8 月 1 日,当事人与×有限责任公司(以下简称:A 公司)签订了《某某附

小 2008 年秋季与 2009 年春季学生作业本供货合同》。2009 年春季当事人从 A 公司购买了 24020 元的作业本,并于 2009 年 5 月 14 日给 A 公司结算了上述作业本款。2009 年 6 月 9 日,当事人按照与 A 公司经理某某的口头约定,从建新公司以赞助费的名义收取了 6388 元的现金。当事人收到 A 公司上述现金后,开具了《××省行政事业单位往来结算收据》,并记入了学校总分类账的"其他收入"科目,但却没有按照《中小学校会计制度》的规定,设立"代管款项"科目,并将上述现金记入该科目进行收支。据当事人陈述,由于学校经费不足,收到的上述两笔共计 48064 元现金,主要用于资助贫困学生、奖励优秀学生和优秀教职员工等教学日常开支,用以弥补学校公用经费不足的缺口。

以上事实有下列主要证据证明:

证据(一)现场笔录 1 份,证明 2009 年 9 月 18 日对当事人财务账目进行核查时,发现当事人收取 A 公司、B 公司赞助费原始凭证等证据的情况。

证据(二)对某某的询问笔录 2 份,证明当事人 2009 年春季在购买教辅和作业本过程中,接受 A、B 公司赞助费以及上述赞助费入账等情况的事实。

证据(三)对某某的询问笔录 2 份,证明当事人 2009 年春季在购买教辅过程中,按照约定接受 B 公司赞助费等情况的事实。

证据(四)对某某的询问笔录 3 份,证明当事人 2009 年春季在购买作业本过程中,按照约定接受 A 公司赞助费等情况的事实。

证据(五)对某某的询问笔录 1 份,证明 2009 年春季 A 公司给当事人销售作业本以及提供赞助费等情况的事实。

证据(六)对某某的询问笔录 2 份,证明 2009 年春季 A 公司给当事人销售作业本以及提供赞助费等情况的事实。

证据(七)对 B 公司某某的询问笔录 1 份,证明 2009 年春季 B 公司给当事人销售教辅及提供赞助费等情况的事实。

证据(八)当事人的《陈述材料》1 份,证明当事人 2009 年春季购买教辅、作业本过程中接收对方单位赞助费等情况的事实。

证据(九)2009 年 4 月 29 日文汇公司给当事人开具的 13 份《×增值税

普通发票》复印件,证明 2009 年春季当事人从 B 公司购买教辅的事实。

证据(十)2009 年 4 月 29 日当事人给 B 公司某某开具的赞助费收据,证明 2009 年 4 月 29 日当事人以赞助费的名义收取了 B 公司 41676 元的现金。

证据(十一)《某某附小 2008 年秋季与 2009 年春季学生作业本供货合同》复印件 1 份,证明当事人 2009 年春季的学生作业本是从 A 公司购买的。

证据(十二)2009 年 5 月 11 日某某给当事人的 1 份《×增值税普通发票》复印件,证明 2009 年春季当事人从 A 公司购买了 24020 元的作业本。

证据(十三)2009 年 6 月 9 日当事人给 A 公司开具的赞助费收据、当事人 2009 年 8 月 31 日的第 1 号记账凭证和 2009 年"其他收入"明细分类账复印件各 1 份,证明 2009 年 6 月 9 日当事人以赞助费的名义收取了 A 公司 6388 元的现金,当事人将该笔现金记入了学校的"银行存款"账和总账的"其他收入"科目。

证据(十四)当事人 2009 年的"银行存款"、"其他应付款"账复印件各 1 份,证明 2009 年当事人教辅和作业本款的收支情况。

证据(十五)当事人的《事业单位法人证书》复印件 1 份,证明当事人是依法登记的事业单位法人。

证据(十六)A 和华文公司的《营业执照》复印件各 1 份,证明 A 和华文公司都是依法登记的企业法人,且两公司的法定代表人都是陈××。

证据(十七)B 公司的《营业执照》复印件各 1 份,证明该公司是依法登记的企业法人。

证据(十八)相关证人的身份证复印件,证明了他们各自的身份情况。

证据(十九)当事人出具的《证明》、《授权委托书》各 1 份,证明某某、某某和某某是当事人的在职教职员工。

证据(二十)文汇公司出具的《介绍信》1 份,证明某某是 B 公司的业务员。

根据以上证据及其所证明的事实,我局认为:当事人作为实施上述行为的主体,在实施上述行为时,主观上存在过错,其目的就是通过给教辅和作业本的供货方提供交易机会、交易优势或者促成交易为手段,从对方获取非法利益。客观上，在我局对当事人进行调查时，当事人的上述行为已经发生。一方面当事人没有按照《中小学校会计制度》的规定，在财务账目中设立"代管款项"科目，把学生的教辅和作业本款，以及供货方退回的一定比例上述商品价款记入该科目进行收支。另一方面当事人把代替学生购买教辅和作业本交易过程中，供货方退回的30%教辅款，没有记入正规的财务账目，记入了其他财务账目，退回的部分作业本款记入了财务账目的"其他收入"科目，作为学校的收入自行使用，而没有按照《中小学校会计制度》的规定退还给学生，当事人因此共获利48064元。当事人的行为，不但侵害了诚实信用的市场交易原则、破坏了公平竞争的市场经济秩序、损害了其他教辅和作业本经营者的合法权益。还间接或者变相抬高了教辅和作业本的商品价格，增加了学生和家长的经济负担，损害了他们的切身利益，影响了党和政府在人民群众中的良好形象。

当事人的上述行为，违反了《中华人民共和国反不正当竞争法》第八条第一款"经营者不得采用财物或者其他手段进行贿赂以销售或者购买商品。在账外暗中给予对方单位或者个人回扣的，以行贿论处；对方单位或者个人在账外暗中收受回扣的，以受贿论处。"、《关于禁止商业贿赂行为的暂行规定》第二条、第四条和第八条的规定，构成了商业贿赂行为。

2009年10月16日，我局按照《中华人民共和国行政处罚法》第三十一、四十二条和《工商行政管理机关行政处罚程序规定》第五十二条的规定，向当事人送达了《行政处罚听证告知书》，当事人当场提出不要求听证。

鉴于当事人办学经费不足、经济困难，负债多达100多万元，而且在我局调查过程中能够积极配合调查，其行为社会危害性也较小，同时当事人也已认识到，在购买教辅和作业本过程中接受供货方赞助费的做法违反了国家有关法律、法规的规定等事实，根据《中华人民共和国反不正当竞争法》第二十二条、《关于禁止商业贿赂行为的暂行规定》第九条、《中华人民共和国行政处罚法》第二十七条第一款、《××省工商行政管理机关行政处罚自由裁量权实施规则》第十三、十六条的规定，决定作出如下处罚：

一、没收违法所得48064元；

二、并处罚款 10000 元。

以上罚没款的处罚决定,限当事人自本处罚决定书送达之日起十五日内予以履行,罚款缴至本局开户行×市建设银行营业部,账号:略,地址:略。逾期将依据《中华人民共和国行政处罚法》第五十一条第一款的规定每日按罚款数额的 3% 加处罚款。

如不服本处罚决定,可在处罚决定书送达之日起六十日内,向×区人民政府或××市工商行政管理局书面申请复议,也可在三个月内直接向人民法院提起诉讼。

×工商行政管理局

×年×月×日

点评:

本案是教育领域的商业贿赂案件,定性准确。当事人是通过收取赞助费等形式,给教辅和作业本的供货方提供交易机会,促成交易,且收取的款项未按规定如实入账。处罚决定书事实陈述清晰,特别是对当事人如何记账描述详尽,值得肯定。

说理式处罚决定书的证据应当从证据来源、形式、证明内容三个方面列举,并予以归类。本决定书列举证据时来源不够清晰,没有时间表述;对证据未进行分类,导致对同一事实前后重复表述,感觉比较凌乱。另外对认定的从轻情节也应加以证明。

说理部分如能结合关于"暗中账外收受回扣视为受贿"的法律规定陈述法理,则更为有力。对教辅和作业本的供货方在本案中是否构成行贿行为,并未涉及,亦是不足。

关于对××工程塑料有限公司
商业贿赂案的处罚决定

×工商行政管理局行政处罚决定书

×工商罚字〔2009〕第×号

当事人：××工程塑料有限公司

住所：略

企业法人营业执照：略

法定代表人：郝×

公司类型：有限责任公司

经营范围：制造、加工、销售：工程塑料系列产品；进出口业务

成立日期：一九九八年一月二十一日

经查及当事人交待，当事人是依法经过核准登记的有限责任公司。当事人在未依法登记和领取分公司营业执照的情况下自 2008 年 1 月份起擅自在其他经营场所投资设立分支机构，并以分公司的名义对外销售本公司生产的工程塑料系列产品。

另查明，为了增大销售量，赚取更多的利润，排挤其他竞争对手，争取得到 A 有限公司的采购业务，保持长期的合作关系，当事人通过设在分公司经营场所与 A 有限公司的商业交易中，给予该公司的两名参与相关采购工作的工作人员回扣费，自 2008 年 1 月份到 2009 年 5 月份，当事人共向该两名工作人员支付回扣款 50664.51 元，并没有如实入账。通过支付上述回扣共销售其工程塑料系列产品 568.706 吨，销售额 4006852.28 元。根据当事人

交待及我局委托×市×区税务事务有限公司审计出具的《×工程塑料有限公司2008年1月至2009年5月期间向A有限公司销售产品获取净毛利的专项审计报告》，当事人自2008年1月份到2009年5月份通过以支付回扣的方式销售产品共获得违法所得人民币787221.37元。

认定以上事实所依据的证据有：

一、2009年7月15日提取的由××工程塑料有限公司法定代表人郝×签字盖章的《授权委托书》及其身份证复印件各1份，证实其身份及委托其副总经理任×处理其公司涉嫌擅自设立分支机构和商业贿赂一案的委托时间、权限、期限等情况；

二、2009年7月15日制作的由任×签名盖章确认的《现场检查笔录》1份，共4页，证明我局检查时该场所有经营行为及其经营资料上有记录支付回扣的经营行为；

三、2009年8月25日、2009年8月26日、2009年9月7日对任×制作的并由其签名确认的《询问笔录》各1份共15页，证明××工程塑料有限公司新设立经营场所从事经营，并于2008年1月份至2009年5月份在经营中暗中给予A有限公司采购员和质检员销售回扣共计50664.51元，获取销售额4006852.28元及税后利润787221.37元的事实；

四、2009年8月24日对××工程塑料有限公司财务主管邓×制作的并由其签名确认的《询问笔录》1份共9页，证明××工程塑料有限公司新设立经营场所从事经营，并于2008年1月份至2009年5月份在经营中暗中给予京英塑料有限公司采购员赵×销售回扣33664.51元、质检员汪×销售回扣17000元合计50664.51元，获取销售额4006852.28元及税后利润787221.37元，上述回扣费用50664.51元并没有如实入账的事实；

五、2009年8月25日对××工程塑料有限公司业务员董×制作的并由其签名确认的《询问笔录》1份共7页，证明××工程塑料有限公司在新设立经营场所从事经营，并于2008年1月份至2009年5月份在经营中暗中给予A有限公司采购员赵×销售回扣33664.51元、质检员汪×销售回扣17000元合计50664.51元的事实；

六、2009 年 8 月 26 日对 A 有限公司采购员赵××制作的并由其签名确认的《调查笔录》1 份共 5 页,证明其在 2008 年 1 月份至 2009 年 5 月份代表 A 有限公司向××工程塑料有限公司采购工程塑料系列产品过程中收取×工程塑料有限公司销售回扣 33664.51 元且没缴给公司如实入账的事实;

七、2009 年 8 月 26 日对 A 有限公司质检员汪×制作的并由其签名确认的《调查笔录》1 份共 3 页,证明其在 2008 年 1 月份至 2009 年 5 月份代表 A 有限公司向××工程塑料有限公司采购工程塑料系列产品过程中收取××工程塑料有限公司销售回扣 17000 元的事实;

八、2009 年 7 月 15 日提取由任×提供的并由其签名盖章确认的《企业法人营业执照》副本复印件 1 份,共 1 页,证明当事人的合法经营资格和当事人的经营场所;

九、2009 年 7 月 15 日提取的由任×提供的并由其签名盖章确认的任×的工作卡片 1 张,证明××工程塑料有限公司有在新设立经营场所的事实;

十、2009 年 7 月 15 日提取的由任×签名盖章确认的《三联收据》复印件 1 份共 3 页,证明××工程塑料有限公司在新设立的经营场所有收取客户货款的经营行为;

十一、2009 年 7 月 15 日提取的由任×签名盖章确认的《采购合同》复印件 3 份共 9 页,证明××工程塑料有限公司设在新设立的经营场所有同客户签定业务合同的经营行为;

十二、2009 年 7 月 15 日提取的由任×签名盖章确认的《支付 A 有限公司回扣结算清单》1 份共 3 页,证明××工程塑料有限公司通过其新设立的经营场所在 2008 年 1 月份至 2009 年 5 月份给予 A 有限公司采购员和质检员销售回扣共计 50664.51 元的事实;

十三、2009 年 7 月 15 日提取的由任×签名盖章确认的《现金支出证明单》复印件 2 份共 10 页,证明××工程塑料有限公司通过其新设立的经营场所在 2008 年 1 月份至 2009 年 5 月份给予 A 有限公司采购员赵×销售回扣 33664.51 元、质检员汪×销售回扣 17000 元合计 50664.51 元的事实;

十四、2009 年 7 月 15 日提取的由任×签名盖章确认的《供销合同》、《采购单》、《×省增值税专用发票》及相对应的《会计凭证封面》复印件共 78 页,证明××工程塑料有限公司通过其新设立的经营场所在 2008 年 1 月份至 2009 年 5 月份向 A 有限公司销售工程塑料系列产品获取的销售额共计 4006852.28 元;

十五、2009 年 8 月 25 日提取的由任×签名盖章确认回扣费用的《现金支出证明单》以及其相对应的《会计凭证封面》、《记账凭证》、支票存根复印件共 25 页,证明××工程塑料有限公司通过其新设立的经营场所在 2008 年 1 月份至 2009 年 5 月份给予 A 有限公司采购员赵×销售回扣 33664.51 元、质检员汪×销售回扣 17000 元并没有如实入账的事实;

十六、2009 年 7 月 20 日提取的《××工程塑料有限公司销售产品给 A 有限公司的销售收入和材料成本明细表》1 份共 3 页以及《××工程塑料有限公司销售产品给 A 有限公司的销售收入和材料成本明细表》、《2008 年 12 月产品材料耗用明细表》、《2009 年 5 月产品材料耗用明细表》和相应的核算明细表及发票复印件共 55 页,证明在 2008 年 1 月份至 2009 年 5 月份××工程塑料有限公司向 A 有限公司销售产品所获取的销售收入 4006852.28 元,材料成本 3203496.36 元,获取税前利润 803355.92 元的事实;

十七、任×、邓×、董×的身份证复印件各 1 页,证明各人的身份情况;

十八、赵×的身份证复印件及其提供的由 A 有限公司出具的《证明》各 1 份,证明其身份情况及其在 A 有限公司任采购员一职的情况;

十九、汪×的身份证复印件及其提供的由 A 有限公司出具的《证明》各 1 份,证明其身份情况及其在 A 有限公司任质检员一职的情况;

二十、2009 年 7 月 15 日拍摄于新设立的经营场所的照片共 5 页,证明上述场所有从事经营的行为;

二十一、2009 年 8 月 25 日拍摄于××工程塑料有限公司经营场所的照片共 3 页,证明××工程塑料有限公司在经营场所有正常经营的事实;

二十二、2009 年 9 月 4 日×市×区×税务师事务所有限公司出具的《××工程塑料有限公司 2008 年 1 月至 2009 年 5 月期间向 A 有限公司销售产品获取净毛利的专项审计报告》证明在 2008 年 1 月份至 2009 年 5 月份××

工程塑料有限公司向 A 有限公司销售产品所获取的销售收入 4006852.28
元，材料成本 3203496.36 元，获取税前利润 803355.92 元，扣除应缴税费
16134.55 元，获取违法所得 787221.37 的事实。

当事人在调查过程中以及在收到《×市×区工商行政管理局行政处罚
听证告知书》(×工商检听告字[2009]10 号)之日起 3 个工作日内没有进行
陈述、申辩，也没有申请听证。

根据《中华人民共和国公司登记管理条例》第四十六条、第四十八条第
一款："分公司是指公司在其住所以外设立的从事经营活动的机构。分公司
不具有企业法人资格。""公司设立分公司的，应当自决定作出之日起 30 日
内向分公司所在地的公司登记机关申请登记；……"《中华人民共和国反不
正当竞争法》第八条第一款："经营者不得采用财物或者其他手段进行贿赂
以销售或者购买商品。在账外暗中给予对方单位或者个人回扣的，以行贿
论处；对方单位或者个人在账外暗中收受回扣的，以受贿论处。"和《关于禁
止商业贿赂行为的暂行规定》第五条第一、二、三款："在账外暗中给予对方
单位或者个人回扣的，以行贿论处；对方单位或者个人在账外暗中收受回扣
的，以受贿论处。本规定所称回扣，是指经营者销售商品时在账外暗中以现
金、实物或者其他方式退给对方单位或者个人的一定比例的商品价款。本
规定所称账外暗中，是指未在依法设立的反映其生产经营活动或者行政事
业经费收支的财务账上按照财务会计制度规定明确如实记载，包括不记入
财务账、转入其他财务账或者做假账等。"本局认为，当事人未经核准登记，
擅自在其经营场所以外的地点投资设立经营场所从事经营行为，违反了《中
华人民共和国公司登记管理条例》第四十八条第一款的规定，属构成未经依
法登记为有限责任公司的分公司而冒用分公司名义从事经营的行为。而同
时，当事人在新的经营场所经营活动中为了排挤其他竞争对手，争取得到 A
有限公司的采购业务，保持长期的合作关系，增大销售量，赚取更多的利润，
在进行销售的时候给予客户的采购员和质检员回扣费，而且没有如实记载
入财务账册，当事人的行为违反了《中华人民共和国反不正当竞争法》第八
条第一款的规定，构成《关于禁止商业贿赂行为的暂行规定》第五条第一、

二、三款所指的在账外暗中给予客户采购员回扣的商业贿赂的不正当竞争行为。

依据《中华人民共和国行政处罚法》第二十三条"行政机关实施行政处罚时,应当责令当事人改正或者限期改正违法行为"、《中华人民共和国公司法》第二百一十一条:"……未依法登记为有限责任公司或者股份有限公司的分公司,而冒用有限责任公司或者股份有限公司的分公司的,由公司登记机关责令改正或者予以取缔,可以并处十万元以下的罚款。"当事人的冒用分公司从事经营的持续时间较长,经营额较大,严重破坏了良好的社会竞争秩序,责令当事人立即改正,并对当事人冒用分公司名义从事经营的行为作行政处罚如下:罚款陆万伍仟元;

依据《中华人民共和国行政处罚法》第二十三条"行政机关实施行政处罚时,应当责令当事人改正或者限期改正违法行为"、《关于禁止商业贿赂行为的暂行规定》第九条"经营者违反本规定,以行贿手段销售或者购买商品的由工商行政管理机关依照＜反不正当竞争法＞第二十二条的规定,根据情节处以一万元以上二十万元以下的罚款,有违法所得的,应当予以没收;……"、《中华人民共和国反不正当竞争法》第二十二条"经营者采用财物或者其他手段进行贿赂以销售或者购买商品,构成犯罪的,依法追究刑事责任;不构成犯罪的,监督检查部门可以根据情节处以一万元以上二十万元以下的罚款,有违法所得的,予以没收"的规定,当事人的违法行为持续时间较长,通过贿赂手段取得的违法经营额较大,获取违法所得较多,严重破坏了社会主义市场健康发展,排挤了其他经营者的公平竞争,破坏了公平竞争的市场秩序,责令当事人立即改正,并对当事人商业贿赂的不正当竞争行为作行政处罚如下:

一、罚款壹拾伍万元;

二、没收违法所得柒拾捌万柒仟贰佰贰拾壹元叁角柒分。

根据《中华人民共和国行政处罚法》第四十六条第三款和第五十一条第(一)项的规定,当事人应自收到本处罚决定书之日起十五日内,到×信用社缴纳罚款,到期不缴纳的,每日按罚款数额的百分之三加处罚款。

　　当事人如不服本处罚决定的,可以自收到本处罚决定书之日起,六十日内向×市工商行政管理局申请行政复议,也可以在收到本处罚决定之日起三个月内,直接向×市×区人民法院提起诉讼。

×工商行政管理局

×年×月×日

点评:

　　本文书层次清晰。证据列举详尽,如能分组归类更佳。说理部分对量罚情节进行了说明,令人信服。

　　不足之处:文书未交待案由。文书案件事实部分对当事人行为是否构成"回扣"形式的商业贿赂,表述不清。缺乏说理,文书没有围绕构成要件说明该违法行为成立。在同一处罚决定书中对当事人两个违法行为分别定性处罚,处罚决定内容宜一并表述。

关于对××电子
科技有限公司商业贿赂案的处罚决定

×工商行政管理局行政处罚决定书

×工商×处字［2010］第×号

当事人:××电子科技有限公司

住所:略

法定代表人:何×

企业类型:有限责任公司

经营范围:电器开关、电子触摸屏、薄膜面板技术研究、技术开发及设计。生产、加工、销售:透明导电轻触开关、触摸屏、轻触式薄膜开关、电子发光屏、薄膜面板、铭牌、金属标牌。货物进出口、技术进出口(法律、行政法规的行业禁止除外)

2010 年 1 月 22 日,我局根据群众举报,对当事人的经营场所依法进行检查,现场发现当事人在经营触摸屏的过程中,涉嫌商业贿赂行为,遂立案调查。

经查明:2008 年 8 月至 2009 年 1 月,当事人在向 A 投资股份有限公司、B 通讯器材有限公司、C 通用电子有限公司、D 电子有限公司、E 光电科技有限公司等 5 家客户销售触摸屏的过程中,为能获取竞争优势,以"佣金"的名义,按销售额 2% –5% 的比例,账外暗中分别支付现金给上述 5 家客户的 11 名相关工作人员,以此拓展销售业务,增加经营额。当事人支付客户相关人员"佣金"的流程是,在交易完成后,由当事人出纳刘×以"佣金"的名义填制

《付款核准单》,交给何某审核,何某在领导审批一栏签字,然后由刘×将该笔款项交给何某,何某将现金分别支付给客户相关人员。当事人进行账务处理时,没有在其法定账中记录有关"佣金"支付情况,只是以《付款核准单》账外登记留存。具体违法事实如下:

1. 2008年6月,当事人法定代表人兼总经理何某联系到B通讯器材有限公司采购人员陈某,在与他洽谈业务时,向他许诺,如果帮助当事人与其公司达成交易,将在交易完成后,按销售额的3%支付"佣金"给陈某;何某还联系到A通讯器材有限公司技术部张某,并向他许诺,如果帮助当事人与其公司达成交易,将在交易完成后,按销售额的4%支付"佣金"给张某表示谢意。2008年6月24日,交易顺利完成,当事人向对方销售了258463.8元的触摸屏。2008年8月5日晚,何某在×大酒店将8000元现金支付给陈某;2008年8月6日,又在张某的办公室内将10400元现金支付给张某。

2. 2008年7月,何某联系到E光电科技有限公司采购人员谭×,在与他洽谈业务时,向他许诺,如果帮助当事人与其公司达成交易,将在交易完成后,按销售额的3%支付"佣金"给谭×;何某又联系了E光电科技有限公司品质部黄×,并向他许诺,如果帮助当事人与其公司达成交易,将在交易完成后,按销售额的4%支付"佣金"给黄×表示谢意;何某还联系了E光电科技有限公司技术部莫×,也向他许诺,如果帮助当事人与其公司达成交易,将在交易完成后,按销售额的3%支付"佣金"给莫×。2008年8月8日,交易顺利完成,当事人向对方销售了424000元的触摸屏。2008年9月30日,何某在×白云机场送黄×时将17000元现金支付给黄×;同日中午,又在对方公司楼下将13000元现金支付给莫×;同日下午,又在对方公司谭×办公室内将13000元现金支付给谭×。

3. 2008年9月,何某联系到A投资股份有限公司采购部业务人员邓×,在与他洽谈业务时,向他许诺,如果帮助当事人与其公司达成交易,将在交易完成后,按销售额的3%支付"佣金"给邓×;何某又联系了A投资股份有限公司技术部刘×,向他许诺,如果帮助当事人与其公司达成交易,将在交易完成后,按销售额的5%支付"佣金"给刘×。2008年9月18日,交易顺利完成,当事人向对方销售了144000元的触摸屏。2008年11月15日,何某在深圳市×酒店内将7200元现金支付给刘×;当晚又在对方公司会议室将4500元现金支付给邓×。

4. 2008年10月,何某联系到C通用电子有限公司工程部工程师李×,向他许诺,如果帮助当事人与其公司达成交易,将在交易完成后,按销售额的5%支付"佣金"给他以表谢意。2008年10月13日,交易顺利完成,当事人向对方销售了131008.59元的触摸屏。2008年11月24日,何某在对方公司李×的办公室内将6550元现金支付给李×。

5. 2008年10月,何某联系到D电子有限公司采购部业务人员陈×,在与他洽谈业务时,向他许诺,如果帮助当事人与其公司达成交易,将在交易完成后,按销售额的3%支付"佣金"给陈×;何某又联系到D电子有限公司技术部王×,向他许诺,如果帮助当事人与其公司达成交易,将在交易完成后,按销售额的3%支付"佣金"给王×;何某还联系到D电子有限公司品质部刘×,向他许诺,如果帮助当事人与其公司达成交易,将在交易完成后,按销售额的2%支付"佣金"给刘×。2008年11月13日,交易顺利完成,当事人向对方公司销售了569856元的触摸屏。2009年1月13日,何某在一家快餐店将17100元现金支付给王×;同日,又在对方公司刘×的办公室内将11500元现金支付给刘×;2009年1月14日,在对方公司陈×的办公室内将17100元现金支付给陈×。

期间,当事人向上述5家客户的11名相关工作人员支付现金,共计125350元,涉及销售收入1527328.39元,产品原材料购进金额725728.65元,已缴纳增值税116471.76元、防洪堤围费1985.53元、城建税8153.02元、教育费附加3494.15元,得款671495.28元。

当事人以上违法事实主要有以下证据加以证明:

证据一:当事人营业执照复印件、当事人法定代表人何某的身份证复印件、当事人财务出纳刘×、财务会计郑×和业务员康×的身份证复印件,证明了当事人基本情况及相关人员的身份。

证据二:现场笔录、现场照片、对当事人法定代表人何某的三次询问笔录、对当事人财务出纳刘×的询问笔录、当事人自述材料,是对当事人违法事实的客观反映,证明了当事人违法行为真实存在。

证据三:对当事人财务会计郑×和业务员康×的询问笔录,证实了交易的真实性,及客户相关人员的真实存在。

证据四:当事人涉案经营统计表、当事人支付"佣金"的付款核准单复印件、当事人涉案交易的购进发票、销售发票复印件、当事人电子缴税回单复印件,反映了当事人向客户业务员支付"佣金"及当事人涉案销售金额、购进金额和缴纳税费的情况。

证据五:对 E 光电科技有限公司采购人员谭×的询问笔录、对 A 投资股份有限公司技术部工程师刘×的询问笔录、以及相关身份证明材料,说明当事人所交待违法事实与对方受贿人所承认的事实一致,证明当事人以"佣金"名义向客户业务员支付现金的行为的客观存在。

当事人依法进行了陈述和申辩,承认了其账外暗中按销售额 2% – 5% 的比例向客户相关人员支付"佣金"来达成交易的违法行为,收到我局发出的行政处罚听证告知书后未申请听证,对我局拟作出行政处罚的事实、理由、依据和处罚内容没有提出异议。

我局认为,当事人在销售触摸屏的过程中,为拓展销售业务,增加经营额,按销售收入 2% –5% 的比例,以现金的方式支付 E 光电科技有限公司采购人员谭×等五家客户的 11 名相关人员"佣金"。当事人在销售商品时,为促销其产品,账外暗中,以现金的方式退给客户相关人员一定比例的商品价款不是佣金,其性质属于《关于禁止商业贿赂行为的暂行规定》第五条第二款"本规定所称回扣,是指经营者销售商品时在帐外中以现金、实物或者其它方式退给对方单位或者个人的一定比例的商品价款"所指的回扣。当事人向客户相关人员支付回扣的行为,违反了《中华人民共和国反不正当竞争法》第八条第一款关于"经营者不得采用财物或者其他手段进行贿赂以销售或者购买商品。在帐外暗中给予对方单位或个人回扣的,以行贿论处;对方单位或个人在帐外暗中收受回扣的,以受贿论处"的规定,构成了商业贿赂行为。依据《中华人民共和国反不正当竞争法》第二十二条"经营者采用财物或者其他手段进行贿赂以销售或者购买商品,监督检查部门可以根据情节处以一万元以上二十万元以下的罚款,有违法所得的,予以没收"的规定,我局决定对当事人作出如下处罚:

一、罚款 130000 元;

二、没收违法所得 671495.28 元。

当事人自收到本决定书之日起十五日内到中国建设银行×市分行属下网点(账户:×财政代收罚款户,账号:略)缴纳罚款。逾期不缴纳,每日按罚款数额的百分之三加处罚款。

如不服本处罚决定,可在接到处罚决定书之日起六十日内,向 A 省工商行政管理局或×市人民政府申请复议;也可以在三个月内直接向人民法院提起诉讼。

×工商行政管理局

×年×月×日

点评:

本案是以"回扣"定性的商业贿赂案件。处罚文书的亮点在于事实部分对当事人违法行为的经过进行了详细、清晰地阐述。首先总体叙述违法模式,再对具体事实逐一列举,并抓住了体现违法行为主客观要件的关键细节,包括如何洽谈业务、如何许诺,如何达成交易,如何处理账务等,繁简得当,逻辑清晰。是同类文书中在案件事实部分体现说理要义的佳作,值得推荐。

文书证据列举时以按照其与证明案件事实的关系进行了归类,但表述证明对象宜更具体。

如在案件来源部分略微表述一下检查现场情况,以初步判断当事人涉嫌商业贿赂,则更能体现工商机关启动调查程序的合法性。

四、虚假表示与虚假宣传行为

关于对林×进行虚假宣传、误导消费者案的处罚决定

×工商行政管理局行政处罚决定书

×工商检处字[2010]第×号

当事人：林×

性别：男

民族：汉族

籍贯：略

现住所：略

身份证号：略

当事人为有照个体工商户，营业执照注册号：略，字号名称：××市北仁大门诊部，经营者姓名：林×，组成形式：个人经营，经营场所：略，经营范围及方式：个体诊所（经营至2015年1月13日），设立日期：2010年5月18日，执照有效期自2010年5月18日至2011年12月31日。

2010年7月29日，我局接到举报称××市北仁大门诊部在广告中宣传其为北京的北大门诊部，而且还挂有"北大医疗"和"北大门诊部"的牌子，误导消费者，要求予以查处。经执法人员核查，举报情况属实。当事人林×涉嫌利用广告和其他方法对其所经营门诊部的名称及诊疗服务质量作引人误解的虚假宣传。2010年8月2日，经我局负责人批准立案调查。

经查，北京大学第一医院是我国最早创办的公立医院，1946年随北京医学院与北京医科大学合并，由此得名"北大医院"，2000年北京大学与北京医

科大学两校合并,医院随之更名为"北京大学第一医院"。北京大学第一医院简称为"北大医院",在公众中享有较高知名度。

当事人于2010年5月18日经××市工商行政管理局核准登记,设立××市北仁大门诊部,从事个体营利性诊疗经营活动。自2010年5月份以来,当事人在××市南菜市场内和丰安大路两侧,向路人赠送印有×北仁大门诊部广告的礼品扇子,广告内容为:"×北大,北京名医平价医疗,看妇科首选北大医院,男性疾病我们信赖北大医院,院址:××市丰安大路东侧(南菜市场斜对面),咨询热线:5356611"。6月份,当事人在其经营的××市北仁大门诊部内向群众赠送标注有"2010/07免费赠阅版"的《×北大》宣传册。宣传册内包含有"×北大,家门口的北京专家医院"等内容。2010年8月2日我局执法人员对当事人经营的××市北仁大门诊部进行现场检查时发现门诊部内的科室标牌上均标注有"×北大"字样。门诊部内悬挂的宣传看板上也都标注有"×北大"字样,其中在门诊部一楼至二楼梯拐角处墙上一块约2平方米大小的宣传看板上,写有"领袖,知名专家汇聚,共建患者健康,×北大门诊部各科室均有国内各地区知名专家、主任医师担当科室负责人,在其领域均有丰富的医学理论和临床经验,并全心致力于××市人民的健康事业"。当事人向群众赠送印有××市北仁大门诊部广告的礼品扇子和《×北大》宣传册,并在其经营的门诊部内设置宣传看板的行为属于发布医疗广告行为,但当事人发布医疗广告,未经卫生行政部门批准,未取得《医疗广告审查证明》。当事人经营的门诊部和北大医院(北京大学第一医院)等北京知名医院没有任何关系,其核准的医疗机构名称为"××市北仁大门诊部",并不是"北大医院"。××市北仁大门诊部各科室负责人仅为医师资格,只是请北京协和医院的退休大夫来过两次为群众提供诊疗服务。

上述事实有以下主要证据证明:

1. 2010年8月2日执法人员在××市丰安大路东侧当事人经营的××市北仁大门诊部内制作的现场笔录及拍摄的照片,证明了当事人在其经营的××市北仁大门诊部内的科室标牌上标注"×北大"字样;在宣传看板上标注"知名专家汇聚,共建患者健康,×北大门诊部各科室均有国内各地区知名专家、主任医师担当科室负责人,在其领域均有丰富的医学理论和临床经验,并全心致力于××市人民的健康事业"的事实。

2. 当事人提供的《××市北仁大门诊部科室负责人名单》、各科室负责人的《医师资格证书》及 2010 年 9 月 13 日对当事人委托的代理人朱×制作的询问笔录,证明了××市北仁大门诊部各科室负责人均为只具有医师资格的医生。

3. 执法人员在北京大学第一医院的网站上截取的网页照片,证明了北京大学第一医院简称"北大医院"的事实。

4. 2010 年 8 月 2 日对当事人委托的代理人朱×制作的询问笔录,证明了当事人经营的××市北仁大门诊部和北大医院(北京大学第一医院)等北京知名医院没有任何关系;门诊部各科室既没有主任医师担当科室负责人,也没有北京的名医和专家坐诊,只是请北京协和医院的退休大夫来过两次为群众提供诊疗服务;当事人发布的医疗广告未经卫生行政部门批准,未取得《医疗广告审查证明》;当事人发布医疗广告共花费 1300 元,不能提供相关费用支出票据的事实。

5. 在当事人经营的北仁大门诊部现场提取的《×北大》2010 年 7 月刊宣传册实物,证明了当事人发布医疗广告,宣传"×北大"、"家门口的北京专家医院"等内容的事实。

6. 举报人提供的×北仁大门诊部免费赠送的礼品扇子照片,证明了当事人在向群众赠送的礼品扇子上发布广告称:"×北大,北京名医平价医疗,看妇科首选北大医院,男性疾病我们信赖北大医院"的事实。

7. 营业执照复印件和 2010 年 8 月 2 日对当事人委托的代理人朱×制作的询问笔录,证明了×北仁大门诊部是个人经营的门诊部,而不是医院的事实。

8.《医疗机构执业许可证》复印件,证明了当事人经营的门诊部为私人营利性医疗机构的事实。

9. 当事人林×的身份证复印件,证明了当事人的自然人身份。

我局于 2010 年 9 月 21 日依法告知当事人对其拟作出行政处罚的事实、

理由、依据、内容和陈述、申辩及申请听证的权利。当事人于2010年9月24日,向我局提出了申辩意见:自接受调查以来,一直积极配合调查,并且及时改正违法行为。改正了不规范的字号名称牌匾;拆除了标有违法内容的看板、标牌;停止发放含有违法内容的宣传品。同时,认为对其作出的行政罚款20000元的处罚过重,希望能从轻处罚。

我局认为:当事人在向群众赠送的礼品扇子上发布广告称:"×北大,北京名医平价医疗,看妇科首选北大医院,男性疾病我们信赖北大医院",还在向群众赠送的《×北大》宣传册宣称"×北大,家门口的北京专家医院"等内容,当事人故意将××市北仁大门诊部宣传为"北大医院"、"北京专家医院",容易使消费者误以为该门诊部为具有较高等级的医疗机构,且与北京的北大医院(北京大学第一医院)等北京知名医院具有特定关系。当事人经营的门诊部核准名称为"××市北仁大门诊部",而门诊部内的科室标牌上标注"×北大"字样,对××市北仁大门诊部的名称作引人误解的虚假宣传。在当事人经营的门诊部内设置的宣传看板上,写有"领袖,知名专家汇聚,共建患者健康,×北大门诊部各科室均有国内各地区知名专家、主任医师担当科室负责人,在其领域均有丰富的医学理论和临床经验,并全心致力于××市人民的健康事业"等内容。当事人经营的门诊部既没有主任医师担当科室负责人,也没有知名专家长期坐诊,欺骗、误导消费者,对××市北仁大门诊部的诊疗服务质量作引人误解的虚假宣传。

《中华人民共和国反不正当竞争法》第二条第三款规定:"本法所称的经营者,是指从事商品经营或者营利性服务(以下所称商品包括服务)的法人、其他经济组织和个人"。从事营利性诊疗活动,开展医疗服务,发布违法医疗广告,依法受到《中华人民共和国反不正当竞争法》的规制调整。当事人的上述行为违反了《中华人民共和国反不正当竞争法》第九条第一款"经营者不得利用广告或者其他方法,对商品的质量、制作成分、性能、用途、生产者、有效期限、产地等作引人误解的虚假宣传"的规定,构成了利用广告和其他方法对医疗机构名称和诊疗服务质量作引人误解的虚假宣传的不正当竞争行为。当事人经营的门诊部为营利性医疗机构,应当在发布医疗广告前申请医疗广告审查,取得《医疗广告审查证明》后方可发布,且广告应当真实、合法,不得含有虚假的内容,不得欺骗和误导消费者。本案中当事人没有履行上述义务,且广告内容虚假,欺骗、误导消费者,损害了其他经营者的合法利益。鉴于当事人能积极主动配合执法机关调查并及时改正违法行为,我局对当事人提出的对其从轻处罚请求理由予以采纳,进行从轻处罚。

依据《中华人民共和国反不正当竞争法》第二十四条第一款"经营者利用广告或者其他方法,对商品作引人误解的虚假宣传的,监督检查部门应当责令停止违法行为,消除影响,可以根据情节处以一万元以上二十万元以下的罚款"的规定,责令当事人停止违法行为,消除影响,决定处罚如下:处行政罚款 10000 元。

事人应当自收到本处罚决定书之日起 15 日内履行处罚决定,到中国农业银行××市支行任一网点缴清上述款项。逾期不缴纳,每日按罚款数额的 3% 加处罚款。

当事人如对本处罚决定不服,可在收到本处罚决定书之日起六十日内向××市工商行政管理局或××市人民政府申请行政复议,或在收到本处罚决定书之日起三个月内依法向××市人民法院提起诉讼。

×工商行政管理局

×年×月×日

点评:

1. 事实表述较清楚,对当事人对其字号名称和医务人员职称进行误导性虚假宣传的方式和内容进行了充分表述。

2. 说理较充分,能围绕虚假宣传违法行为构成要件,分析说明当事人的主观意图、宣传方式和内容。

3. 事实部分叙述不完整,未交待当事人改正违法行为的事实。就本案而言,当事人在陈述申辩中涉及的相关情节事实,应当在事实叙述部分予以表述和认定。

4. 事实部分对当事人宣传的主观故意未进行表述。

5. 证据的列举和运用与待证事实之间对应关系不清晰,对与定案事实无关的证据无需列举,如当事人未取得《医疗广告审查证明》发布医疗广告的相关证据。

6. 认定当事人是对其名称进行引人误解的虚假宣传,未能与《反不正当竞争法》第九条第一款所指的事项对应。就本案而言,当事人的行为,本质上是要通过对其名称的宣传,引人对其医疗服务来源产生误认。

关于对杨×利用自有音响、
店堂装潢对商品生产者、商业信誉
作虚假宣传案的处罚决定

×工商行政管理局行政处罚决定书

×工商经处字［2010］第×号

当事人：杨×；个体工商户；系××服饰店业主

经营地址：略

经营范围及方式：服饰、鞋类、皮包零售

注册号：略

2009年8月25日，我局执法人员依法对位于×县×镇的××服饰店进行检查，检查发现该店正使用音响设备播放"……×店因店面重新装修……"进行促销宣传，店内柜台上镶嵌着塑料文字"华伦天奴"，该行为涉嫌违反了《中华人民共和国反不正当竞争法》的相关规定，同日经我局审批同意予以立案调查。

为查明事实，我局于2009年8月25日对××服饰店进行现场检查和取证外，于2009年8月25日对××服饰店员工丁×进行了一次询问，于2009年8月26日对当事人进行了第一次询问，于2009年8月27日对××服饰店员工王×进行了一次询问，于2009年8月27日对当事人进行了第二次询问，于2009年8月28日对程×进行了一次调查，在调查过程中当事人向本局提供或核对确认了相关证据材料。

经查明：当事人于2007年1月11日经本局核准登记，设立了××服饰

店,经营范围及方式为服饰、鞋类、皮包零售。2007 年 2 月 18 日,当事人经华伦天奴世家时装(深圳)有限公司认可为特约经销商,授权销售使用该公司所有商标(注册号:略)的相关商品。当事人于 2009 年 7 月下旬使用音响设备播放"……×店因店面重新装修……"进行宣传,2006 年 12 月店面装修时便使用镶嵌着塑料文字"华伦天奴"的柜台。当事人供述其明知"华伦天奴"是意大利华伦天奴有限公司的国际知名品牌,而××服饰店只是卖华伦天奴世家时装(深圳)有限公司生产的商品,并非意大利"华伦天奴"品牌产品,而使用音响设备促销宣传和店内柜台上突出"华伦天奴"进行宣传,主要目的是为了让消费者误认为××服饰店所销售的商品是意大利华伦天奴有限公司生产的商品,以提高其服饰店的销售量。据当事人陈述,该店经营以来销售额已达 200 余万元,而通过在店内柜台上镶嵌塑料文字"华伦天奴"进行销售商品的行为延续时间已达 31 个月。

上述事实由以下主要证据证实:

1. 2009 年 8 月 25 日本局执法人员对×服饰店进行现场检查时现场笔录原件一份(共 2 页),证明案发时××服饰店的经营情况及当事人使用音响设备和塑料文字,突出"华伦天奴"语音和文字进行宣传的事实;

2. 2009 年 8 月 25 日本局执法人员在××服饰店现场检查时现场拍摄的照片打印件 16 页(共 16 张,经当事人于 2009 年 8 月 26 日确认属实)、2009 年 9 月 3 日当事人提供的案发时播放的光盘一张,证明案发现场当事人××服饰店的店堂装饰、物品陈设、经营状况等情况以及当事人使用音响设备进行促销宣传的具体内容;

3. 2009 年 8 月 26 日本局执法人员第一次对当事人进行询问调查时制作的询问笔录原件一份(共 4 页)、2009 年 8 月 27 日本局执法人员第二次对当事人进行询问调查时制作的询问笔录原件一份(共 2 页)、2009 年 8 月 27 日本局执法人员对××服饰店员工王×进行询问调查时制作的询问笔录原件一份(共 3 页)、2009 年 8 月 25 日本局执法人员对×服饰店员工丁×进行询问调查时制作的询问笔录原件一份(共 2 页)、2009 年 8 月 28 日本局执法人员对程×进行询问调查时制作的调查笔录原件一份(共 2 页),证明当事人使用音响设备和塑料文字进行"华伦天奴"语音和文字宣传的事实以及持续时间和××服饰店的经营起始时间、人事管理、营业收益等具体情况;

4. 2009 年 8 月 26 日当事人提供的租赁协议一份(共 2 页)、2009 年 8 月 26 日我局执法人员从××服饰店的登记档案中提取的租赁协议复印件一份(共 1 页)、经营场所证明复印件一份(共 1 页),证明××服饰店经营场所的租赁取得情况;

5. 2009 年 8 月 26 日当事人提供的华伦天奴世家时装(深圳)有限公司资料手册复印件一份(共 11 页),证明当事人和华伦天奴世家时装(深圳)有限公司的关系以及商标注册、使用情况;

6. 2009 年 8 月 26 日当事人提供的商品标签一份(共 3 页)和部分销售凭证、日常记录的复印件一份(共 10 页),证明××服饰店的商品销售情况和具体经营状况;

7. 杨×、王×、丁×、程×提供的居民身份证复印件各一份(共 4 页),×服饰店营业执照(副本)复印件一份(共 1 页),证明在本案中接受本局询问调查的杨×、王×、丁×、程×的公民身份情况和×服饰店的经营情况。

2009 年 9 月 22 日,本局向当事人送达了×工商案听告字〔2009〕×号《听证告知书》,当事人在法定的期限内未提出听证(陈述、申辩)要求。

本局认为:任何单位、组织或个人在市场交易中,应当自觉遵守法律、法规规定,遵循自愿、平等、公平、诚实信用的原则,遵守公认的商业道德。虽然当事人经华伦天奴世家时装(深圳)有限公司认可为特约经销商,授权销售使用该公司所有商标(注册号:略)的相关商品,但其销售的商品并非华伦天奴牌商品,而当事人在明知"华伦天奴"是意大利华伦天奴有限公司的国际知名品牌,在市场上具有较高的美誉度的情况下,使用音响设备播放宣传语句,突出对"华伦天奴"的使用,并通过在店堂家具上镶嵌着塑料文字"华伦天奴",使消费者误认为其销售的商品是意大利华伦天奴有限公司生产的华伦天奴牌商品,达到扩大销售的目的,其行为已违反了《×省反不正当竞争条例》第十一条第(四)项规定"经营者不得利用广告或者下列方法,对商业信誉或者商品的质量、制作成份、制作方式、性能、用途、生产者、产地、有效期限、经营状况、售后服务等作虚假或者引人误解的宣传；(四)其他虚假或者引人误解的宣传。"的规定,属于利用自有音响设备播放、店堂装潢对商品生产者、商业信誉作引人误解的虚假宣传行为。

根据《×省反不正当竞争条例》第二十八条"违反本条例第十条、第十一条、第十二条、第十四条、第十六条规定的,分别按照《中华人民共和国反不正当竞争法》、《中华人民共和国价格法》和《中华人民共和国招标投标法》的有关规定予以处罚"和《中华人民共和国反不正当竞争法》第二十四条"经营者利用广告或者其他方法,对商品作引人误解的虚假宣传的,监督检查部门应当责令停止违法行为,消除影响,可以根据情节处以一万元以上二十万元以下的罚款。广告的经营者,在明知或者应知的情况下,代理、设计、制作、发布虚假广告的,监督检查部门应当责令停止违法行为,没收违法所得,并依法处以罚款。"的规定,并鉴于当事人在案件调查过程中,主动配合检查机关调查取证积极提供相关情况并积极改正,现决定对当事人处罚如下:

1. 责令停止违法行为,消除影响;

2. 罚款人民币 51000 元,上缴国库。

当事人自收到本处罚决定书之日起 15 日内,到×农村合作银行(银行地址:略,账户:×县财政局预算外资金,账号:略)缴纳罚款。到期不缴纳,当事人逾期不履行行政处罚决定的,依据《中华人民共和国行政处罚法》第五十一条的规定,本局将依法采取下列措施:(一)到期不缴纳罚款的,每日按罚款数额的百分之三加处罚款;(二)申请人民法院强制执行。

当事人如不服本处罚决定,可在收到本处罚决定书之日起六十日内向×县人民政府或×工商行政管理局申请复议;也可以在三个月内直接向×县人民法院起诉。

当事人对行政处罚决定不服申请行政复议或者提起行政诉讼的,行政处罚不停止执行。

×工商行政管理局

×年×月×日

点评：

1. 客观事实表述较为清楚，能重点突出当事人的宣传内容以及宣传的主观目的，紧扣当事人"引人误解"的实质。

2. 定性分析能紧扣虚假宣传不正当竞争行为的构成要件，突出分析说明了当事人引人误解的主观意图、具体宣传方式，特别指明了当事人是对地方法规条文列举的特指对象——商品生产者和商业信誉作引人误解的虚假宣传，将客观事实与具体法律规范进行了有机联系，说理较充分。

3. 事实部分叙述不完整，对说理部分认定的改正情节所涉及的相关事实未作交待。

4. 证据的列举和运用与待证事实之间对应关系不清晰。

5. 就本案而言，当事人的宣传行为，一方面混淆了商品的来源，另一方面则通过混淆使购买者对其自身商业信誉产生误认。但文书在定性分析上主要仅就第一方面进行了分析，而未就第二方面进行分析说理，直接定性为对商业信誉进行虚假宣传，有所欠缺。

6. 不是法定程序要求的内容，对案件处理没有影响的调查经过，可从简表述。

关于对×××医疗器械有限公司超出产品治疗范围虚假、夸大宣传案的处罚决定

×工商行政管理局行政处罚决定书

×工商案字［2010案］第×号

当事人：×××医疗器械有限公司

住所：略

注册资本：3万元

法人代表人：唐×

经营范围：经销第Ⅱ类物理治疗以及康复设备。

2010年3月15日晚，央视"3.15"晚会反映当事人在推销"首尔康"治疗床过程中，存在虚假、夸大宣传治疗功效，误导消费者行为。当晚，我局执法人员对当事人的经营场所进行检查，发现在其经营场所的宣传单、海报等宣传资料上介绍治疗床的适用范围等超出药品监督管理部门的批准，涉嫌虚假、夸大宣传治疗功效，误导消费者，据此，我局于当日立案，并开展调查。

经查明：当事人于2008年7月7日开始，从事销售兆阳医疗器械（沈阳）有限公司生产的CY－7000A"首尔康"远红外温热治疗器和CY－5500"首尔康"远红外电位治疗器的业务。为销售产品，当事人以中老年人群为目标，在公司住所开设免费体验场所、张贴海报、发放宣传单、现身说法等方式，使顾客购买其产品。其主要宣传方法和内容为：1. 在体验场所张贴"疗效见证价值、集体体验谈好转病例汇总表"，汇总表中使用"……静脉曲张明显好起来了，高血压、心脏病同时也好起来了"；"糖尿病并发症引起的肾脏

萎缩得到控制，……尿蛋白原本有 4 个"＋"，现还有 2 个"＋"了"；"高血压有的人血压正在降下来，有的已经正常了，有的已经少吃药了"；"腰椎间盘突出，都有好转、有点感觉基本好了，拍片结果复位了。不用开刀了，不用吃止痛药了"；"前列腺好了，有的尿急、尿痛、尿无力、尿频的现象明显减轻了"；"85％ 以上的人说体验到现在，感冒少了、有的没有感冒过一次"；"糖尿病血糖降下来了，有的正常了"；"胆囊炎不痛了，体验开始到现在没有发作过"；"原来心脏肥大难受，现在没感觉不舒服了"；"脂肪肝 B 超查出来好了，正常了"；"阴道炎好得多了"；"痔疮好了"；"口臭没了"；"血粘度下降了"；"口腔溃疡好了"等语言。2. 向公众发放"关爱生命预防疾病刻不容缓"宣传单，宣传单上使用"……或者您身上已经有了多种慢性疾病（如原发性高血压、低血压、贫血、Ⅱ型糖尿病、关节酸痛、吃饭不香、大便不快、便秘、肠胃不好、睡觉不好、小便不痛快、心慌、胸闷、头痛、头晕、怕冷、四肢麻木、骨质增生、痛经、静脉曲张、颈椎不好、腰椎不好、肩膀痛、手抬不起来、中风后遗症、痛风、肥胖、血液循环障碍引起的疾病、坐骨神经痛……）欢迎光临！"等语言。3. 在其体验场所张贴"健康园地"海报，海报上使用 19 位体验者的形象及超出核定的产品适用范围治疗病例的宣传。4. 在"兆阳诚邀您来体验"宣传单上使用了"兆阳医疗器械……是中国治疗疾病种类最多的医疗器械"的语言。5. 在"十赞兆阳"海报上和"健康口号"宣传单上使用了"清血管、活细胞，五脏六腑得调理"；"电位振动数第一"等语言。

并查明，当事人销售的上述二种治疗器系经辽宁省食品药品监督局核准准许生产的医疗器械，其产品适用范围均是："本产品适用于颈椎病（颈型、神经根型）软组织损伤的辅助治疗，并对腰间盘突出症、慢性胃炎、风湿症、退行性关节炎、痛经、脑血栓后遗症引起的肩痛、肩功能障碍有一定的辅助治疗作用"。

另，至案发，当事人以每台 6000 - 8600 元不等价格，购入上述二种型号治疗器 45 台，实际销售 32 台，合计销售金额为 535300 元。尚未销售的 13 台治疗床货值为 207400 元。

上述事实主要由以下证据材料所证实：

1. 当事人的营业执照复印件和医疗器械经营企业许可证复印件各 1 份,证明当事人的主体资格。

2. 型号为 CY－7000A 的"首尔康"远红外温热治疗器和型号为 CY－5500 的"首尔康"远红外电位治疗器的医疗器械注册证及注册登记表各 1 份,证明这两种治疗器系经食品药品监督部门核准准许生产的医疗器械和适用范围。

3. 当事人法定代表人唐×询问笔录 2 份,当事人股东之一杨×的询问笔录 1 份,现场检查笔录,证明当事人的违法事实和违法经过。

4. 现场查获的宣传单、宣传海报、名片、现场照片、消费者照片共十一份,证实当事人超出产品治疗和禁忌证范围,虚假、夸大、使用绝对化语言、含有治愈率宣传等违法事实。

5. 会计账簿复印件,证明其资金情况。

6. 进销货清单各二份,证明其进货情况和销售情况。

我局于 2010 年 6 月 13 日以直接送达方式向当事人送达行政处罚听证告知书,告知当事人涉嫌违法的事实、理由,并告知其我局根据《中华人民共和国反不正当竞争法》相关规定拟对其作出责令停止违法行为,消除影响,罚款 12 万元的处罚决定,当事人在规定期限内提出了听证要求。我局于 2010 年 7 月 6 日举行听证会,听证时当事人认为我局拟作出的处罚决定事实不清、法律适用不当且罚款裁量过重,认为不应予以处罚或者应当从轻处罚。

当事人在听证中认为,首先,其宣传的治疗效果都是经辽宁省人民医院、大连医科大学附属第二医院等单位临床试验证明,而体验场所的一些宣传用语,都是体验团成员的体验汇总,实际上是顾客的表扬信,不存在虚假宣传的成分,因此我局调查认定的事实错误;其次,当事人在其体验场所张贴的是广告,即使违法也应当按照《中华人民共和国广告法》规定实施处罚,因此我局按照《中华人民共和国反不正当竞争法》规定处罚是法律适用不当;第三,即使按照《中华人民共和国反不正当竞争法》处罚,由于当事人行为本身并没有造成不良社会后果,也应当从轻处罚,罚款 12 万元处罚太重。

听证时当事人提供了辽宁省人民医院、大连医科大学附属第二医院等单位临床试用报告。

我局认为：首先，在销售医疗器械产品过程中，向消费者宣传其产品的功效、适应症（功能主治）和适用范围应当与药品监督管理部门批准的产品适用范围一致，但当事人在其经营场所张贴的海报、印发的传单及汇总单上宣传的内容远远超出了药品监督管理部门批准的产品适用范围。且当事人提供的二家医院临床适用报告，也没有对"静脉曲张"、"心脏病"、"糖尿病并发症引起的肾脏萎缩"、"前列腺"、"预防感冒"、"胆囊炎"、"脂肪肝"、"阴道炎"；"痔疮"、"口腔溃疡"、"贫血"等疾病有辅助治疗作用的实质性结论。因此当事人的宣传违背了实际情况，夸大了功效，是引人误解的虚假宣传。其次，《中华人民共和国广告法》和《中华人民共和国反不正当竞争法》在立法目的、调整范围及对象上都有着明显不同，两部法律之间不存在适用上谁吸收谁的问题，当事人是医疗器械的经营者，为推销其产品而利用广告及其他宣传方式进行引人误解的虚假宣传，属于《中华人民共和国反不正当竞争法》第九条"经营者不得利用广告或者其他方法，对商品的质量、制作成分、性能、用途、生产者、有效期限、产地等作引人误解的虚假宣传"的行为。第三，由于当事人的宣传，使部分消费者对产品功效等产生误解，欺骗了消费者，由于其产品属于涉及人体健康安全的产品且产品进销差价较大、销售数量较大，因此应当对其加重处罚。

综上所述，经我局研究，根据《中华人民共和国反不正当竞争法》第二十四条"经营者利用广告或者其他方法，对商品作引人误解的虚假宣传的，监督检查部门应当责令停止违法行为，消除影响，可以根据情节处以一万元以上二十万元以下的罚款"的规定，除责令停止违法行为，消除影响外，决定对当事人处罚款人民币120000元整。

当事人应在收到本处罚决定书之日起十五日内到×县农村合作银行营业部（罚没款收入财政专户×）缴纳罚款。逾期不缴纳，依据《中华人民共和国行政处罚法》第五十一条第（一）项"……到期不缴纳罚款的，每日按罚款数额的百分之三加处罚款……"的规定，每日按罚款数额的百分之三加处罚款。

如不服本处罚决定,当事人可在接到处罚决定书之日起六十日内向×工商行政管理局或×县人民政府申请复议,或在三个月内直接向×县人民法院起诉。

当事人对本行政处罚决定不服申请行政复议或者提起行政诉讼的,行政处罚决定不停止执行。

×工商行政管理局

×年×月×日

点评:

1. 客观事实叙述较清楚,详略得当,能够重点突出当事人宣传的方式和内容以及产品批准的适用范围。

2. 证据列举部分思路较为清晰,能针对当事人违法事实构成列明主要证据并说明证明对象。

3. 事实叙述部分只体现了当事人宣传内容与产品批准的适用范围不相符,而未对是否存在引人误解或虚假宣传的事实作表述,不能简单以违反广告法规禁止性规定来推定其宣传内容为虚假。

4. 说理部分未能紧扣虚假宣传不正当竞争行为的构成要件展开,当事人究竟是对《反不正当竞争法》第九条所指的哪一项或几项内容进行了虚假宣传,未分析说明。

关于××国商大厦有限责任公司
作引人误解的虚假宣传案的处罚决定

×工商行政管理局行政处罚决定书

×工商案字［2008］第×号

当事人:××国商大厦有限责任公司

住所:略

法定代表人:孙×

注册资本:壹仟叁佰万元

公司类型:有限责任公司

经营范围:食品经营:定型包装食品(含冷冻和冷藏食品)、非直接入口散装食品(含冷冻和冷藏食品)、直接入口散装食品(含冷冻和冷藏食品)(有效期至 2010 年 5 月 28 日);零售:卷烟、雪茄烟(有效期至 2008 年 12 月 31日止);批发、零售:百货、文化体育用品、钟表、眼镜、照相器材、其他日用百货、纺织品、服装、鞋帽、日用杂品、五金、交电、家电、轻纺原料(除皮棉、蚕茧);零售:音像制品(有效期至 2009 年 12 月 31 日止);零售处方药与非处方药:中成药、中药材(饮片)(限品种供应)、化学药制剂、抗生素制剂、生化药品、生物制品(有效期至 2009 年 12 月 20 日止)批发、零售:第一类医疗器械,第二类、第三类医疗器械(涉及许可证凭许可证经营,许可证有效期至2012 年 03 月 15 日止);彩扩服务;书刊零售［国内版(除港澳台)］(有效期至 2009 年 12 月 31 日止);批发、零售:通讯器材及配件、家具、黄金饰品(零售)、首饰、汽车(除小轿车及九座以下的乘用车的经营项目外、汽车配件、电脑、电脑耗材、仪器仪表、电化教育设备、自行车、缝纫机、电动自行车、工艺装饰品;家用钟表维修;地下停车服务;眼镜验配;下设广告装潢分公司

注册号:略

2007 年 11 月 8 号上午,本局在对当事人进行的检查中,发现在当事人的 C 专柜的门楣及其他醒目的位置有近似美国国旗的图形;在专柜门口的灯箱广告上突出写有"AMERICAN CLASSIC"(注:译意为美国经典);在专柜的镜框里,有"E. LAND UNIVERSITY、HONOR OF THE YOUTH/IVY SPIRIT"(注:译意为衣恋大学、青年荣誉/常春藤精神)、"E. LAND UNIVERSITY 、EST 1980,HONOR OF THE YOUTH/IVY SPIRIT 、ATHLETIC TEAM"(注:译意为衣恋大学、创建于 1980 年,青年荣誉/常春藤精神、运动组),且这些文字与外国学生、外国建筑的照片、以及打有包含"E. LAND UNIVERSITY、HONOR OF THE YOUTH、AMERICAN CLASSIS、CAMPUS CASUALS"(注:译意为衣恋大学、青年荣誉、美国经典、校园休闲)字样的图样和"IVY UNIV. "(注:译意为美国常春藤大学联盟)英文组成的小三角旗的镜框放在一起;在专柜内的匾额里打有"E. LAND AMERICAN CLASSIS"(注:译意为衣恋美国经典)、"E. LAND UNIV. 、AUTHENTIC、AMERICAN CLASSIC"(注:译意为衣恋大学、正品、美国经典)、"E. LAND UNIV. 、AUTHENTIC BRAND(…)、CAMPUS CASUAL"(注:译意为衣恋大学、正宗品牌、校园休闲);在 C 专柜的各种道具里或打有"AMERICAN CLASSIC"(注:译意为美国经典),或打有"E. LAND UNIVERSITY、IVY SPIRIT、EST 1776"(注:译意为衣恋大学、常春藤精神、成立于 1776)、或打有"E. LAND UNIV. 1776"(注:译意为衣恋大学、1776)、"E. LAND UNIVERSITY、EST 1776"(注:译意为衣恋大学、成立于1776 年)。在 C 专柜里,所销售货品在吊牌上全部印着"AMERICAN CLASSIC"(注:译意为美国经典),有的还印上了近似美国国旗的图形。而当事人当场所出示的关于 D 的注册商标证,其注册人为韩国 A 有限公司,当事人与B 时装(上海)有限公司签订的合同写当事人为 B 时装(上海)有限公司代销(或自身销售)的商品为服装,品牌名称 C,注册商标 C、D;生产地上海。当事人有引人误解的虚假宣传的嫌疑,遂立案调查。

经查,C、D 的注册商标为韩国 A 公司所有,并授权给其在上海投资设立的 B 时装(上海)有限公司使用,当事人在 C 专柜所销售的 C 品牌的服装,均系 B 时装(上海)有限公司自己设计、自己生产的。E. LAND UNIVERSITY(注:译意为衣恋大学)在现实中并不存在,且当事人销售的 C 品牌的服装与"IVY UNIV."(注:译意为美国常春藤大学联盟)也没有任何关系。

当事人自 2007 年 9 月份起,经对其经营的 C 专柜重新装修后对外营业。当事人在其重新装修后的 C 专柜内的装饰宣传中,虚构了一个并不存在的 E. LAND UNIVERSITY(注:译意为衣恋大学),在当事人所销售的 C 品牌的服装与"IVY UNIV."(注:译意为美国常春藤大学联盟)没有任何关系的情况下,将含有"E. LAND UNIVERSITY、HONOR OF THE YOUTH、AMERICAN CLASSIS、CAMPUS CASUALS"(注:译意为衣恋大学、青年荣誉、美国经典、校园休闲)字样的图样和"IVY UNIV."(注:译意为美国常春藤大学联盟)英文组成的小三角旗的镜框,以及写有"E. LAND UNIVERSITY、HONOR OF THE YOUTH/IVY SPIRIT"(注:译意为衣恋大学、青年荣誉/常春藤精神)、"E-. LAND UNIVERSITY 、EST 1980. HONOR OF THE YOUTH/IVY SPIRIT 、ATHLETIC TEAM"(注:译意为衣恋大学、创建于 1980. 青年荣誉/常春藤精神、运动组)的镜框,与外国学生、外国建筑的照片的镜框合一起放在专柜内;同时在专柜的门楣和专柜内的醒目地方装饰有近似美国国旗的图形;在专柜门口的灯箱里突出使用的 AMERICAN CLASSIC(注:译意为美国经典);在专柜内摆放写有"E. LAND AMERICAN CLASSIS"(注:译意为衣恋美国经典)、"E. LAND UNIV.、AUTHENTIC、AMERICAN CLASSIC"(注:译意为衣恋大学、正品、美国经典)、"E. LAND UNIV.、AUTHENTIC BRAND(…)、CAM-PUS CASUAL"(注:译意为衣恋大学、正宗品牌…、校园休闲)的匾额,和打有"AMERICAN CLASSIC"(注:译意为美国经典)、"E. LAND UNIVERSITY、IVY SPIRIT、EST 1776"(注:译意为衣恋大学、常春藤精神、成立于 1776)、或"E. LAND UNIV. 1776"(注:译意为衣恋大学、1776)、"E. LAND UNIVERSI-TY、EST 1776"(注:译意为衣恋大学、成立于 1776 年)的道具,以此来衬托 C 品牌,与在 C 专柜里,所销售货品在吊牌上全部印着"AMERICAN CLASSIC"

（注：译意为美国经典），有的还印上了近似美国国旗的图形的 C 品牌的服装形成一个整体。使消费者误以为 E. LAND UNIVERSITY（注：译意为衣恋大学）是 IVY UNIV"（注：译意为美国常春藤大学联盟）中的一所大学，是历史悠久的、古老的一所美国大学，而且 C 品牌也是这所历史悠久的、古老的美国大学的品牌。

当事人从 2007 年 9 月份起至 2007 年 11 月 8 日止，在 C 专柜的营业额为 468928 元。

以上事实主要证据如下：

1. 当事人的企业法人营业执照复印件 1 份；

2. 当事人法定代表人的授权委托书及当事人法定代表人的授权委托人王×的身份证复印件各 1 份；

3. 当事人法定代表人的授权委托人王×询问笔录 5 份；

4. 当事人 C 专柜销售情况统计及成本核算表 3 张，B 时装（上海）有限公司开给当事人的上海增值税专用发票 1 张；

5. 当事人提供的有关 C 专柜所用商标的商标注册证、商标的详细信息、查询的流程及有关情况等复印件 9 张；

6. 当事人提供的 B 时装（上海）有限公司的"关于 C 品牌标式的说明"传真件复印件 1 张；

7. 当事人现场检查笔录 1 份；

8. B 时装（上海）有限公司的企业法人营业执照复印件、B 时装（上海）有限公司的授权委托人陈×、张×的授权书及 B 时装（上海）有限公司的授权委托人陈×、张×的身份证复印件各 1 份；

9. B 时装（上海）有限公司的授权委托人陈×询问笔录 2 份；

10. B 时装（上海）有限公司的授权委托人张×询问笔录 1 份；

11. 从××市阳光商标事务所有限公司提取的 A 有限公司的注册商标的商标档案复印件 10 份；

12. ×国际交流服务中心有限公司的译件证明 3 份；

13. 当事人和 B 时装（上海）有限公司签订的的《销售合同》和《代销（租

赁)合同》各 1 份;

14. 当事人 C 专柜现场拍摄的照片 29 张;

15. 从当事人 C 专柜提取的当事人销售 C 服装的标价签 1 张;

16. 从当事人 C 专柜提取的当事人销售的 C 服装的吊牌 2 份共 5 块;

17. 2007 年 11 月 14 日扣留财物通知书及送达回证各一份;

18. 2008 年 1 月 4 日、5 日对消费者的调查笔录共 3 份;

19. 韩国 A 有限公司给 B 时装(上海)有限公司的商标使用授权书复印件 1 份;

20. B 时装(上海)有限公司有关使用的商标及专柜内装饰等事项说明件 4 份;

以上证据和笔录均有当事人及相关人员的签名盖章认可。

2008 年 9 月 4 日,本局向当事人送达了×工商听告字[2008]第×《听证告知书》,明确告知当事人在收到《听证告知书》三个工作日内可提出听证(陈述、申辩)要求,当事人在法定期限内未提出听证(陈述、申辩)要求,视作自动放弃听证(陈述、申辩)权利。

本局认为,当事人的上述行为违反了《中华人民共和国反不正当竞争法》第九条第一款:"经营者不得利用广告或者其他方法,对商品的质量、制作成分、性能、用途、生产者、有效期限、产地等作引人误解的虚假宣传。"的规定,在其经营的 C 专柜的装饰宣传中,通过突出使用"E. LAND UNIVERSITY"(注:译意为衣恋大学)、"IVY UNIV"(注:译意为美国常春藤大学联盟)、"AMERICAN CLASSIC"(注:译意为美国经典)等文字,并展示一些外国学生形象、外国风情建筑的照片,及近似美国国旗图案等方式,虚构了并不存在的"衣恋大学",以及 C 品牌的服装与美国常春藤大学联盟的关系,使消费者误以为 C、D 为与美国大学有关的品牌,作引人误解的虚假宣传。

根据《中华人民共和国反不正当竞争法》第二十四条第一款:"经营者利用广告或者其他方法对商品作引人误解的虚假宣传的,监督检查部门应当责令停止违法行为,消除影响,可以根据情节处于一万元以上二十万元以下的罚款"的规定,责令停止违法行为,并对当事人处罚款 30000 元。

　　当事人自收到本处罚决定之日起十五日内,到×农业银行×支行(账户:待报解预算收入—工商罚没,账号:略,地址:略)缴纳罚款。当事人逾期不履行行政处罚决定的,本局将依法采取下列措施:(一)到期不缴纳罚款的,每日按罚款数额的百分之三加处罚款;(二)申请人民法院强制执行。

　　如不服本处罚决定,当事人可在收到本处罚决定书之日起六十日内向××市人民政府或×工商行政管理局申请复议;也可以在三个月内直接向×区人民法院起诉。但在复议、诉讼期间,不停止处罚决定书的执行,以避免当事人不必要的损失。

×工商行政管理局

×年×月×日

点评:

　　1. 当事人基本情况和案由部分篇幅过长,与本案无关的情况无需交待;本案中的英文标注在首次出现时加以中文标注即可,不宜反复描述。

　　2. 证据列举部分未说明证据证明对象。

　　3. 定性说理不充分,未能紧扣虚假宣传违法行为的构成要件展开。《反不正当竞争法》第九条第一款是特指对该条文列举的具体事项进行引人误解的虚假宣传,而不是泛指。当事人究竟是对条文列举所指的哪一项或几项内容进行了引人误解的虚假宣传,需要通过对客观事实的分析和说理予以明确,否则,会导致对是否可以适用《反不正当竞争法》第九条定性产生质疑。

关于对××船舶制造有限公司利用互联网传播虚假宣传资料案的处罚决定

×工商行政管理局行政处罚决定书

×工商公处字[2009]第×号

当事人：××船舶制造有限公司

住所：略

法定代表人姓名：沙×

注册资本：1616万元

公司类型：有限责任公司

经营范围：制造、修理：船舶（法律法规规定须审批或许可的取得审批或许可后方经营）；货物进出口（法律、行政法规禁止的项目除外；法律、行政法规限制的项目取得许可后方可经营）；加工：钢结构件＊＊＊

2009年3月10日，我局执法人员在当事人处进行电子商务网上巡查时发现当事人利用互联网设立网站（网址：略），在其网站主页的公司简介上介绍当事人是在××造船厂基础上，于2004年11月10日改制注册为××船舶制造有限公司；1997年成功建造了川江第一艘1000吨级华伟（现改为秀山号）自航集装箱船；并为长航集团建造了长迅1号、2号、3号等散装船舶。经过对当事人初步询问，当事人成立于2004年11月10日，系自然人出资登记设立的有限责任公司。当事人行为涉嫌虚假宣传，经分局领导同意我局于2009年3月10日立案调查。

经查：当事人为提高公司形象，吸引客户，提升企业市场竞争力，于2007

年7月1日与×区创信网络技术服务部(原×区诚库互联网信息服务部)签订中国网库服务合同书设立网站(http://www.cq×lship.cn/about.asp),合同约定由当事人提供建立网站的相关文字资料,并对其合法性负责,×区创信网络技术服务部负责网站的设计、制作和内容发布。当事人与×区创信网络技术服务部签订中国网库服务合同后不久,×区创信网络技术服务部在互联网上发布了经当事人审阅的宣传资料内容:当事人是在××船厂基础上,于2004年11月10日改制注册为××船舶制造有限公司;1997年成功建造了川江第一艘1000吨级华伟1003轮(现改为秀山号)自航集装箱船;并为×长航集团建造了长迅1号、2号、3号等散装船舶。经查证:当事人成立于2004年11月10日,系自然人出资登记的新设立的有限责任公司,并不是××船厂改制企业;而1997年建造的川江1000吨级华伟1003轮(现秀山号)自航集装箱船是1997年3月3日国营川东造船厂劳动服务公司为民生轮船有限公司建造的;长迅1号散货船是2004年1月20日国营川东造船厂劳动服务公司为长江交通科技股份有限公司建造的;长迅2号散装货船是2004年2月26日国营川东造船厂劳动服务公司为长江交通科技股份有限公司建造的;长迅3号散装货船是2004年4月1日国营川东造船厂劳动服务公司为长江交通科技股份有限公司建造的。上述四艘船舶均是国营川东造船厂劳动服务公司建造的,并不是当事人建造的。

上述事实有以下主要证据证明:

第一组:3月10日现场检查笔录、当事人在互联网上宣传公司简介资料打印件,证明当事人涉嫌利用计算机网络传播虚假宣传资料的事实,我局立案的依据。

第二组:当事人法定代表人询问笔录、企业法人营业执照复印件、法定代表人身份证复印件,证明当事人利用计算机网络传播虚假宣传资料的事实和目的以及当事人、当事人法定代表人的主体资格。

第三组:×区创信网络技术服务部负责人询问笔录、居民身份证复印件、个体工商户营业执照复印件、合同书复印件,证明当事人委托×区创信网络技术服务部在互联网上发布虚假宣传资料的事实以及×区创信网络技术服务部的主体资格。

第四组：国营川东造船厂劳动服务公司出具的证明，企业法人营业执照复印件，中国船级社×办事处出具的证明，证明秀山号、长迅1号、2号、3号这四艘船舶均是国营川东造船厂劳动服务公司建造而不是当事人建造的事实以及国营川东造船厂劳动服务公司的主体资格。

第五组：×工商行政管理局注册科出具的当事人登记情况证明，证明当事人系自然人出资登记新设立的有限责任公司，不是××船厂改制企业的事实。

第六组：3月19日现场检查笔录、当事人在互联网上宣传公司简介资料打印件，证明当事人在我局调查期间已主动改正违法行为的事实。

我局于2009年5月21日依法向当事人告知了拟作出行政处罚的事实、理由、依据以及当事人享有陈述、申辩的权利，当事人在法定时间内未提出陈述和申辩意见。

我局认为：经营者在经营活动中，应当遵循诚实信用、公平竞争原则，对自身情况以及所提供的商品和服务进行如实说明，不得利用广告或者其他方法，对自身商业信誉或商品的质量、制作成份、性能、用途、生产者、有效期限、产地等作引人误解的或虚假的宣传。本案当事人并非××船厂改制企业，也未建造1000吨级华伟1003轮（现秀山号）自航集装箱船和长迅1号、2号、3号散装船舶，但却通过在互联网上设立网站对外宣传该公司是由××船厂改制而来，并于1997年成功建造了川江第一艘1000吨级华伟1003轮（现秀山号）自航集装箱船和长迅1号、2号、3号散装船舶，对当事人的历史沿革、造船技术、造船业绩等进行与事实不符的虚假宣传。当事人的上述宣传行为使人误认为其具有较强的公司实力和经营能力，对其商业信誉产生错误认知，客观上取得了更为有利的竞争优势，妨碍了正常的市场竞争秩序，违反了《××市反不正当竞争条例》第十三条第一款的规定，属于该条第二款第（四）项所指的利用计算机网络传播虚假宣传资料对自己商业信誉作虚假宣传的不正当竞争行为。鉴于当事人在我局调查过程中如实承认违法行为，积极配合调查，在调查期间已修改网站虚假宣传内容，符合《中华人民共和国行政处罚法》第二十七条第一款(一)项主动消除或者减轻违法行为危害后果的规定,故依法予以从轻处罚。

根据《××市反不正当竞争条例》第三十七条第一款和第四十一条第一款的规定,决定对当事人处罚如下:

一、责令停止违法行为;

二、罚款 17000 元。

当事人自接到本处罚决定书之日起十五日内到×区工商银行营业部(账号:略)缴纳罚款。逾期不缴纳,我局可每日按罚款数额的3%加处罚款。

当事人如对本处罚决定不服,可在收到本处罚决定书之日起 60 日内向××市工商行政管理局申请复议;也可在收到本处罚决定书之日起三个月内直接向×区人民法院提起诉讼。

×工商行政管理局

×年×月×日

点评:

1. 案由清楚,尤其是通过网上巡查发现案件线索,对我们拓展案件线索视野提供启发。

2. 违法事实叙述层次清楚。

3. 证据分组运用与待证事实之间的对应关系清晰。

4. 法律适用正确。本案没有适用《反不正当竞争法》,而适用了地方法规《反不正当竞争条例》,因为本案相对人实施的行为虽然可以定性为虚假宣传,但在《反不正当竞争法》规制的行为模式中难以准确对应,而在地方法规《反不正当竞争条例》规制的行为模式中却能准确对应,故适用地方法规《反不正当竞争条例》是正确的。

5. 从轻情节的事实虽然在证据的证明指向中予以了说明,但仍然应当在违法事实的叙述部分一并将情节事实加以说明,然后用证据加以证明。

6. 引用法律条文不能只引序号,而应引用条文内容,以让相对人明白并起到宣传法律的作用。

关于对××股份有限公司
对其产品进行虚假宣传案的处罚决定

×工商行政管理局行政处罚决定书

×工商×处字[2010]×号

当事人：××股份有限公司

住所：略

法定代表人姓名：王×

公司类型：有限责任公司

注册资本：3895万元

经营范围：自行车及配件、电动船及配件、电气机械及器材、电池、运动器械及配件、电动交通工具及配件、电动健身器材及配件、电机生产、销售与维修；生产电动自行车；电子电器及相关高科技产品的研制、开发、生产、销售；科技咨询、服务、开发。

成立日期：1997年11月19日

注册号：略

经查：当事人于2008年8月15日同×电动车有限公司签订OEM生产合作协议，具体要求×电动车有限按照当事人的订单要求生产×牌电动车。

再查，当事人交付×电动车有限公司生产使用的×牌电动车说明书上印有"该系列产品已远销英、意、美、日、法、德等三十多个发达国家和地区"、"并拥有多项国家专利和国外专利"等宣传用语。对此我局于2009年11月23日对当事人进行询问核实，当事人表示实际上×品牌电动车并不出口也没有国外专利,这是为了扩大产品的知名度编造出来的。2008 年 8 月 15 日至 2009 年 11 月 23 日当事人委托生产 ×牌电动车 200 辆,全部销售,销售单价每辆 950 元,销售额 190000 元,生产成本每辆 900 元,获利 10000 元。

以上事实,有以下证据证明:

1. 2009 年 9 月 29 日制作的现场检查笔录 1 份,共 1 页,证明当事人生产带有"该系列产品已远销英、意、美、日、法、德等三十多个发达国家和地区"、"并拥有多项国家专利和国外专利"字样电动车的事实;

2. 2009 年 11 月 23 日对当事人委托人的询问笔录 1 份,共 3 页,证明当事人 ×牌产品使用说明书中带有"该系列产品已远销英、意、美、日、法、德等三十多个发达国家和地区"、"并拥有多项国家专利和国外专利"字样电动车的情节过程事实;

3. ×牌电动车现场照片 2 张,证明当事人委托加工方生产电动车的事实;

4. 当事人与 ×公司签订 OEM 生产合作协议书一份,共 3 页证明当事人委托生产电动车的事实;

5. ×牌电动车使用说明书一本,共 22 页,证明带有"该系列产品已远销英、意、美、日、法、德等三十多个发达国家和地区"、"并拥有多项国家专利和国外专利"宣传字样的事实;

6. 2009 年 11 月 17 日当事人出具的营业执照复印件 1 份,委托书 1 份,受委托人身份证复印件 1 份,证明了当事人实施违法行为的主体身份事实;

7. 当事人出具认识书一份,证明了当事人对其行为系违法行为的思想认识,表示今后作一个守法经营户并请求从轻处罚。

根据以上事实和证据,我局认为,当事人在没有任何依据的情况下生产带有"该系列产品已远销英、意、美、日、法、德等三十多个发达国家和地区"、"并拥有多项国家专利和国外专利"宣传字样电动车,易使消费者对该电动车的销售范围和生产技术进而对电动车的质量产生误解,从而误导消费,不正当的扩大市场份额,损害了其他同业经营者的利益。根据《反不正当竞争法》第九条第一款:"经营者不得利用广告或者其他方法,对商品的质量、制作成分、性能、用途、生产者、有效期限、产地等作引人误解的虚假宣传。"的规定,当事人的行为构成了虚假宣传行为。

2010 年 1 月 21 日,我局依法向当事人送达了行政处罚告知书,告知当事人拟作出行政处罚的事实、理由、依据及享有的权利。当事人在法定期限内未提出陈述和申辩。

鉴于当事人能够积极配合调查,态度较好,尤其是在案件调查过程中能虚心听取工商执法人员对工商法规的讲解,发现问题后主动停止使用原使用说明书。依据《××市工商行政管理局行政处罚由裁量权行使规则》第十三条"当事人有下列情形之一的,可以依法从轻行政处罚:第(一)项:主动改正或者及时中止违法行为的……。"的规定,给予当事人从轻处罚。

根据《反不正当竞争法》第二十四条:"经营者利用广告或者其他方法,对商品作引人误解的虚假宣传的,监督检查部门应当责令停止违法行为,消除影响,可以根据情节处以一万元以上二十万元以下的罚款。"的规定,责令当事人停止违法行为并作出行政处罚如下:

罚款 10000 元。

当事人自收到处罚决定书之日起十五日内到中国农业银行××支行营业部缴纳罚款(账号:略),到期不缴纳罚款的,我局可以每日按罚款数额的百分之三加处罚款。

如不服本处罚决定,可以自收到处罚决定书之日起六十日日内向××市工商行政管理局申请复议,也可以自收到处罚决定书之日起三个月内依法向×区人民法院提起诉讼。当事人对处罚决定不服申请行政复议或者提起行政诉讼的,行政处罚不停止执行,法律另有规定的除外。

×工商行政管理局

×年×月×日

点评:

　1. 文书违法事实叙述较为清楚。

　2. 文书将违法事实结合法律规定进行了定性分析,值得肯定。

3.文书结构不完整,缺少对案件来源和立案时间的表述。

4.证据归类层次不清,证据列举显得零散繁杂。

5.《反不正当竞争法》第九条对虚假宣传的行为模式作了列举性表述,并未将销售范围和规模以及技术状态列于其中,条文中列举的"质量"通常是指狭义的质量宣传,是否作扩大理解值得商榷。

关于对××管材有限公司利用互联网对其公司进行虚假宣传案的处罚决定

×工商行政管理局行政处罚决定书

×工商×处字［2009］×号

当事人：××管材有限公司

住所：略

法定代表人姓名：刘×

注册资本：伍拾万元人民币

公司类型：有限责任公司

经营范围：无缝钢管、钢材、金属材料、五金交电、化工产品（危险品及易制毒品除外）、机电产品、文化办公用品批发兼零售。

注册号：略

成立日期：二〇〇八年三月五日

2009年6月9日，我局接×钢管集团股份有限公司举报，反映××管材有限公司建立网站冒充其公司分公司、代理商销售管材产品。经领导批准于2009年6月9日立案调查。

现查明：当事人为了扩大销售，提高企业的知名度于2008年3月在互联网上建立网站（网址：略），并在该网页上宣称"××管材有限公司是集生产加工经营于一体的无缝钢管大型企业、年销售额过亿、公司投资800多万引进设备实现了可自行生产小型无缝钢管"，并将"60穿孔延伸机组、钢管冷拔机"等生产车间的照片放到该网站上，宣称其公司设有各类生产车间。2009

年 2 月××管材有限公司又建立了网站(网址:略),宣称"其公司是×钢管集团股份有限公司 A 级代理商、公司法定代表人刘×是×钢管集团股份有限公司总销售处处长、×钢管集团股份有限公司于 2004 年成立了××管材有限公司,短短数年,公司发展成为天钢第一大销售分公司,也是华北地区较大的钢管现货供应商"等。事实是:该公司成立于 2008 年 3 月 5 日,股东是刘×和闫×,而不是由×钢管集团股份有限公司于 04 年成立的,也不是该集团公司的代理商。主要经营方式销售自行购进的各种管材,不从事生产管材业务,没有生产车间,也没投资 800 多万引进设备实现可自行生产小型无缝钢管。2008 年 5 月至 2009 年 5 月销售额是 8237826.28 元,年销售额没有过亿元。可见当事人在互联网上所宣传的内容子虚乌有,与事实不符。

以上事实,有以下证据证明:

1. 2009 年 6 月 9 日制作的现场检查笔录 1 份,共 2 页,证明当事人在互联网上建立网站,并对其公司经营情况进行宣传的事实;

2. 2009 年 6 月 9 日,在当事人办公室微机上打印的其网站上的相关材料 24 页,证明其在网站上宣传的具体内容;

3. 2009 年 6 月 9 日、6 月 10 日对当事人法定代表人刘×的询问笔录 2 份,共 3 页,证明当事人在网站上对其公司进行虚假宣传的事实情节;

4. 2009 年 6 月 10 日提供公司损益表 1 份,证明当事人 2008 年 5 月至 2009 年 5 月的销售收入;

5. 当事人设立时的公司章程复印件 1 份,共 4 页,证明当事人的股东是刘×和闫×;

6. 当事人网站修改后网页内容及致歉信,共 6 页,证明当事人已对网站内容修改,并在网站上公开向×钢管集团股份有限公司道歉;

7. 当事人营业执照复印件 1 份,法定代表人身份证复印件 1 份。

我局认为,《中华人民共和国反不正当竞争法》第九条第一款明确规定"经营者不得利用广告或者其他方法,对商品的质量、制作成分、性能、用途、生产者、有效期限、产地等作引人误解的虚假宣传",当事人在网站上宣称其公司是×钢管集团股份有限公司的第一大销售分公司、代理商等,对公司的设立、经营情况进行与事实不符的宣传，该行为已经违反了《反不正当竞争法》第九条第一款的规定。

我局于2009年6月29日向当事人送达了×工商×告字（2009）第×号行政处罚告知书，当事人在法定期限内未提出陈述、申辩。

《中华人民共和国反不正当竞争法》第二十四条第一款规定"经营者利用广告或者其他方法，对商品作引人误解的虚假宣传的，监督检查部门应当责令停止违法行为，消除影响，可以根据情节处以一万元以上二十万元以下的罚款"。当事人在本案调查过程中，能够积极配合执法人员调查，在案发后积极采取措施消除影响，首先及时更改了网站上对其公司所宣传的内容，同时在网上向×钢管集团股份有限公司致道歉信，属于《行政处罚法》第二十七条第一款第（一）项"主动消除或者减轻违法行为危害后果的"之规定的从轻情形。

综上所述，当事人利用互联网对其公司的设立、经营情况进行与事实不符的宣传行为违反了《中华人民共和国反不正当竞争法》第九条第一款的规定，构成了对商品经营主体作引人误解的虚假宣传的违法行为。根据《中华人民共和国反不正当竞争法》第二十四条第一款规定，结合当事人的违法情节，决定责令当事人停止违法行为，并作行政处罚如下：

罚款：10000元。

当事人自接到本行政处罚决定书之日起十五日内，持罚款通知书到××市农业银行×支行（账号：略；地址：略）缴纳罚款，逾期不缴纳的，每日按罚款数额的百分之三加处罚款。

当事人如不服本行政处罚决定，可自接到本行政处罚决定书之日起六十日内向××市工商行政管理局申请复议，也可在三个月内向××区人民法院提起行政诉讼。当事人对处罚决定不服申请行政复议或者提起行政诉讼的，行政处罚不停止执行，法律另有规定的除外。

×工商行政管理局

×年×月×日

点评：

1. 文书结构比较完整，各部分之间层次清晰，结论明确。

2. 文书将当事人宣传内容与实际情况进行比较叙述的方法，可以较清楚地说明案件事实，值得推荐。

3. 证据的分组和运用与待证事实的关联度不够，未能与陈述的事实对应，如文书并未叙述当事人改正违法行为的事实，但却列举了当事人修改后的网页内容和致歉信。文书叙述了公司成立于2008年3月5日的事实，但没有列举相关证据予以证明。

4. 文书没有从不正当竞争角度以及从虚假宣传的构成要件着手进行分析说理，陈述的事实与适用的法条之间缺乏必要的说理将其联系起来。

关于对 A 电线厂利用外包装
对其产品进行虚假宣传案的处罚决定

×工商行政管理局行政处罚决定书

×工商×处字[2010]×号

当事人:A 电线厂

投资人姓名:李×

经济性质:个人独资企业

营业场所:略

经营范围:潜水线销售

注册号:略

2010 年 4 月 14 日,我局接群众举报,反映当事人在×区口东镇张家庄(×潜水泵厂)利用虚假宣传的手段销售耐水绕组线。经核查,当事人涉嫌虚假宣传行为。当日,经分局领导批准立案。

现查明,2009 年 7 月,当事人与×省产品质量监督检验院签定技术服务协议书,并由×省产品质量监督检验院为当事人颁发了"定点检验证书"。当事人为提高企业知名度、宣传产品质量,将×省产品质量监督检验院为当事人的定点检验单位篡改为"×省定点检验单位"和"×省产品质量监督检验院定点检验单位",并标注在产品包装上,使用户误认为 A 电线厂是"×省定点检验单位"或"×省产品质量监督检验院定点检验单位"。同时,当事人无任何依据将×牌耐水绕组线捏造为"全国知名品牌产品"一同在产品包装上标注。2010 年 4 月 14 日,当事人用自己的少林牌厢式货车(车牌号:略)载有 122 轴和 22 箱×牌耐水绕组线到×区送货,总货值金额 154000 元。至被我局查获时,已销售给××市龙鑫旺水泵厂负责人王×48轴,货值金额55773.30元,其余的准备销售给王×、陈×。

以上事实,有以下证据证明:

1. 2010年4月14日制作的现场检查笔录1份,共1页,证明当事人销售标有"×省产品质量监督检验院定点检验单位"、"全国知名品牌产品"、"×省定点检验单位"的×牌耐水绕组线的事实;

2. 2009年4月15日、4月19日、4月20日对当事人的授权委托人的询问笔录3份,共10页,证明当事人从事虚假宣传行为的事实情节;

3. 当事人提供的销货单据3份,共6页,证明当事人销售×牌耐水绕组线的具体数量和金额;

4. ×省产品质量监督检验院出具的证明文件1份,共1页,证明当事人与×省产品质量监督检验院是协议检验关系并非×省产品质量监督检验院定点检验单位;

5. 当事人的产品照片9份,共9页,证明当事人生产的×牌耐水绕组线标有"×省产品质量监督检验院定点检验单位"、"全国知名品牌产品"、"×省定点检验单位"的事实;

6. 货车司机许×的询问笔录1份,共1页,证明当事人销售×牌耐水绕组线的事实;

7 当事人的客户王×、陈×、王×询问笔录各1份,证明当事人在×区销售×牌耐水绕组线的事实。

8. 当事人提供"定点检验证书"复印件1份,共1页,技术服务协议书复印件1份,共5页,证明当事人与×省产品质量监督检验院是协议检验关系;

9. 当事人营业执照复印件1份,共1页;当事人身份证复印件1份;授权委托书1份,被委托人身份证复印件1份;

10. 许×、王×、王×、陈×身份证复印件各1份,×潜水泵厂营业执照复印件1份、×高压水泵机械厂营业执照复印件1份。

根据以上事实和证据,我局认为,当事人为宣传产品质量、提高企业知名度,将篡改的"×省定点检验单位"、"×省产品质量监督检验院定点检验单位"和捏造的×牌耐水绕组线是"全国知名品牌产品"标注在产品包装上进行宣传的行为,损害了同行业竞争对手的利益,破坏了市场竞争原则。违反了《中华人民共和国反不正当竞争法》第九条第一款关于"经营者不得利用广告或者其他方法,对商品的质量、制作成份、性能、用途、生产者、有效期限、产地等作引人误解的虚假宣传。"之规定,构成虚假宣传行为。

我局于2010年4月23日向当事人送达了×工商×告字［2010］第×号行政处罚听证告知书,当事人在法定期限内未提出陈述、申辩,未要求听证。

依据《国家工商行政管理总局关于商品包装物广告监管有关问题的通知》第二条第一款第二项"对于认定为含有虚假内容的包装物广告,应当立即停止广告的发布。可以责令并监督有关当事人采用粘贴、覆盖等措施停止违法行为;必要时,可以采取相应措施防止虚假包装物广告扩散或者以其他形式继续发布。"的规定,责令当事人立即停止虚假宣传行为,采取粘贴、覆盖等措施消除外包上标注的"×省定点检验单位"、"×省产品质量监督检验院定点检验单位"、"全国知名品牌产品"字样。根据《中华人民共和国反不正当竞争法》第二十四条第一款"经营者利用广告或其他方法,对商品做引人误解的虚假宣传的,监督检查部门应当责令停止违法行为,消除影响,可以根据情节处以一万以上二十万以下的罚款。"的规定,处以罚款50000元。

当事人应当自收到本处罚决定书之日起十五日内将罚款交至工商行政管理机关罚款代收机构(代收机构名称:中国农业银行××市分行××支行营业部;账号:略;地址:略)。到期不缴纳罚款的,我局可每日按罚款数额的百分之三加处罚款。

如不服本处罚决定,可自收到本处罚决定书之日起六十日内向××市工商行政管理局申请行政复议;也可以在三个月内依法向××市××区人民法院提起诉讼。当事人对处罚决定不服申请行政复议或者提起行政诉讼的,行政处罚不停止执行,法律另有规定的除外。

×工商行政管理局

×年×月×日

点评：

1.文书对如何改正违法行为的具体方法作了比较清楚和明确的表述，值得推荐。

2.文书陈述的违法事实不清。在当事人获得×省产品质量监督检验院的"定点检验证书"的情况下，文书否认其是定点检验单位，但"定点检验证书"与"定点检验单位"的关系未作交待。

3.证据的分组和运用与待证事实的对应关系不清晰，证据列举显得零散繁杂。

4.文书没有从虚假宣传的构成要件着手对违法行为进行分析，且没有将当事人的行为属于对哪种情况的虚假宣传予以明确，只笼统定性为虚假宣传，说理欠缺。

5.该案属于从轻处罚，但文书没有体现对当事人从轻处罚的事实和依据。

关于对××苗药研究所利用互联网对企业及其产品进行虚假宣传案的处罚决定

×工商行政管理局行政处罚决定书

×工商处字［2009］×号

当事人：××苗药研究所

注册号：略

投资人姓名：×

企业住所：略

经营范围及方式：蛇酒系列生产、销售及展销；农副土特产收购（以上经营范围国家法律、法规禁止的不得经营；应经审批、未获得审批的不得经营）

2009年6月9日，我局执法人员在协助重庆市万盛区工商分局核实企业"××苗药研究所"有关情况时，发现该企业在生产经营活动中利用互联网发布信息和散发宣传资料对企业及其产品作宣传，其行为涉嫌利用广告或其他方法，对其产品作引人误解的虚假宣传。遂于2009年6月9日立案调查。

现查明，2007年5月至2009年6月8日，当事人在未取得有关保健食品、药品批准文件及许可证明对其"五步蛇蝎酒"产品未取得有关疾病防治的科学定论，其报备案和执行的产品标准也是普通配置酒露酒标准的情况下，支付网页设计费、说明书等宣传资料设计、编写费等共计34000元的宣传费用（其中资料编写费20000元、印刷费1800元、网页设计费11000元、二年的空间管理费1000元、二年的域名费200元），通过互联网发布虚假信息和通过随产品包装散发有虚假内容的《产品说明书》和《苗药与中药的六大区别》宣传资料的方法对其企业和产品进行虚假宣传。

在互联网×企业网(网址:略)上以"××苗药研究所"的企业名称发布××苗药研究所企业简介、产品展示、招商信息等页面对企业、产品、招商进行宣传。在其公司简介的网页上,发布"企业创建于上世纪八十年代,后经改制组建现在的现代化企业,企业现有员工106人(其中专家8人,中级职称12人,专业技术人员38人)"的虚假宣传内容。而实际工人包括自己仅8人,其中长期雇用工3人;在其产品"五步蛇蝎酒"的招商网页上,出现"五步蛇蝎酒,是×著名苗医家传秘方,对风湿、类风湿、肩周炎、肢体麻木、腰肢劳损具有特效","产品效果非同一般,患者回头客高达70%以上","效果独特:风湿、类风湿这两种毛病的风是长在骨头里,五步蛇蝎酒能把风从骨头里刮出来,一经治愈,无论刮风下雨,很少复发"等内容。

当事人制作随产品包装散发的《产品说明书》(背面是《苗药与中药的六大区别》)宣传资料,上面印有"适用人群:风湿、类风湿、肩周炎、四肢麻木、脑血栓、骨质增生、坐骨神经痛、血糖偏高、高血脂、冠状动脉硬化、偏瘫、中风后遗症等"、"五步蛇蝎酒,×苗医最珍贵的药方,配方独特、工艺独特、药力强劲,服后能透骨搜风,将血液及骨头里的毒素全部排出,风湿、类风湿等多种疑难怪病,一经治愈,不会复发"等内容。在《苗药与中药的六大区别》一文中印有"患者朋友:如果您患上风湿、类风湿、肩周炎、脑血栓、血糖偏高、冠状动脉硬化、中风后遗症后吃了许多药老是治不断根,我们建议您改喝五步蛇蝎酒试一试"、"五步蛇蝎酒,特种天然动物药材浸泡,非常珍贵,从内到外,疏通经脉,把风、湿、寒、热毒从骨头里排出来。长期服用,能防治诸多慢性疾病"、"产品的浸提物为茅台窖酒,此酒穿透性强,能最大限度地溶解和浸提动物药材的有效部分,不但如此,这种窖酒还能使动物毒液发生化学反应转变成祛除人体病毒的高级活性物质——驱风蛋白酶"等虚假宣传内容。宣传其生产经营的"五步蛇蝎酒"食品具有疾病预防、治疗功能、且有"一经治愈,不会复发"效果的虚假宣传语言。属于对商品的性能、用途等作具有疾病防治功效的引人误解的虚假宣传行为。

在此期间生产销售"五步蛇蝎酒"产品，其产品出厂价为每瓶 25 元，但该产品销到了四川省南充市、重庆万盛、北京、江苏和本省等地。其市场零售价高达每瓶 88 元至 198 元之间，当事人一年生产销售该产品 18000 瓶（500ml/瓶），销售额为 45 万元。

以上事实主要有以下证据予以证明：

证据一、2009 年 6 月 19 日对当事人生产经营场所进行检查的现场检查笔录 1 份，证明当事人生产现场有设备、原料、大量已制作好的"五步蛇蝎酒"及其包装物、《产品说明书》（背面是《苗药与中药的六大区别》）等情况的事实；

证据二、对当事人进行调查的《询问调查笔录》2 份，证明当事人主体资格以及通过×企业网（网址：略）对企业基本情况作虚假宣传、在×企业网上和《产品说明书》中对产品"五步蛇蝎酒"的性能、用途所作具有治病疗效的虚假宣传、支付宣传费用和开展经营活动基本情况的事实；

证据三、经县食品药品监督管理局加注的《产品说明书》、《苗药与中药的六大区别》1 份，证明说明书及宣传资料未经备案的事实；

证据四、×县工商行政管理局注册登记指导股证明 1 份，证明当事人的投资人、经营范围的变更情况；

证据五、当事人营业执照、食品卫生许可证、税务登记证、国家重点保护野生动物驯养繁殖许可证、商标注册证、组织机构代码证（复印件）各 1 份，证明当事人从事经营活动的主体资格，当事人仅获得生产经营普通配制酒的证照，而没有获得保健品生产经营的证照，更未获得药品批准和生产许可等药品生产经营的有关证照的事实；

证据六、检验报告和标准登记证书、QB/T1981－94 露酒行业标准各 1 份，证明当事人生产经营的五步蛇蝎酒执行的为普通食品标准；

证据七、当事人企业生产现场及产品照片 8 张，证明当事人的产品"五步蛇蝎酒"外观，使用包装物，以及内容为对其产品的性能、用途作引人误解的虚假宣传的大量《产品说明书》、《苗药与中药的六大区别》。

证据八、电脑显示屏（宣传网页）照片 3 张，证明当事人用于"五步蛇蝎酒"宣传的网址、虚假的企业介绍和对"五步蛇蝎酒"产品的性能、用途作具有疾病防治的引人误解的虚假宣传的事实。

证据九、计算机网络下载资料4份,进一步证明当事人利用互联网发布信息内容,证明当事人以"××苗药研究所"的企业名称在×企业网发布企业简介、产品展示、招商信息等内容进行企业、产品、招商宣传,以及对其企业情况的虚假简介和对其产品的性能、用途作具有治病疗效的引人误解的虚假宣传事实;

证据十、当事人提供的产品"五步蛇蝎酒"的《产品说明书》(背面是《苗药与中药的六大区别》)1份,证明当事人通过产品包装说明书等资料对其商品作具有治病疗效、特效的引人误解的虚假宣传内容的事实;

证据十一、当事人保证书1份,证明当事人已认识到虚假宣传的错误,并主动对互联网上该企业的宣传内容进行了删除的事实;

证据十二、当事人出具的说明1份,证明当事人生产销售"五步蛇蝎酒"的数量金额和利用互联网发布信息、印发说明书、宣传资料所支付的费用。

证据十三、南充市蓬安县工商行政管理局协助调查函南工商蓬调字〔2009〕16号1份、加注的《产品说明书》《苗药与中药的六大区别》1份,重庆万盛区工商分局提供的网页下载打印资料1份,证明当事人的产品已销往四川省南充市、重庆万盛区等地,销售价格为180元/瓶的事实。

以上证据均由当事人签名确认,并能相互映证,我局予以采信。

2009年10月30日,我局向当事人送达了×工商听告字〔2009〕第×号《听证告知书》,告知当事人有要求举行听证和提出陈述、申辩的权利,当事人在规定的期限内未要求举行听证,也未提出陈述、申辩。

我局认为:当事人在经营过程中,利用互联网发布信息、散发《产品说明书》《苗药与中药的六大区别》宣传资料等对其生产经营的五步蛇蝎酒食品作虚假配料说明和对产品本身没有的某些动物药材成分作片面的宣传和对比,并大量宣传其"五步蛇蝎酒"产品具有防治风湿、类风湿等多种疑难怪病,一经治愈,不会复发的功效,使消费者误解其产品为药品。其行为违反了《中华人民共和国反不正当竞争法》第九条第一款"经营者不得利用广告或者其他方法,对商品的质量、制作成分、性能、用途、生产者、有效期限、产地等作引人误解的虚假宣传。"的规定,已构成对其商品的性能、用途作引人误解的虚假宣传的不正当竞争行为。

当事人违法行为的目的明确、存在主观故意的过错,并且虚假宣传导致消费者误解,一定程度导致产品的高价暴利仍能销售的后果,使相关消费者及用户不能够正确地选择所需商品或药品,造成其他诚实的同类食品经营者和相关药品经营者失去客户,使公平竞争秩序受到损害,对当事人应当依法予以处罚。鉴于当事人能主动交待问题配合工商机关调查取证,案发后主动删除互联网上的虚假宣传内容,及时中止和改正违法行为,根据《中华人民共和国行政处罚法》第二十七条第一款:"当事人有下列情形之一的,应当依法从轻或者减轻行政处罚"的第(一)项:"主动消除或者减轻违法行为危害后果的"之规定,可以对当事人予以从轻处罚。

为维护市场经济秩序,促进公平竞争,保护经营者和消费者的合法权益,根据《中华人民共和国反不正当竞争法》第二十四条第一款"经营者利用广告或者其他方法,对商品作引人误解的虚假宣传的,监督检查部门应当责令停止违法行为,消除影响,可以根据情节处以一万元以上二十万元以下的罚款。"之规定,我局决定责令当事人停止违法行为,消除影响,并对其作从轻处罚如下:

罚款人民币34000元。

当事人应在收到本行政处罚决定书之日起十五日(末日为节假日顺延)内,到中国农业银行×省×县支行城关营业所缴纳罚款(户名:略,账号:略)。逾期不缴纳的,将根据《中华人民共和国行政处罚法》第五十一条"当事人逾期不履行行政处罚决定的,作出行政处罚决定的行政机关可以采取下列措施:(一)到期不缴纳罚款的,每日按罚款数额的3%加处罚款;(二)根据法律规定,将查封、扣押的财物拍卖或者将冻结的存款划拨抵缴罚款;(三)申请人民法院强制执行;"之规定,每日按罚款金额的百分之三加处罚款。

当事人如不服本行政处罚决定,可在接到本行政处罚决定书之日起六十日内,向×省工商行政管理局,也可以在三个月内依法直接向×县人民法院提起行政诉讼。

×工商行政管理局

×年×月×日

点评:

1. 文书把当事人宣传的内容叙述得较完整。

2. 文书对违法行为定性正确,适用法律准确。

3. 文书对裁量理由进行了充分说明,合情合理,使当事人对处罚结果能心服口服地接受。

4. 文书在事实陈述方面,一是文字不简炼,层次不清,且没有将当事人的宣传内容与客观真实对比说明,使读者对当事人宣传内容虚假表现在哪些方面不能一目了然;二是未对当事人违法情节认定涉及的事实予以表述;三是在当事人行为的客观描述中出现了定性用语,如"虚假"二字应该是对行为进行分析后得出的结论性语言,不宜用在事实描述中。

5. 证据归类层次不清,且证据的分组和运用与待证事实的关联度不够,未能与陈述的事实对应,如文书并未叙述"五步蛇蝎酒"经检验的事实以及当事人改正违法行为的事实,但却有检验证据及当事人删除网页内容的证据列举。

6. 文书没有从虚假宣传的构成要件着手对违法行为进行分析,定性说理欠缺。

关于对××电器有限公司利用互联网对其资质荣誉进行虚假宣传案的处罚决定

×工商行政管理局行政处罚决定书

×工商经处字[2008]第×号

当事人:××电器有限公司

注册号:略

住所:略

法定代表人姓名:施×

注册资本:×万元;**实收资本:**×万元

公司类型:有限责任公司

经营范围:即热式热水器、即热式饮水机组装、销售

成立日期:2008年6月26日

营业期限:2008年6月26日至2028年6月25日

2010年4月12日,×工商行政管理局执法人员依法对当事人的经营、办公场所进行检查,发现当事人涉嫌虚假宣传行为,同日,经本局审批同意予以立案调查。

为查明事实,本局于2010年4月29日对当事人法定代表人施×进行第一次询问调查,并提取施×提供的身份证复印件;于2010年5月6日提取当事人提供的情况说明原件、营业执照副本复印件、中国名优产品证书复印件、质量服务信誉AAA单位荣誉证书复印件、产品质量达标诚信企业荣誉证书复印件;于2010年5月17日对施×进行第二次询问调查,并提取当事人

提供的改正后的网页页面打印件、中国产品质量监督检验中心对该公司"企业展示"页面打印件、题为《中国产品质量信誉监督评审中心诈骗》信息的网页打印件、题为《厦门中汇天下科技有限公司骗了我》信息的网页打印件；于2010年6月9日提取当事人提供的中国人民财产保险股份有限公司产品责任（国内）保险单复印件和中国国家强制性产品认证证书复印件。

经查明：当事人为了提高市场知名度和增加产品销量，在2009年3月通过QQ联系网站制作方（中汇天下），以6000元的费用委托网站制作方为公司制作一公司网站（网址：略）并在互联网上发布。在网站的资质荣誉页面当事人上传有以下资质荣誉的图片和文字信息："产品质量达标诚信企业"、"质量服务信誉AAA单位"、"中国名优产品"、"中国知名品牌"、"中国人民财产保险有限公司保险单"、"中国国家强制性产品认证证书CCC认证"、"全国消费者（用户）首选品牌"，其中"产品质量达标诚信企业"和"质量服务信誉AAA单位"证书显示的评比发证单位为中国品牌与质量监督中心、中国产品质量品牌信誉评审中心，"中国名优产品"证书显示的评比发证单位为中国名牌发展战略委员会、中国品牌与市场发展委员会、中国产品质量监督检验中心，"中国知名品牌"证书显示的评比发证单位为中国国际保护消费者权益促进会、中国管理科学研究院名牌与市场战略专家委员会，"全国消费者（用户）首选品牌"证书显示的评比发证单位为CHC全国高科技质量监督促进工作委员会。

据当事人陈述，上述证书均系自称为评比与发证单位工作人员向当事人推销取得，但当事人均未核实对方评比资格是否具备、合法。其中"产品质量达标诚信企业"和"质量服务信誉AAA单位"两项证书系上门推销服务，费用与证书均当面交付，而"中国名优产品"、"中国知名品牌"和"全国消费者（用户）首选品牌"三项证书则以电话、传真、邮递、汇款等方式进行交流与交易。每项证书均在支付一定费用后便可取得，且费用可由双方沟通协商确定，其中"产品质量达标诚信企业"和"质量服务信誉AAA单位"两项证书原需标准费用均为4000元，当事人实际以2000元/项的"半价"取得，"中国名优产品"证书原需标准费用8000元，当事人实际以2500元取得，"中国知名品牌"、"全国消费者(用户)首选品牌"两项证书原需标准费用均为5000元,当事人实际以2000元/项取得。

上述证书中,当事人仅提供了"产品质量达标诚信企业"、"质量服务信誉 AAA 单位"和"中国名优产品"三项证书复印件,另"中国知名品牌"和"全国消费者(用户)首选品牌"两项证书原件、复印件均不能提供,亦不能提供所有证书取得过程中的相关协议、付款凭据等证明材料。

当事人上述违法行为于2010年4月12日被本局依法查获。当事人对违法行为供认不讳,同时积极采取措施改正违法行为。

上述违法事实主要有以下证据材料予以证实:

证据一:现场检查笔录(原件);制作日期:2010年4月12日;数量:一份1页;证明事实:1. 当事人网站的网址;2. 检查时当事人网站资质荣誉页面的内容。

证据二:当事人网站资质荣誉页面(打印件);提取日期:2010年4月12日;提供人:当事人;数量:一份11页;证明事实:1. 当事人网站资质荣誉页面显示的原始宣传内容;2. 相关证书的实际内容;3. 相关证书评比和发证单位。

证据三:询问笔录(原件);询问日期:2010年4月29日;被询问人:施×(当事人法定代表人);数量:一份6页;证明事实:1. 当事人网站制作的时间、制作人及费用情况;2. 网站资质荣誉页面宣传的荣誉内容;3. 网站上宣传的资质荣誉证书的来源情况、费用及取得方式;4. 制作网站并在网站上传资质荣誉的目的;5. 当事人对自身行为的认识。

证据四:施×身份证(复印件);提取日期:2010年4月29日;提供人:施×;数量:一份2页;证明事实:施×公民身份情况。

证据五:情况说明(原件);提取日期:2010年5月6日;提供人:当事人;数量一份2页;证明事实:1. 当事人制作网站、获取荣誉证书及进行宣传的经过;2. 当事人学习后对其行为的认识情况。

证据六:中国名优产品证书(复印件);提取日期:2010年5月6日;提供人:当事人;数量一份1页;证明事实:1. 当事人确实持有该证书;2. 证书内容及评比发证单位情况。

证据七:质量服务信誉 AAA 单位(复印件);提取日期:2010 年 5 月 6 日;提供人:当事人;数量一份 1 页;证明事实:1. 当事人确实持有该证书;2. 证书内容及评比发证单位情况。

证据八:产品质量达标诚信企业(复印件);提取日期:2010 年 5 月 6 日;提供人:当事人;数量一份 1 页;证明事实:1. 当事人确实持有该证书;2. 证书内容及评比发证单位情况。

证据九:营业执照副本(复印件);提取日期:2010 年 5 月 6 日;提供人:当事人;数量一份 1 页;证明事实:当事人基本情况。

证据十:询问笔录(原件);询问日期:2010 年 5 月 17 日;被询问人:施×(当事人法定代表人);数量:一份 2 页;证明事实:1. 当事人通过网站后台管理对改正违法的情况;2. 取得相关证书的费用凭证无法提供;3. "中国知名品牌"和"全国消费者(用户)首选品牌"两项证书原件、复印件均无法提供;4. 认识到"中国知名品牌"和"全国消费者(用户)首选品牌"两项证书属于乱评比。

证据十一:当事人网站资质荣誉页面(打印件);提取日期:2010 年 5 月 17 日;提供人:当事人;数量:一份 1 页;证明事实:当事人已主动改正违法行为的事实。

证据十二:中国产品质量监督检验中心网站的企业展示页面(打印件);提取日期:2010 年 5 月 17 日;提供人:当事人;数量:一份 2 页;证明事实:当事人曾参与过"中国名优产品"荣誉评比的事实。

证据十三:题为《中国产品质量信誉监督评审中心诈骗》信息的网页(打印件);提取日期:2010 年 5 月 17 日;提供人:当事人;数量:一份 1 页;证明事实:当事人对中国知名品牌"和"全国消费者(用户)首选品牌"两项证书属于乱评比的认识及依据。

证据十四:中国人民财产保险股份有限公司产品责任(国内)保险单(复印件);提取日期:2010 年 6 月 9 日;提供人:当事人;数量:一份 1 页;证明事实:当事人取得中国人民财产保险股份有限公司产品责任(国内)保险单的事实。

证据十五:中国国家强制性产品认证证书(复印件);提取日期:2010 年

6月9日;提供人:当事人;数量:一份1页;证明事实:当事人取得中国国家强制性产品认证证书的事实。

2010年6月21日,本局向当事人送达了×工商案告字[2010]第×号《行政处罚告知书》,当事人在法定期限内未提出陈述申辩。

本局认为:根据《中共中央、国务院关于治理向企业乱收费、乱罚款和各种摊派等问题的决定》(中发[1997]14号)、《中共中央办公厅、国务院办公厅关于严格控制评比活动有关问题的通知》(厅字[1996]10号)、国家经济贸易委员会等六部委发布的《关于整顿营销信息发布秩序,坚决制止乱排序、乱评比行为的通知》(国经贸贸易[1999]757号)和国家工商行政管理总局《关于停止发布含有乱评比、乱排序等内容广告的通知》(工商广字[1999]第247号)等文件精神,除按法律规定和国务院批准的各类带有评比性质的企业营销信息发布活动外,禁止在广告中使用排序、推荐、认定、上榜、抽查检验、统计、公布市场调查结果等对企业及其商品、服务进行排序或综合评价的内容。如"全国销量第一"、"市场占有率第一"、"市场主导品牌"、"消费者首选品牌"、"中国公认名(品)牌"、"×推荐产品(品牌)"、"×认定"、"×认可"、"×展示"、"×荟萃"、"×指定"、各种满意率、信任率以及某类商品、服务上榜企业等。因此,上述评比证书无论取得与否,均不得用于任何宣传。

当事人在网站上宣传的各类评比证书的取得,既无严格的评比标准,又无规范的评比程序,纯属钱物交易,属于国家明令禁止的评比内容。对此当事人应当自觉进行抵制,以免造成欺诈和误导公众的危害后果发生,更不能如事实所为地助长弄虚作假不正之风,将取得的评比证书利用互联网作为营销信息大肆宣传,影响公平竞争市场环境的形成。当事人的行为已违反了《×省反不正当竞争条例》第十一条第一款第(四)项"经营者不得利用广告或者下列方法,对商业信誉或者商品的质量、制作成份、制作方式、性能、用途、生产者、产地、有效期限、经营状况、售后服务等作虚假或者引人误解的宣传;……(四)其他虚假或者引人误解的宣传。"规定,属于利用互联网对商品的生产者、经营状况作虚假宣传的行为。

　　鉴于当事人虚假宣传的内容仅为资质荣誉类一项，且积极配合本局调查，并主动采取措施删除弄虚作假的评比证书，具有从轻情节。现依据《反不正当竞争法》第二十四条"经营者利用广告或者其他方法，对商品作引人误解的虚假宣传的，监督检查部门应当责令停止违法行为，消除影响，可以根据情节处以一万元以上二十万元以下的罚款"、××市工商行政管理局《虚假宣传行为处罚规定》第三条第一款"对商业信誉或者商品的质量、制作成分、制作方式、性能、用途、生产者、有效期限、产地、经营状况、售后服务等作虚假宣传或者引人误解的宣传的，罚款1.5万元至2万元。……"、第五条第一款第（一）、（三）项、第二款"有下列情形之一的，在罚款的基本标准基数上减小罚款比例，从轻或者减轻处罚：（一）对工商机关的检查和调查积极配合，在要求的时间内，接受询问，如实回答问题，并提供相关账册、协议、单据、文件、记录、业务函电和其他资料的，下调20%；……（三）案件被查处后，采取积极措施消除违法行为危害后果，解决消费纠纷的，下调20%；……有上述情形两个以上的，下调幅度合并计算，但合并计算的下调比例不得超过50%"的规定，决定对当事人处罚如下：1. 责令停止违法行为；2. 罚款10000元。

　　当事人自收到本处罚决定书之日起十五日内，到×省×农村合作银行×支行（银行地址：略，账户：×县财政局预算外资金，账号：略）缴纳罚款。到期不缴纳的，依据《中华人民共和国行政处罚法》第五十一条第（一）、（三）项的规定，本局将依法采取下列措施：（一）到期不缴纳罚款的，每日按罚款数额的百分之三加处罚款；（二）申请人民法院强制执行。

　　如不服本处罚规定，可在收到本处罚决定书之日起六十日内向×县人民政府或××市工商行政管理局申请复议；也可以在三个月内直接向×县人民法院起诉。

　　当事人对行政处罚决定不服申请行政复议或者提起行政诉讼的，行政处罚不停止执行。

×工商行政管理局

×年×月×日

点评：

1. 对客观事实的来龙去脉表述较为清楚，当事人的主观意图、在网站上宣传了哪些内容以及证书来源等事实，一目了然，能抓住宣传内容以及内容来源不合法这一主线展开，突出重点。

2. 事实部分叙述不完整，对说理部分认定的从轻情节所涉及的相关事实未作交待。

3. 证据的列举和运用与待证事实之间对应关系不清晰。

4. 在定性分析中，文书主要是围绕侵害广告管理制度在说理，未能紧扣虚假宣传违法行为的构成要件展开，导致对该行为究竟应定性为广告违法行为还是不正当竞争行为产生质疑。

5. 定性适用地方法规，处罚也宜适用地方法规，以保持法律适用的一致性。

6. 在处罚决定书中不宜直接引用某市工商局规范性文件作为对当事人从轻处罚的依据，可在裁量分析过程中引用。

五、侵犯商业秘密行为

关于对××冶金机械设备有限公司侵犯商业秘密案的行政处罚决定

×工商行政管理局行政处罚决定书

×工商处字[2009]第×号

当事人:××冶金机械设备有限公司

住所:略

法定代表人:姚×

注册资本:略

公司类型:有限责任公司

经营范围:加工、销售冶金机械设备及备件

2009年6月17日,我局接×公安分局移送的举报,反映被举报人赵×、姚×二人涉嫌侵犯商业秘密。6月18日,我局正式立案,开始调查。现本案已调查终结。

经立案查明:当事人××冶金机械设备有限公司成立于2005年8月24日,住所×开发区长江路21号。2008年4月份,该公司迁至×区153号(××鑫汇空间钢结构有限公司院内),雇佣赵×(姚×的丈夫)、于×等人生产、销售冶金水冷设备,产品销售客户包括广东韶钢松山股份有限公司(以下简称韶钢)、武汉钢铁集团鄂城钢铁有限责任公司(以下简称鄂钢)等。其中已查明:2008年1月10日至4月14日生产、销往韶钢水冷设备一套,总价293804.00元,净利润(扣税)124534.67元。

××冶金机械设备有限公司法定代表人姚×,动力机械专业大学学历、高级工程师,1997年8月份与赵×(化学专业大学学历、工程师)一同调入××冶金水冷件厂(以下简称水冷件厂,后于2003年4月份改制为××国冶冶金水冷设备有限公司(以下简称国冶公司))。姚×先后在该厂(公司)设计科、技术经营科(部)工作,担任过产品图纸设计、产品项目经理等工作,期间具体负责过韶钢、鄂钢等产品客户的销售经营;赵×担任厂长(总经理)助理,负责协助该厂(公司)技术经营科(部)工作。二人均有接触、获取国冶公司保密性文件的条件。2005年8月24日,姚×出资(所占比例60%)设立××冶金机械设备有限公司。2005年下半年、2007年5月份,姚、赵二人先后从国冶公司辞职,因国冶公司疏于管理,姚×将手中掌握的该公司部分产品图纸、客户资料带回家中,且后来用于××冶金机械设备有限公司生产经营。2009年6月份,因××冶金机械设备有限公司经营需要,姚×安排其工人于×参照国冶公司受控工艺文件制作《顶部水冷盘(一)(二)(三)制作工艺》(以下简称《制作工艺》),并从于×处获取国冶公司的工艺文件31份。此外,2008年初姚×利用联系加工业务的机会,未经允许从××新峰机械设备有限公司(以下简称新峰公司)获取署名新峰公司的受控文件《电炉水冷设备及转炉汽化冷却设备制作工艺守则》(以下简称《工艺守则》)1套。2008年10月份,姚×制作××冶金机械设备有限公司《钢制管式水冷设备制造通用工艺守则》。

　　××冶金机械设备有限公司工人于×,原受雇于×市×区海宁机械加工厂(负责人尚×),1994年开始在水冷件厂外协班(委托加工单位)工作,曾任外协八班班长,因工作需要曾领取、保管国冶公司下发的产品图纸、工艺文件。因国冶公司文件收发管理制度不严,2008年初于×离开该公司时带走该公司受控工艺文件31份。2008年5月份,于×作为外协班工人到××冶金机械设备有限公司工作,10月份该外协班解散,于×直接受雇于××冶金机械设备有限公司,任车间班长。其间,2008年5月份于×将上述受控工艺文件31份带到××冶金机械设备有限公司车间,并阅读、使用;10月份又将其带到××冶金机械设备有限公司办公室;2009年6月份被于×用于按照××冶金机械设备有限公司安排制作《顶部水冷盘(一)(二)(三)制作工艺》，后被姚×从于×办公桌上获取并使用。

国冶公司成立于2003年4月份，其前身为水冷件厂，最早为成立于1988年的工贸联营××石化管件厂，现已成为国内冶金水冷设备大型生产企业，其产品客户涵盖包括韶钢、鄂钢在内的国内外众多钢铁冶炼企业。公司拥有多项产品专利，具备产品图纸设计能力，自行设计多项产品图纸，并经积累、总结、整理，编制了大量生产工艺文件，其产品图纸、工艺文件均为其所独有，不为他人所知悉。出于企业经营需要，公司将产品图纸、工艺文件、客户资料均列为受控资料文件，盖有"受控"章并且编号管理，并建立有管理、保密制度，并规定客户信息资料不得对外泄露。近年来公司多有人员外流、资料外泄情况发生，损害其合法权益，造成经济利益损失。

新峰公司为国冶公司加工产品多年，被允许使用国冶公司受控工艺文件，对国冶公司负有保密义务。其署名新峰公司的《工艺守则》，内容均为国冶公司受控工艺文件，新峰公司作为受控文件，盖有"受控"章并编号管理，并建有保密制度。

2009年6月18日，我局执法人员在××冶金机械设备有限公司现场查获产品图纸3套、受控工艺文件（国冶公司）31份、受控《工艺守则》（署名新峰公司）1套。经比对，图纸系复印、拼接而成，其产品设计、技术数据与国冶公司自行设计的产品图纸基本相同；受控工艺文件31份系国冶公司工艺文件原件，受控《工艺守则》1套内容系国冶公司受控工艺文件。现场同时查获于×制作的《制造工艺》1份、姚×制作的××冶金机械设备有限公司《钢制管式水冷设备制造通用工艺守则》1份，二者内容均与国冶公司受控工艺文件基本相同。

证明以上事实的证据有：

1. ××冶金机械设备有限公司营业执照复印件，《股东（发起人）名录》，姚×名片，证实：××冶金机械设备有限公司成立于2005年8月24日，法定代表人为股东姚×（出资60%），经营范围：加工、销售冶金机械设备及备件。

2.《房屋租赁合同》复印件，证实：××冶金机械设备有限公司自2008年4月15日开始在×区租赁车间、办公室，用于钢结构（产品）加工制作。

3. ××冶金机械设备有限公司工资发放明细表,证实:赵×、于×二人均受雇于××冶金机械设备有限公司。

4. ××冶金机械设备有限公司车间、办公室照片,询问李×笔录及其身份证件复印件,证实:××冶金机械设备有限公司现正生产韶钢用水冷设备产品。

5. ××冶金机械设备有限公司《广东韶钢松山股份公司明细账》、《武汉钢铁集团鄂城明细账》、增值税发票、《银行存款台账》、《进款台账》、《付款台账》、《合同台账》、《现金日记账》、销项发票登记表复印件,证实:××冶金机械设备有限公司产品销售客户包括韶钢、鄂钢,部分业务净利润124534.67元。

6. 询问姚×笔录、询问赵×笔录及二人身份证复印件,××冶金机械设备有限公司《钢制管式水冷设备制造通用工艺守则》,证实:姚×及其丈夫赵×于1997年进入国冶公司,姚先后在设计科、技术经营科(部),担任过产品图纸设计、产品项目经理等工作,期间具体负责过韶钢、鄂钢等产品客户的销售经营;赵担任厂长(总经理)助理,负责协助该厂(公司)技术经营科(部)工作。二人均有接触、获取国冶公司保密性文件的条件。2005年8月24日,姚×出资(所占比例60%)设立××冶金机械设备有限公司。2006年下半年、2007年5月份,姚、赵二人先后从国冶公司辞职,因国冶公司疏于管理,姚并将手中掌握的该公司部分产品图纸、客户资料带回家中,且后来用于××冶金机械设备有限公司生产经营。2009年6月份,因××冶金机械设备有限公司经营需要,姚×安排其工人于×参照国冶公司工艺文件制作工艺文件(《顶部水冷盘(一)(二)(三)制作工艺》),并从于×处获取国冶公司的工艺文件31份。此外,2008年姚×未经允许,从新峰公司获取署名新峰公司的《工艺守则》1套。2008年10月份,姚×制作××冶金机械设备有限公司《钢制管式水冷设备制造通用工艺守则》。

7. 询问于×笔录及其制作的《顶部水冷盘(一)(二)(三)制作工艺》、××冶金机械设备有限公司与尚×加工《协议书》、××市××区××机械加工厂登记情况、国冶公司与××机械厂《产品委托加工质量/技术协议》、国冶公司《工艺守则发放记录》复印件,证实:于×原受雇于××市××区××机械加工厂(负责人尚×),1994年开始在水冷件厂外协班(委托加工单位)工作,曾任外协八班班长,因工作需要领取、保管国冶公司下发的产品图纸、工艺文件。由于国冶公司文件收发管理制度不严,2008年初于×离开该公司时带出其工艺文件31份。2008年5月份,于×作为外协班工人到××冶金机械设备有限公司工作,10月份该外协班解散,于×直接受雇于××冶金机械设备有限公司,任车间班长。其间,2008年5月份于×将该31份工艺文件带到××冶金机械设备有限公司车间,并阅读、使用;10月份其又将该31份工艺文件带到××冶金机械设备有限公司办公室,且后来用于××冶金机械设备有限公司工艺文件的编制。2009年6月份,姚×从于×办公桌上获取该31份工艺文件并使用。

8. 国冶公司《赵×、姚×情况介绍》、《管理权限明细表》、《会议记录》,国冶公司登记信息情况,证实:国冶公司成立于2003年4月23日,其前身为水冷件厂,最早为成立于1988年的工贸联营××石化管件厂,现已成为国内冶金水冷设备大型生产企业。姚×、赵×自1997年到该公司工作,分别于2006年1月份、2007年4月份辞职。二人在国冶公司主要负责产品销售经营。国冶公司拥有专利等知识产权。

9. 国冶公司2004年、2005年《合同统计分析表》,国冶公司与韶钢、鄂钢之间的《承揽合同》,姚×所使用的笔记本记录内容复印件,证实:韶钢、鄂钢自2004年以来为国冶公司产品销售客户,二客户曾具体由姚×负责,客户资料盖有"受控"章并编号管理。

10. 国冶公司《图纸、资料管理制度》,《职工守则》,询问王×、柴×笔录及二人身份证复印件,证实:国冶公司具备产品图纸设计能力,自行设计多项产品图纸,并经积累、总结、整理,编制了大量生产工艺文件,其产品图纸、工艺文件均为其独有,不为他人所知悉。公司产品图纸、工艺文件、客户资料均列为受控资料文件,盖有"受控"章并且编号管理,并建立有管理、保密制度,并规定客户信息资料不得对外泄露。近年来公司多有人员外流、资料外泄情况发生,损害其合法权益,造成经济损失。另外,××冶金机械设备有限公司的 3 套韶钢产品图纸,其产品设计、技术数据与国冶公司自行设计的产品图纸基本相同。××冶金机械设备有限公司内的工艺文件 31 份均为国冶公司受控工艺文件原件。

11. 新峰公司登记情况,询问张×笔录及其身份证复印件,新峰公司工艺守则封面、《图纸、资料管理制度》《图纸发放记录》《加工合同》复印件,询问宋×笔录及其身份证复印件,证实:署名新峰公司的《工艺守则》来源于国冶公司,新峰公司对国冶公司负有保密义务,作为受控文件,盖有"受控"章并编号管理,公司建有保密制度规定。新峰公司与××冶金机械设备有限公司之间有委托加工业务。姚×利用联系加工业务的机会,未经允许从新峰公司获取署名新峰公司的《工艺守则》1 套。

12.《现场笔录》,《×鑫汇空间钢结构有限公司登记情况》,《行政强制措施通知书》复印件,现场查获文件资料目录,姚×领回部分文件资料的收据,证实:××冶金机械设备有限公司在×区 153 号租赁场地从事生产经营,车间内有在产品,办公室内有图纸、工艺文件等资料。

13. 署名新峰公司的《电炉水冷设备及转炉汽化冷却设备制作工艺守则》1 套,国冶公司《工艺文件》31 份,国冶公司工艺文件复印件 18 份,证实:经比对,××冶金机械设备有限公司内的工艺文件 31 份均为国冶公司受控工艺文件原件,《工艺守则》1 套内容与国冶公司受控工艺文件相同。

14. ××冶金机械设备有限公司所使用图纸 3 套:《连接小车水冷罩 – F 罩》1 张,《F 罩尘降室烟道》1 张,《连接小车水冷罩 BCDE 罩》3 张;国冶公司原图纸 3 套:《预热水冷罩 – F 罩》2 张,《F 罩 – 尘降室烟道》1 张,《连接小车水冷罩 BCDE 罩》1 张,证实:经比对,××冶金机械设备有限公司产品图纸系复印、拼接而成,其产品设计、技术数据与国冶公司产品图纸基本相同。

以上证据确实充分,足以认定。

2009 年 7 月 27 日,我局送达《行政处罚听证告知书》(×工商公告字[2009]×号)。在规定期限内当事人未要求举行听证,亦未提出陈述、申辩。

我局认为:国冶公司自行设计的产品图纸、编制的工艺文件、拥有的客户信息资料三项,均为该公司所独有,不为他人所知悉,能够为公司带来经济利益、具有实用性,产品图纸、工艺文件盖有"受控"章并编号管理,且连同客户资料均有保密规定,符合《中华人民共和国反不正当竞争法》第十条第三款"本条所称的商业秘密,是指不为公众所知悉、能为权利人带来经济利益、具有实用性并经权利人采取保密措施的技术信息和经营信息"之规定,三项均属于商业秘密,国冶公司为权利人。国冶公司在保密措施方面的疏漏,并不影响该三项商业秘密的构成。署名新峰公司的《工艺守则》,实为被允许使用的国冶公司受控工艺文件,新峰公司对国冶公司负有保密义务,作为受控文件,盖有"受控"章并编号管理,并建有保密制度规定,故亦符合上述法律规定,同属国冶公司商业秘密。

姚×、于×在国冶公司工作多年,均应知悉该公司保密规定,尤其姚×,与其丈夫赵×在国冶公司长期从事销售经营工作,应更加了解该公司保密规定。姚×违反国冶公司规定将包括产品图纸在内的受控文件私自带出国冶公司,用于××冶金机械设备有限公司经营;未经允许从新峰公司获取受控《工艺守则》1套、从于×处获取受控工艺文件31份,并用于××冶金机械设备有限公司经营;将其所掌握的国冶公司客户信息资料用于××冶金机械设备有限公司经营。于×违反国冶公司规定,私自将国冶公司工艺文件31份带出,后用于××冶金机械设备有限公司经营。二人分别违反了《中华人民共和国反不正当竞争法》第十条第一款第(一)项"经营者不得采用下列手段侵犯商业秘密:……以盗窃、利诱、胁迫或者其他不正当手段获取权利人的商业秘密"、第(二)项"披露、使用或者允许他人使用以前项手段获取的商业秘密"及国家工商行政管理局《关于禁止侵犯商业秘密的若干规定》第三条第一款第(三)项"禁止下列侵犯商业秘密行为:……与权利人有业务关系的单位和个人违反合同约定或者违反权利人保守商业秘密的要求,披露、使用或者允许他人使用其所掌握的权利人的商业秘密"、第(四)项"权利人的职工违反合同约定或者违反权利人保守商业秘密的要求,披露、使用或者允许他人使用其所掌握的权利人的商业秘密"之规定,属于以不正当手段获取权利人的商业秘密并披露、允许他人使用,已构成侵犯商业秘密行为,依法应予以处罚。

　　××冶金机械设备有限公司明知姚、于二人以不正当手段获取他人保密的产品图纸、工艺文件、客户资料，仍从二人处获取并加以使用，违反了《中华人民共和国反不正当竞争法》第十条第二款"第三人明知或者应知前款所列违法行为，获取、使用或者披露他人的商业秘密，视为侵犯商业秘密"及《关于禁止侵犯商业秘密行为的若干规定》第三条第二项"第三人明知或者应知前款所列违法行为，获取、使用或者披露他人的商业秘密，视为侵犯商业秘密"之规定，构成侵犯商业秘密行为，依法应予以处罚。

　　因姚×后为××冶金机械设备有限公司股东、法定代表人、于×后为××冶金机械设备有限公司职工，二人披露、允许他人使用本案商业秘密的行为均发生于就职××冶金机械设备有限公司后，该行为应视为二人在××冶金机械设备有限公司的职务行为，故其法律责任应由××冶金机械设备有限公司承担。同时××冶金机械设备有限公司为本案侵权行为最大获益人，故本案当中××冶金机械设备有限公司应承担主要责任。

　　根据《中华人民共和国反不正当竞争法》第二十五条"违反本法第十条规定侵犯商业秘密的，监督检查部门应当责令停止违法行为，可以根据情节处以一万元以上二十万元以下的罚款"及《关于禁止侵犯商业秘密行为的若干规定》第七条第一款"违反本规定第三条的，由工商行政管理机关依照《反不正当竞争法》第二十五条的规定，责令停止违法行为，并可以根据情节处以一万元以上二十万元以下的罚款"、第二款第（一）项"工商行政管理机关在依照前款规定予以处罚时，对侵权物品可以作如下处理：（一）责令并监督侵权人将载有商业秘密的图纸、软件及其他有关资料返还权利人"之规定，责令当事人××冶金机械设备有限公司：

　　1. 立即停止违法行为；

　　2. 将载有商业秘密的图纸、软件及其他有关资料返还权利人××国冶冶金水冷设备有限公司。

　　并对其作出行政处罚决定如下：

　　罚款 120000 元。

　　上述罚（没收）款，当事人应当自收到本处罚决定书之日起十五日内到中国建设银行×支行(地址:略)缴纳。逾期不缴纳,每日按罚款数额的百分之三加处罚款。

如不服本处罚决定,当事人可在收到本处罚决定书之日起六十日内,向×市工商行政管理局或者×市人民政府申请复议;也可在收到本处罚决定书之日起三个月内,直接向人民法院起诉。复议或者诉讼期间,不停止本处罚决定的执行。

×工商行政管理局

×年×月×日

点评:

办理侵犯商业秘密案件,首要的任务是理清案件争议的"秘密点"。本案中执法人员围绕商业秘密"不为公众所知悉"、"能为权利人带来经济利益、具有实用性"、"权利人采取保密措施"三个构成要件,收集、组织证据,较充分地证明了国冶公司自行设计的产品图纸、编制的工艺文件为商业秘密。但对客户资料属于商业秘密的认定证据表述不详。侵犯商业秘密案件中往往同时有两类侵权人,一类是像××冶金机械设备有限公司这样的最终使用商业秘密的经济组织,一类是像姚某等违反保密义务的自然人。这两类侵权人实施的是两种相互关联但又独立的侵权行为,依法都应实施处罚,本案中将姚某等人的侵权行为认定为职务行为而归责于××冶金机械设备有限公司的思路可供借鉴。

关于对顾×和××自控设备公司
侵犯商业秘密案的处罚决定

×工商行政管理局行政处罚决定书

×工商案字［2009］第×号

　　当事人:顾×,男,40岁,汉族,住址:略,身份证号码:略,原××电子有限公司技术人员,案发时任×自控设备制造有限公司股东,负责产品开发设计。

　　当事人:××自控设备制造有限公司(以下简称×自控设备公司);注册号:略;住址:略;法定代表人:王×;经营范围:电子、机械、自动化控制设备;发动机、模具铸造及通讯产品的技术开发、应用、制造销售、转让、咨询服务;计算机软件开发;通讯终端的销售维修、网站建设与维护、网页设计、网络工程。

　　2008年9月22日,我局接××××电子有限公司代表(以下简称×电子公司)举报,举报顾×和×自控设备公司采用不正当手段获取了其CKD系列智能电动执行机构(以下简称CKD)技术,侵犯了×电子公司的商业秘密,请求我局依法查处。

　　9月23日,经局长批准,我局决定对顾×和×自控设备公司涉嫌侵犯他人商业秘密行为进行立案调查。9月24日,我局调查人员在××市公安局经侦支队的配合下,对×自控设备公司生产经营场所进行检查,现场调取了×自控设备公司的AKD系列智能电动执行机构产品(以下简称AKD)的设计图纸等相关资料并在×自控设备公司生产车间查获已生产的AKD产品

18台。同时调查人员在徐×(另案处理)的手提电脑及移动硬盘、顾×的移动硬盘中发现有存储的 CKD、AKD 系列智能电动执行机构产品的设计图纸等相关资料。同日,我局依法扣押了徐×的手提电脑及移动硬盘、顾×的移动硬盘及×自控设备公司 AKD 产品的设计图纸等资料及 4 台产品,并委托×市公证处对徐×的手提电脑及移动硬盘、顾×的移动硬盘存储的信息内容进行了证据保全公证。

调查期间,调查人员充分听取了×电子公司、×自控设备公司及顾×等人的陈述意见,并要求提供 CKD 执行机构技术为相关公众所知悉的证据。当事人在规定期限内未能提供出相关证据。

现查明:CKD 产品是×电子公司研制成功的智能电动执行机构产品,经中国石油化工股份有限公司科学技术成果鉴定,该产品整体性能指标达到国际同类产品的先进水平,其推广使用的潜在经济效益和社会效益十分巨大,能为权利人带来经济利益并具有实用性。×电子公司 2006 年、2008 年两次委托××科技查新咨询中心进行科技查询,查询结果证明 CKD 产品具有独创性、不为公众所知悉。为了维护信息安全,保持行业竞争优势,×电子公司自成立开始先后制定了×电子公司保密制度、技术部管理规范、技术文件管理规范、×电子公司员工手册等相关保密管理制度。当事人顾×在×电子公司工作期间,参与设计了 CKD,并掌握了该产品的设计图纸。2007年 12 月,顾×辞职离开×电子公司,并拷贝带走了 CKD 的设计图纸等技术信息。

2008 年 1 月 8 日,顾×与徐×、王×、汪×、范×、何×等六人(均为×电子公司原职工)共同出资成立了×自控设备公司。公司成立后,顾×作为主要设计人员,参与了 AKD 产品的开发设计。2008 年 1 月 12 日,×自控设备公司完成了 AKD 产品的整套设计图纸,并于 6 月开始生产 AKD 产品。在 AKD 产品设计过程中,顾×披露、使用了其掌握的×电子公司的同类产品 CKD 图纸。截至 2008 年 8 月底×自控设备公司共生产了 AKD 产品 15 台,每台价值 6000 元。

2008 年 11 月 26 日,本局委托科学技术部知识产权事务中心对 CKD 技术信息是否不为公众所知悉、AKD 技术信息与 CKD 技术信息是否相同或实质相同、×自控设备公司 AKD 产品与×电子公司技术图纸中的技术是否相同或实质相同等事项进行司法鉴定。

2008 年 12 月 26 日,科学技术部知识产权事务中心司法鉴定意见认定:1.×电子公司 CKD16 型、CKD25 型、CKD60 型智能电动执行机构传动组件部分的技术图纸中记载的各零件设计尺寸、公差配合、技术要求以及具体工艺参数等技术信息的确切组合,不为公众所知悉;2.×电子公司 CKD100 型智能电动执行机构全套技术图纸中记载的各零件设计尺寸、公差配合、技术要求以及具体工艺参数等技术信息的确切组合,不为公众所知悉;3.除传动块这一零件外,现场抽样观察、测量得到的×自控设备公司 AKD16 型、AKD25 型、AKD60 型智能电动执行机构产品实物传动组件的部分零部件的结构与×自控设备公司技术图纸中对应内容相同,尺寸与×自控设备公司技术图纸中对应内容基本相同。AKD16 型、AKD25 型、AKD60 型智能电动执行机构产品实物的传动块的结构与×电子公司图纸中传动块的结构相同,尺寸与×电子公司图纸中传动块尺寸基本相同;4.×自控设备公司移动硬盘中查扣的 AKD16 型、AKD25 型、AKD60 型智能电动执行机构传动组件部分的电子版技术图纸中记载的技术信息,与×电子公司对应技术图纸中记载的技术信息,实质相同;5.×自控设备公司现场查扣的 AKD16 型、AKD25 型、AKD60 型智能电动执行机构纸质版技术图纸中记载的技术信息,与×电子公司对应技术图纸中记载的技术信息,实质相同;6.×自控设备公司移动硬盘中查扣的 AKD100 型智能电动执行机构全套技术图纸中记载的技术信息,与×电子公司对应技术图纸中记载的技术信息,实质相同。

证明上述违法事实的主要证据如下:

证据一:×电子有限公司营业执照复印件一份,证明×电子公司主体身份资格。

证据二:CKD、CKDJ 使用手册各一份,证明×电子公司研制 CKD 系列产品事实。

证据三:×电子智能电动执行机构培训资料一份,证明×电子公司研制

CKD 系列产品事实。

证据四:CKD 系列电动执行机构企业标准复印件,证明×电子公司研制 CKD 产品事实。

证据五:中国石油化工股份有限公司科学技术成果鉴定证书,证明 CKD 产品是具有实用性的技术信息,同时证明顾×系 CKD 主要研制人员。

证据六:2005 年软件产品登记证书复印件一份,证明 CKD 配套的智能电动执行机构控制软件 V1.0 为科技有限公司所有。

证据七:2006 年软件产品登记证书复印件一份,证明 CKD 配套的智能电动执行机构控制软件 V2.0 为×科技有限公司所有。

证据八:×科技有限公司增值税专用发票复印件两份,证明×电子公司支付×科技有限公司软件使用费事实。

证据九:×电子公司软件产品申请记录表复印件一份,证明×电子公司购买智能电动执行机构控制软件 V1.0 事实。

证据十:2006 年科技查新报告复印件一份,证明×电子公司 CKD 产品具有独创性、不为公众所知悉。

证据十一:2008 年科技查新报告复印件一份,证明×电子公司 CKD 产品具有独创性、不为公众所知悉。

证据十二:梁×谈话笔录一份,证明×电子公司对员工签订保密协议。

证据十三:×电子公司保密制度复印件一份,证明×电子公司对公司产品制订了保密制度。

证据十四:技术部管理规范,证明×电子公司对产品采取了保密措施。

证据十五:技术文件管理规范,证明×电子公司对产品采取了保密措施。

证据十六:×电子公司员工手册一份,证明×电子公司对公司产品制订了保密制度。

证据十七:增值税专用发票、入库单、入账通知单复印件各一份,证明×电子公司员工手册印制时间是 2004 年 9 月。

证据十八:顾×的移动硬盘中下载的 CKD、AKD 产品设计图纸若干及

CKD 产品使用手册、企业标准,证明顾×带走 CKD 产品设计图纸并披露、使用×电子公司商业秘密事实。

证据十九:×电子公司 CKD 产品工艺指导书,证明顾×掌握 CKD 产品工艺过程。

证据二十:顾×谈话笔录一份,证明顾×披露、使用×电子公司商业秘密的事实。

证据二十一:×自控设备公司财务凭证、生产产品统计表、现场照片若干,证明×自控设备公司生产 AKD 产品的事实。

证据二十二:×自控设备公司介绍信复印件一份,证明×自控设备公司到×社保中心调取顾×档案的事实。

证据二十三:×银行证明复印件一份,证明徐×、顾×二人在×电子公司领取工资的事实。

证据二十四:×自控设备公司营业执照复印件一份,证明×自控设备公司主体身份资格。

证据二十五:×自控设备公司电子档案一份,证明顾×系×自控设备公司股东。

证据二十六:现场检查笔录一份,证明当事人×自控设备公司生产 AKD 产品的事实。

证据二十七:照片 11 张,证明×自控设备公司生产 AKD 产品的事实。

证据二十八:产成品、半成品报表四份,证明×自控设备公司生产 AKD 产品的事实。

证据二十九:财务凭证 27 张,证明×自控设备公司生产 AKD 产品的事实。

证据三十:科学技术部知识产权事务中心司法技术鉴定意见书,证明 CKD 技术信息不为公众所知悉,且 AKD 技术信息与 CKD 技术信息实质相同、当事人产品与×电子公司技术图纸中的技术实质相同的事实。

证据三十一:×市×公证处公证书 2 份([2008]×证字第 006326 号—005975 号),证明我局对顾×移动硬盘的信息文档内容进行证据保全过程事实。

证据三十二：×市×公证处公证书 5 份（［2008］×证字第 007535 -007539 号），证明我局委托科学技术部知识产权事务中心进行司法技术鉴定对所鉴定产品、图纸进行证据保全过程事实。

2009 年 1 月 12 日，我局向顾×、×自控设备公司送达了行政处罚听证通知书。顾×、×自控设备公司在法定期限内向我局提出听证申请。我局受理后于 2009 年 2 月 2 日向顾×、×自控设备公司送达了行政处罚听证通知书，并于 2009 年 2 月 11 日在我局四楼会议室举行了听证会。听证会上，顾×、×自控设备公司进行了陈述、申辩并对我局收集的三十二个证据进行了质证。顾×、×自控设备公司均认为：1. 顾×移动硬盘里 CKD 技术信息电子文档的创始时间是 2002 年，当时顾×本人是上海×科技有限公司的技术人员，不是×电子公司职工，因此该技术信息不是×电子公司所研发，因此本案涉及的商业秘密所有权不属于×电子公司；2. 顾×没有与×电子公司签订保密合同，本案的技术信息没有采取保密措施；3. 本案商业秘密不明确，鉴定结论存在错误；4. 顾×有该技术信息的载体，但没有披露该技术信息，×自控设备公司没有使用该技术信息。

本局认为，当事人申辩的四个理由均不成立，理由如下：

1. 顾×移动硬盘里 CKD 技术信息的电子文档是×电子公司的商业秘密，顾×离开×电子公司后带走了该电子文档，并用于了 AKD 产品的设计生产。电子文档的创始时间只能证明电子文档初始形成的时间，不能否定×电子公司拥有 CKD 技术信息。

2. 保密合同是保密措施的一种形式，并不是唯一形式。《最高人民法院关于审理不正当竞争民事案件应用法律若干问题的解释》第十一条规定：权利人为防止信息泄露所采取的与其商业价值等具体情况相适应的合理保护措施，应当认定为《反不正当竞争法》第十条第三款规定的"保密措施"，×电子公司为了保护自己的商业秘密，先后制定了一系列的保密制度。同时我局在查获的顾×的移动硬盘内发现×电子公司技术部管理规范中有保密要求，顾×本人在询问笔录中也承认知道×电子公司对技术信息采取了保密措施。

3. 科学技术部知识产权事务中心是经最高人民法院审核批准的具有司法鉴定资格的事业单位法人，其作出的司法鉴定意见认定×电子公司 CKD 产品商业秘密点在于技术信息的确切组合，且不为公众所知悉，鉴定结论是真实有效的。

4. 我局在顾×的移动硬盘中下载的 CKD、AKD 产品设计图纸若干及 CKD 产品使用手册、企业标准，证明顾×带走 CKD 产品设计图纸并披露、使用，同时顾×在询问笔录中承认了披露、使用×电子公司 CKD 商业秘密事实。

综上所述，我局认为，CKD 图纸系×电子公司经过多年研制开发出的高科技产品技术，具有实用性，并经×电子公司采取了保密措施，属×电子公司的商业秘密。顾×在×电子公司工作期间因从事产品设计工作掌握 CKD 图纸商业秘密，在离开×电子公司后负有保守该商业秘密的义务。但顾×在设计×自控设备公司的 AKD 产品时，没有遵守×电子公司保密制度要求，披露使用了×电子公司的 CKD 图纸，此行为违反了《中华人民共和国反不正当竞争法》第十条第一款第（三）项"违反约定或者违反权利人有关保守商业秘密的要求，披露、使用或者允许他人使用其所掌握的商业秘密。"和《××省实施〈反不正当竞争法〉办法》第十一条第一款的规定，构成侵犯他人商业秘密的不正当竞争行为；×自控设备公司的法定代表人、股东及主要设计人员，均曾供职于×电子公司，主观上应当知道顾×等人有条件掌握×电子公司的商业秘密，客观上仍然使用顾×披露的×电子公司商业秘密生产 AKD 产品，其行为违反了《中华人民共和国反不正当竞争法》第十条第二款"第三人明知或者应知前款所列违法行为，获取、使用或者披露他人的商业秘密，视为侵犯商业秘密。"和《××省实施〈反不正当竞争法〉办法》第十一条第一款的规定，构成了侵犯他人商业秘密的不正当竞争行为。依据《中华人民共和国反不正当竞争法》第二十五条"违反本法第十条规定侵犯商业秘密的，监督检查部门应当责令停止违法行为，可以根据情节处以一万元以上二十万元以下的罚款。"和《××省实施＜反不正当竞争法＞办法》第二十六

条的规定,经研究决定:

1. 责令顾×停止违法行为,返还商业秘密载体,并处罚款 10000 元。

2. 责令×自控设备公司停止违法行为,并处罚款 60000 元。

当事人应在收到本处罚决定书之日起 15 日内(末日为节假日顺延),到中国农业银×市任一网点缴清上述款项。若使用转账支票、银行本票、银行汇票缴纳罚没款时,必须在转账支票、银行本票、银行汇票"用途"栏填写"缴纳×工商局罚没款"。逾期不缴纳的,将依据《行政处罚法》的有关规定,每日按罚款数额的百分之三加处罚款。

如不服本处罚决定,可在接到本处罚决定书之日起六十日内向×工商行政管理局或×市人民政府申请行政复议,也可以在三个月内向×人民法院提起行政诉讼。

×工商行政管理局

×年×月×日

点评:

一、违法事实表述全面,证据详实。处罚决定书表明办案人员通过现场检查、扣押、公证、鉴定等多种调查取证方式获取了充分确凿的证据,全面地证明了权利人的信息属于商业秘密、当事人使用的信息与权利人的商业秘密具有一致性、当事人具有获取商业秘密的条件、当事人不能提供其所使用的信息是合法获得和使用的证据等关键事实,所有证据构成了完整、排他的证据链。

二、说理针对性强,论据充分。针对当事人的听证意见,结合本案证据与相关法律、司法解释等规定逐一反驳,说服力强;结合个案的具体情况,对本案的法律适用进行了合理的分析,定性准确。

三、不足之处是违法行为的危害后果没有在处罚决定书中予以说明。如对于当事人的行为造成权利人损失数额或者当事人因侵犯商业秘密违法所得数额等危害情节介绍不够,因而本案中当事人行为是否达到刑事案件立案追诉标准尚不明确,自由裁量的理由也阐述不够。

关于对××设备有限公司
侵犯商业秘密案的处罚决定

×工商行政管理局行政处罚决定书

×工商案字[2010]第×号

当事人：××设备有限公司

注册号：略

住所：略

法定代表人：冯×

一般经营项目：节能设备的研发，纺织机械、化工机械、模具制造、销售及技术服务，普通机械及配件的销售

2010年5月25日，我局接到××机械有限公司举报称，当事人生产、销售的污水热能回收系统部件—液位传感器中所用线路板为其公司所有，属于公司商业秘密，当事人侵犯其商业秘密。我局执法人员根据举报对当事人的生产经营场所进行了检查，现场检查发现举报人所述的线路板，当事人涉嫌侵犯商业秘密；同时，我局执法人员检查时还发现，当事人在未取得专利的情况下在其销售的污水热能回收设备上标有"专利产品"字样，涉嫌虚假标示。为进一步查明事实，我局于当天依法进行立案调查。

经查，当事人法定代表人冯×曾任职于××机械有限公司，冯×离开该公司时利用职务之便获取了该公司生产的污水热能回收系统中液位传感器所用的线路板。2010年3月，冯×注册成立了××设备有限公司从事污水热能回收系统的生产与销售，其生产中所用的线路板均为冯×离职时利用

职务便利从××机械有限公司获取的线路板。截至案发,当事人共生产上述产品 11 台、销售 10 台。

另查,当事人在销售过程中,为扩大宣传,吸引客户,在未取得国家专利的情况下擅自在销售的设备上标明"专利产品"字样。截至案发,当事人共销售上述产品 10 套,销售金额为人民币 1135000 元,当事人从中获利 182000元。

以上事实主要证据如下:

证据(一)由权利人提供有关商业秘密受侵犯的举报材料,用于证明权利人的商业秘密以及商业秘密受侵犯的情况;

证据(二)相关人员在××机械有限公司的工资表、社会保障证件、业务员协议、劳动合同、员工保密协议、企业管理制度,用于证明相关人员曾在××机械有限公司任职以及××机械有限公司有关保密制度的情况;

证据(三)有关线路板的照片 18 张,用于证明当事人所用线路板的样式及来源情况;

证据(四)有关当事人销售的污水热能回收设备照片 8 张,用于证明当事人销售设备的表示情况;

证据(五)《现场笔录》1 份,《询问(调查)笔录》14 份,用于证明当事人侵犯商业秘密和虚假表示的事实情况;

证据(六)当事人销售情况表 2 份,销售合同 5 份以及当事人已开具的《××省增值税专用发票》复印件 11 份,用于证明当事人销售及获利情况

证据(七)当事人营业执照复印件及法定代表人身份证复印件各 1 份,用于证明当事人的身份情况。

2010 年 6 月 13 日我局向当事人送达了《听证告知书》,当事人未要求举行听证,也未向我局提出异议。

我局认为,××机械有限公司举报材料中的线路板线路图等证据可以证明本案中所涉及的线路板为××机械有限公司员工冯×自行设计完成,该线路板只有该公司掌握,同时××机械有限公司也并未通过公开的渠道对外提供该线路板及其相关技术,因此该线路板及其相关技术并不能从公

开渠道直接获取,该线路板并不为公众知悉,具有秘密性。同时,本案所涉及的线路板为污水热能回收系统中关键部件——液位传感器中的核心部件,只有通过该线路板才能保证液位传感器的正常运行,因此该线路板具有实用性;根据当事人及××机械有限公司销售污水热能回收系统的情况,可以证明线路板确实也能带来经济效益。另外,根据××机械有限公司的工资表、社会保障证件、业务员协议、劳动合同、员工保密协议、企业管理制度,足以证明当事人法定代表人曾任职于××机械有限公司,并且××机械有限公司对线路板也建立了保密制度,也采取了合理保密措施。综上所述,本案涉及线路板具有秘密性,能带来经济效益,具有实用性,权利人也采取了保密措施,符合《关于侵犯商业秘密行为的若干规定》第二条规定的商业秘密的构成要件。当事人利用其法定代表人冯×利用职务便利获取的×机械有限公司的线路板从事污水热能回收系统的生产与销售,该行为已违反了《中华人民共和国反不正当竞争法》第十条第一款第(二)项"披露、使用或者允许他人使用以前项手段获取的权利人的商业秘密"的规定。

当事人在未取得专利的情况下,擅自在其生产、销售的产品上标注"专利产品"字样,我局认为,当事人这一行为已经违反了《××省实施〈中华人民共和国反不正当竞争法〉办法》第七条第一款第(一)项"在商品上伪造、冒用或者使用无效的认证标志、名优标志等质量标志或者专利标注"的规定,构成了冒用专利标注的行为。

对于当事人侵犯商业秘密的行为,根据《中华人民共和国反不正当竞争法》第二十五条"违反本法第十条规定侵犯商业秘密的,监督检查部门应当责令停止违法行为,可以根据情节处以一万元以上二十万元以下的罚款"的规定,责令停止违法行为,并处罚款150000元,上缴国库。

对于当事人冒用专利标注虚假表示的行为,根据《××省实施〈中华人民共和国反不正当竞争法〉办法》第二十三条"违反本办法第六条、第七条规定的,监督检查部门应当责令更正,消除影响,没收违法所得,收缴从事违法活动的专用工具,并可以根据情节处以违法所得一倍以上五倍以下的罚款;对可能危及人身、财产安全的商品应当予以没收或者销毁"的规定,责令更正,消除影响,鉴于当事人生产经营时间短,不良影响小,案发后能主动消除不良影响,处没收违法所得 182000 元,上缴国库。

两种违法行为合并处理,责令停止违法行为,消除影响,没收违法所得 182000 元,罚款 150000 元。

当事人应在收到本处罚决定书之日起十五日内(末日为节假日顺延)到中国农业银行×市任一网点缴清上述款项。若使用本票、汇票缴纳罚没款时,请到本市农行营业部办理缴付手续。逾期不缴纳的,将依法强制执行,并每日按罚款数额的百分之三加处罚款。

当事人如对本处罚决定不服,可在收到本处罚决定书之日起六十日内向×工商行政管理局或××市××区人民政府申请复议,或在三个月内依法向××市××区人民法院提起诉讼。

×工商行政管理局
×年×月×日

点评:

本案的亮点是办案机关能围绕商业秘密的构成要件不为公众所知悉,价值性,具有实用性,采取保密措施,收集相应证据,进而论证权利人的商业秘密可保护性以及当事人行为的违法性。对当事人虚假表示行为的描述虽然着墨不多,但行为定性分析、处罚定量分析都较充分。

不足之处是对冯×的责任交代不明,本案存在冯×和××设备有限公司分别实施的两个不同违法行为,都应受到处罚,对冯×如何处理应有所交代。

另外,对侵犯商业秘密行为的处罚定量分析不够,没有说明量罚的自由裁量依据和理由。建议结合违法行为的性质、情节、危害等,阐明量罚的依据,这样有利于当事人心悦诚服地接受处理决定。

关于对×××模具科技有限
公司侵犯商业秘密案的处罚决定

×工商行政管理局行政处罚决定书

×工商案字［2008］第×号

当事人：周×，男，46岁，汉族，高中文化程度，原××县模具厂营销人员，现在×××模具科技有限公司从事营销工作，现住址为××县城×小区

当事人：×××模具科技有限公司，法定代表人：郜×，注册号：略，住所为×工业园区1号，注册资本：略，成立日期为2007年5月21日，经营范围：模具、金属制品、石英制品、石墨制品制造、销售；经营货物进出口业务（国家法律、法规禁止或限制的除外）。

2007年8月1日，上述两当事人涉嫌侵犯他人商业秘密的不正当竞争行为，因××县模具厂的申请案发，我局依法立案进行调查。

现查明：××县模具厂是一家生产硅行业上所用的"游星轮"的厂家。2002年3月，当事人周×到××县模具厂工作，从事该厂的原材料采购、市场营销等业务，并逐渐全面掌握了××县模具厂的客户资料等经营信息类商业秘密。

2007年3月31日，当事人周×向××县模具厂负责人胡×提出要求，要离开××县模具厂。××县模具厂为使其掌握的"游星轮"经营信息类的商业秘密不被泄露，于2007年4月30日与当事人周×签订了一份《补助合约》，合约中规定："周×提出决定离开厂，胡×同意付周×壹佰万元的补助金，付款方式：2007年4月30日付15万元，2008年4月30日付10万元，

2009 年 4 月 30 日付 20 万元,2010 年 4 月 30 日付 25 万元,2011 年 4 月 30 日付 30 万元。周×离开厂后(2007 年 4 月 30 日),不得生产经营××县模具厂的同类产品,违约退回全部补助金,并承担经济损失。本合约一式二份,双方签字生效"。在合约签订后,××县模具厂支付给当事人周×首期补助金人民币壹拾伍万元整。当事人周×于 2007 年 4 月 30 日正式离开××县模具厂并擅自带走××县模具厂的 2002——2004 年载有客户名单的相关资料原件和手提电脑一台。

2007 年 5 月 20 日,当事人周×到另一当事人×××模具科技有限公司工作,并在该公司从事"游星轮"的营销工作。当事人×××模具科技有限公司于 2007 年 6 月份正式生产,并通过当事人周×将产品销往××县模具厂的原客户×新华光信息材料股份有限公司、×新文华光电有限公司、×顺意半导体材料有限公司、×光学科技有限公司等多家原开化县模具厂的客户。截止 2007 年 8 月底止,当事人×××模具科技有限公司通过当事人周×共销售了价值为 124268.38 元整的"游星轮"。

2007 年 8 月 16 日,×县公安局执法人员在周×的包内搜查出××县模具厂 2002 – 2004 年的载有客户名单的相关资料原件。

上述事实主要有以下证据予以证明:

1. 2007 年 8 月 1 日由××县模具厂向我局提交的投诉书一份 4 页;2007 年 8 月 8 日我局对申请人××县模具厂负责人胡×的询问笔录一份 11 页,证明申请人××县模具厂向我局投诉当事人周×侵犯其商业秘密的事实;

2. 2007 年 8 月 15 日从我局准入系统中提取的企业登记卡片二份,证明申请人××县模具厂和当事人×××模具科技有限公司的身份状况;

3. 2007 年 8 月 22 日由我局向当事人周×提取的身份证复印件一份 1 页,证明当事人周×的身份状况;

4. 2007 年 8 月 9 日、10 日,我局行政执法人员对××县模具厂的职工徐×、张×、王×的询问笔录三份共 28 页,证明××县模具厂对相关人员提出保密要求及××县模具厂负责人胡×在职工大会上明确向员工提出保密要求的事实；

5.2007年8月8日由×××模具厂负责人胡×向我局提供的《补助合约》复印件一份1页、周×签收的收条复印件一份1页，证明××县模具厂与周×签订了《补助合约》，周×收到××县模具厂现金15万元，××县模具厂对"游星轮"的商业秘密采取了保密措施的事实；

6.2007年8月16日×县公安局对周×的住处及办公场所的搜查笔录复印件一份2页、×县公安局扣押物品、文件清单复印件一份1页、××县模具厂的销售记录复印件一份235页，证明当事人周×将××县模具厂的2002——2004年载有客户相关信息的资料原件带走的事实；

7.2007年9月18日由当事人×××模具科技有限公司提供的《×科技工资计算表(正式工)》两份2张，证明当事人周×以正式工的身份从当事人×××模具科技有限公司领取了2007年6.7两个月工资的事实；

8.2007年8月21日我局对当事人×××模具科技有限公司的法定代表人郜×所做的询问笔录一份5页，证明当事人周×在当事人×××模具科技有限公司工作，从事"游星轮"的销售工作的事实；

9.2007年8月22日、9月14日我局行政执法人员对当事人周×的询问笔录二份共14页，证明当事人周×于2002年3月份到××县模具厂工作，并于2007年4月30日离开开化县模具厂，在此期间，其在××县模具厂从事原材料采购、市场营销工作，并全面掌握了××县模具厂的客户名单等经营信息。在2007年4月30日，其与××县模具厂签订了一份《补助合约》，并收取了现金15万元。此后，其离开××县模具厂并带走××县模具厂2002——2004年的载有其客户名单相关资料的原件。当事人周×于2007年5月20日到当事人×××模具科技有限公司工作，并在该公司从事"游星轮"的营销工作，并由其向××县模具厂的原客户×新华光信息材料股份有限公司、×新文华光电有限公司等多家单位销售"游星轮"的事实；

10.2007年8月1日由×县公安局行政执法人员对×村张×所做的询问笔录一份4页、2007年9月13日我局行政执法人员对×电子股份有限公司生产部长章×所做的询问笔录一份4页，证明当事人周×自2007年5月以后向张×和×电子股份有限公司推销过"游星轮"的事实；

11. 2007年8月22日我局对当事人×××模具科技有限公司位于×县城关镇石景岭的生产车间进行现场检查的笔录一份4页以及现场照片101页，证明当事人×××模具科技有限公司生产"游星轮"的事实；

12. 2007年9月18日我局对当事人×××模具科技有限公司的财会计凭证进行现场检查的笔录一份2页、由当事人×××模具科技有限公司提供的《华盛模具2007年度8月底之前销售开票查询情况表》一份1页以及××省增值税专用发票记账联复印件35页，证明当事人×××模具科技有限公司通过当事人周×向××县模具厂的原客户销售了价值124268.38元整的"游星轮"的事实；

13. 2007年8月16日、9月6日我局行政执法人员对当事人×××模具科技有限公司职工易×的询问笔录二份共15页，证明当事人×××模具科技有限公司生产"游星轮"和应当知道当事人周×掌握××县模具厂的经营信息类商业秘密的事实；

14. 2007年9月19日、10月26日，我局行政执法人员两次对××县模具厂的会计凭证进行现场检查的笔录两份2页及相关会计凭证共162页，表明××县模具厂相关客户的"游星轮"平均月销量在2006年1月至2007年4月为65388元，在2007年5月至9月为54057元，证明××县模具厂向这些客户销售"游星轮"的数量下降。

我局于2008年4月9日依法向两当事人送达了×工商案字〔2008〕第×号《听证告知书》，两当事人放弃听证权并于2008年6月16日提出陈述、申辩理由，要求在上述《听证告知书》所载明的处罚数额上减轻处罚，我局听取了两当事人的陈述、申辩意见。

根据上述查证的事实，我局认为：

一、××县模具厂的"游星轮"经营信息属于××县模具厂的商业秘密。

《中华人民共和国反不正当竞争法》第十条中规定："商业秘密是指不为公众所知悉、能为权利人带来经济利益、具有实用性并经权利人采取保密措施的技术信息和经营信息。"因此，商业秘密具有以下四个缺一不可的构成要件:1. 秘密性;2. 保密性;3.、实用性;4. 经济性。

　　××县模具厂的2002——2004年载有客户相关信息的资料原件等经营信息是×××模具厂多年经营所获得的宝贵资源。国家工商总局在《关于禁止侵犯商业秘密行为的若干规定》中认为,经营信息包括:"管理诀窍、客户名单、货源情报、产销策略、招投标中的标底及标书内容等信息。"经营信息同技术信息一样也是一个企业生存发展的重要战略资源。对于本案中所涉及的"游星轮"行业,由于产品的特殊性和客户资源的稀缺性,更增添了发展"游星轮"客户的难度。××县模具厂从研发"游星轮"伊始就开始注重积累客户资源,当事人周×在××县模具厂工作期间主要负责产品的销售工作,其利用职务优势及××县模具厂的平台积极开拓市场,逐步为××县模具厂建立起稳定的客户资源信息,这些信息包括:客户名单、联系方式、银行账号、产品需求、交易规模、交易习惯、交易价格等等。这些客户资源均是其他游星轮生产企业所迫切需要的经营信息,得到这些信息可以顺利地打开市场,取得竞争优势地位。如通过正常途径取得这些客户信息,需要花费大量人力、物力以及长期的持续积累和巩固。因此,这些经营信息都属于××县模具厂的无形资产,是该厂长期经营所获得的宝贵资源。

　　××县模具厂对上述经营信息采取了保密措施。我局认为,构成商业秘密的经营信息首先应当对其采取保密措施,这些保密措施包括权利人主观上的保密意识及客观上的保密行为。保密行为有多种形式,可以是:1. 限定涉密信息的知悉范围,只对必须知悉的相关人员告知其内容;2. 对于涉密信息载体采取加锁等防范措施;3. 在涉密信息的载体上标有保密标志;4. 对于涉密信息采用密码或者代码等;5. 签订保密协议或制订保密规定;6. 对于涉密的机器、厂房、车间等场所限制来访者;7. 对相关人员提出保密要求;8. 确保信息秘密的其他合理措施。所以,采取保密措施并不仅限于其中的某一种,企业通过各种形式的文件及物理措施防止商业秘密的泄漏都可以认定为采取了保密措施。本案中,××县模具厂对上述经营信息所采取的保密措施主要有以下两种:1. ××县模具厂在各种会议上对相关人员提出了保密要求。2. 与相关人员签订保密协议。2007年4月30日,当事人周×离开模具厂,胡×为防止当事人周×到同类型企业工作而泄漏××县模具厂的商业秘密,便与当事人周×签订了一份《补助合约》,该合约明确当事人周×离职后不得从事同类型产品的生产经营,作为对价,××县模具厂分期支付周×人民币一百万元。该合约一方面限制了当事人周×的同业竞争行为,一方面也向其提出了保密要求。而从根本上说,限制同业竞争也是企业防止其商业秘密泄漏的一种保密措施。所以,××县模具厂为保护自己的经营信息不被泄漏,从负责人到职工都采取了相应的保密措施,即主观上具有保密意识,客观上也实施了保密行为。

所以,××县模具厂的"游星轮"经营信息属于×××模具厂的商业秘密。

二、本案中当事人周×、×××模具科技有限公司侵犯了××县模具厂的商业秘密,构成不正当竞争行为。根据《中华人民共和国反不正当竞争法》第十条的规定,下列行为属于侵犯他人商业秘密的不正当竞争行为:

(一)以盗窃、利诱、胁迫或其它不正当手段获取的权利人的商业秘密;

(二)披露、使用或者允许他人使用以前项手段获取的权利人的商业秘密;

(三)违反约定或者违反权利人保守商业秘密的要求,披露、使用或者允许他人使用其所掌握的权利人和商业秘密。

第三人明知或者应知前款所列违法行为,获取、使用或者披露他人的商业秘密,视为侵犯商业秘密。

以上行为只要满足一个,即构成侵犯商业秘密。

本案中,当事人周×、×××模具科技有限公司的行为均构成侵犯商业秘密的不正当竞争行为,其理由如下:

1. 当事人周×于 2007 年 5 月 20 日后进入×××模具科技有限公司从事该公司生产的"游星轮"的销售工作,为×××模具科技有限公司职工。

2. 当事人×××模具科技有限公司生产的产品与×××模具厂生产的产品类型一致。2007 年 8 月 22 日,我局对当事人×××模具科技有限公司进行现场检查时发现其厂生产车间存放着大量生产"游星轮"产品的原材料、机器设备、加工后的"游星轮"半成品和成品以及"游星轮"产品包装物。当事人×××模具科技有限公司的法定代表人部×及周×、易×在询问笔录中均承认×××模具科技有限公司主要业务是生产、销售"游星轮"。这与××模具厂生产经营的产品类型完全一致。

3. 2007年8月16日我局行政执法人员对易×的询问笔录中证实2007年5月中旬，在当事人×××模具科技有限公司法定代表人部×在场的情况下，当事人周×提出其与××县模具厂曾有协议，不从事同类产品生产，所以只能拿工资，不能占股份的情况，证明当事人×××模具科技有限公司应当知道当事人周×所掌握的××县模具厂的经营信息属商业秘密的事实。

4. 当事人周×、×××模具科技有限公司侵犯了××县模具厂的经营信息类商业秘密。该经营信息主要是当事人周×擅自从××县模具厂带走的客户资料。当事人周×作为××县模具厂的负责销售的主要人员，其在工作过程中积累的客户资源应当无条件属于××县模具厂所有。但其离开××县模具厂后，违反其与××县模具厂签订的合约条款，进入当事人×××模具科技有限公司工作，并利用其知晓的相关客户信息从事游星轮的销售工作。2007年8月16日，×县公安局经侦大队在周×的包内搜查出《×××模具厂发货明细账》18册及8张发票清单证明当事人周×擅自带走了××县模具厂的相关客户名单资料。2007年8月11日，×县公安局行政执法人员对张×的询问笔录、我局行政执法人员于2007年9月14日对当事人周×的询问笔录以及对章×的询问笔录中都证实：当事人周×曾作为当事人×××模具科技有限公司的销售人员向××县模具厂的原客户推销过游星轮产品。故我局认为，当事人周×不但带走了相关客户名单资料，还利用这些客户名单资料为当事人×××模具科技有限公司销售"游星轮"产品；而当事人×省模具科技有限公司作为第三人，应知当事人周×违反约定披露其所掌握的商业秘密，仍然使用××县模具厂的经营信息类商业秘密，并直接受益。

所以，当事人周×、×××模具科技有限公司侵犯了××县模具厂的经营信息类商业秘密，构成不正当竞争行为。

三、本案两当事人的行为给××县模具厂造成损失。

由于本案两当事人的违法行为,××县模具厂的"游星轮"经营受到较大影响,客户流失,销量下滑。××县模具厂相关客户的2007年5月至9月的"游星轮"平均月销量比2006年1月至2007年4月的平均月销量下降了一万余元。

综上所述,我局认为,××县模具厂的"游星轮"客户信息为××县模具厂的经营信息类商业秘密,依法应当受到保护。当事人周×违反约定,披露、使用其所掌握的××县模具厂的经营信息类商业秘密,并为当事人×××模具科技有限公司向××县模具厂原客户推销"游星轮"产品,属《中华人民共和国反不正当竞争法》第十条第一款第(三)项所指的"违反约定或者违反权利人有关保守商业秘密的要求,披露、使用或者允许他人使用其所掌握的商业秘密"的行为,而当事人×××模具科技有限公司应知当事人周×的上述行为而擅自获取、使用当事人周×所掌握的商业秘密,属《中华人民共和国反不正当竞争法》第十条第二款所指的"第三人明知或者应知前款所列违法行为,获取、使用或者披露他人的商业秘密,视为侵犯商业秘密"的行为。因此,我局认为,当事人周×、×××模具科技有限公司的上述行为均构成了《中华人民共和国反不正当竞争法》第十条所指的"侵犯商业秘密"的行为。

对于侵犯商业秘密的不正当竞争行为,根据《中华人民共和国反不正当竞争法》第二十五条"违反本法第十条规定侵犯商业秘密的,监督检查部门应当责令停止违法行为,可以根据情节处以一万元以上二十万元以下的罚款。"的规定,监督检查部门应当责令停止违法行为,可以根据情节处以一万元以上二十万元以下的罚款。

根据《中华人民共和国反不正当竞争法》第二十五条"违反本法第十条规定侵犯商业秘密的,监督检查部门应当责令停止违法行为,可以根据情节处以一万元以上二十万元以下的罚款。"的规定,经我局研究决定,给予两当事人以下行政处罚:

(一)责令两当事人停止违法行为;

（二）给予当事人周×罚款贰万元整的行政处罚；

（三）给予当事人×××模具科技有限公司罚款贰万元整的行政处罚。

当事人应自接到本处罚决定书之日起十五日内，到我局×工商所办理罚没款解缴手续，并到××县××信用社（×县非税收入财政专户：略）缴纳罚没款。到期不缴的，依据《中华人民共和国行政处罚法》第五十一条第（一）项的规定，每日按罚款数额的百分之三加处罚款，并申请人民法院强制执行。

如不服本处罚决定，可在收到本处罚决定书之日起六十日内向××市工商行政管理局或××县人民政府申请行政复议；也可在收到本处罚决定书之日起三个月内直接向××县人民法院提起诉讼。

当事人对行政处罚决定不服申请行政复议或者提起行政诉讼的，行政处罚不停止执行。

×**工商行政管理局**
×年×月×日

点评：

本文书最突出的亮点是对证据的列举比较充分，这样既使得案情显得清晰明了，又充足了证据支撑，增强了案件的说服力和透明度。同时，按照商业秘密的构成要件，对权利人的客户名单是否属于商业秘密做了很有说服力的论证，尤其是结合权利人所在行业及其客户名单的特点，详细论证了权利人客户名单的秘密性，也是本案的闪光点所在。

不足之处是没有对量罚的自由裁量的依据和理由做出说明。另外，论述两当事人行为的违法性质时，分别论述也许更好，虽然二者有密切联系，但毕竟是两个当事人的两种违法行为。

关于对胡×侵犯商业秘密案的处罚决定

×工商行政管理局行政处罚决定书

×工商案字[2008]第×号

当事人:胡×,性别:男,年龄:27岁,身份证号码:略,民族:汉族,文化程度:大学,住址:略。

经查明:当事人2005年7月18日大学毕业后进入××家纺服饰有限公司(以下简称"×家纺公司"),后即担任外贸部经理至案发,任职期间从事×家纺公司的外贸业务,在工作中建立了一批外商客户群。2007年7、8月份间,西班牙MAYASTAR客户要求×家纺公司做一批绒布产品,×家纺公司三次改变报价,致使这笔业务无法成交,但当事人撇开×家纺公司,利用其掌握的属于×家纺公司的客户信息资料和"MC、GC"为字头编号的绣花布花样等商业秘密,于2007年10月份起,通过××进出口有限公司,与×家纺公司的西班牙MAYASTAR、波兰MAREK、哥斯达黎加CAYESA等三家外商客户进行绣花布、提花布和绒布等的外贸业务活动,至案发,当事人已接受上述三家外商客户11只订单,其中8只订单已经交货,交货出关数量153147.4米,实际出关金额为167363.03美元加171530.75欧元,另3只订单正在委托某县×针纺有限公司A纺织有限公司、B纺织有限公司采购及加工之中,该3只订单合同数量计28200米,合同金额合计为95492欧元加24276.70美元。

"西班牙MAYASTAR"、"波兰MAREK"、"哥斯达黎加CAYESA"三个外商系×家纺公司在国外建立的客户关系,在一定范围内属于×家纺公司独有的客户信息资源,以"MC、GC"为字头编号的绣花布花样也系×家纺公司原创独有,不能从公开渠道直接获取,这些客户信息资源和绣花布花样之前曾经为×家纺公司带来经济利益。对于上述客户信息与技术信息,×家纺公司都采取了保密措施,与包括当事人在内的外贸部人员等订立的劳动合同中约定了保密条款,支付了保密费,当事人每月领取300元的保密费,×家纺公司的其他相关管理制度如计算机操作和使用等制度也规定了关于商业秘密的保密措施。

以上事实由以下证据材料所证实:

证据一:×家纺公司营业执照复印件1份及其提供的举报材料40页,证明举报人身份及案发线索及过程。

证据二:胡×身份证复印件1份,证明当事人身份。

证据三:胡×询问笔录2份共11页,证明当事人无照经营及侵犯×家纺公司商业秘密的事实。

证据四:涂×身份证复印件1份及询问笔录1份4页,证明涂×身份及当事人私自接单的动机过程、×家纺公司对外贸业务员要求保守公司客户群和产品等商业秘密的事实。

证据五:俞×驾驶证复印件1份证明俞×身份,调查笔录2份5页,证明×家纺公司对客户和花样设计作为商业秘密的保密措施。

证据六:杨×的身份证复印件1份证明杨×的身份,调查笔录1份3页,证明×家纺公司的花样及客户信息是商业秘密。

证据七:×进出口有限公司营业执照复印件1份,证明该公司主体资格;龚×身份证复印件1份证明其身份,对龚×授权委托书1份,证明龚×提供证据的效力,对龚×调查笔录1份4页,证明当事人通过×公司与西班牙MAYASTAR客户、波兰MAREK、哥斯达黎加CAYESA等三家客户的外贸业务情况及侵犯商业秘密的事实。

证据八:田×身份证复印件1份证明其身份,对田×调查笔录1份3页,证明×家纺公司的客户信息资料、花样是商业秘密。

证据九:殷×身份证复印件1份证明其身份,对殷×调查笔录1份3页,证明×家纺公司的客户信息资料、花样是商业秘密。

证据十:胡×身份证复印件1份证明其身份,对胡×调查笔录1份3页,证明×家纺公司的客户信息资料、花样是商业秘密。

证据十一：蓝×身份证复印件1份证明其身份，对蓝×调查笔录1份3页，证明×家纺公司的客户信息资料、花样是商业秘密。

证据十二：当事人胡×与×家纺公司的劳动合同1份、田×、殷×、胡×、蓝×分别与×家纺公司的劳动合同，证明×家纺公司的客户信息资料、花样是商业秘密。

证据十三：×家纺公司"外贸部"（工作职责）、"外销人员政策""销售人员考核政策""会议记录""通知""计算机使用与管理"复印件各1份共10页，证明×家纺公司对商业秘密采取保密措施的事实。

证据十四：×家纺公司分别与西班牙MAYASTAR客户、波兰MAREK、哥斯达黎加CAYESA等三家客户的外贸业务资料，证明该三家外商客户是×家纺公司的客户。

证据十五：×家纺公司提供的当事人擅自使用的货号"MC、GC"开头的24只绣花布花样设计图及说明共24页，证明当事人使用的绣花布花样属×家纺公司所有。

证据十六：某县×针纺有限公司营业执照复印件1份，证明其主体资格；某县×针纺有限公司出具的证明1份，证明当事人组织采购的事实。

证据十七：A纺织有限公司营业执照复印件1份，证明其主体资格；×纺织有限公司出具的证明1份及该公司提供的电汇凭证复印件1份，证明当事人组织采购的事实。

证据十八：B纺织有限公司营业执照复印件1份，证明其主体资格；×县×纺织有限公司出具的证明1份，证明当事人组织采购的事实。

证据十九：当事人与西班牙MAYASTAR客户、波兰MAREK、哥斯达黎加CAYESA等三家客户的外贸业务通过×公司出口的情况汇总表1份，证明当事人与上述三家外商客户进行贸易的事实。

证据二十：当事人通过×公司与西班牙MAYASTAR客户、波兰MAREK、哥斯达黎加CAYESA订立的"销售合同""出口箱单""商业发票"的证据一组共51页，证明当事人使用×家纺公司客户信息资料、绣花布花样等商业秘密的事实。

　　本局于 2008 年 9 月 24 日依法向当事人送达行政处罚听证告知书,当事人于同年 9 月 25 日向本局提出听证要求,本局于 2008 年 10 月 16 日依法组织了听证。听证时当事人提出两个异议:一是虽然对其违法事实的认定基本无异议,但也提供一份西班牙 MAYASTAR 客户发给当事人的邮件的打印件,认为该客户直接在与当事人联系,证明客户资料并非×家纺公司独有的商业秘密。二是认为本局拟对其处以人民币壹拾万元的罚款过重,应当从轻处罚,理由如下:1. 当事人出生于贫困家庭,父亲早已去世,靠勤工俭学念完大学,家中尚有母亲一人,家庭经济十分困难;2. 当事人经济现状极困难,目前已处于失业状态,由于客户拒绝付款,加上欧元、美元贬值,所操作单子已经巨额亏损,并且至今欠供应商几十万元,同时为了赔偿原公司,当事人已经抵押房产、到处举债,生活状况已经十分困难,根本无法支付如此巨额处罚;3. 当事人不存在侵犯他人商业秘密的主观恶意,当事人仅是利用业余时间为其他客户寻找业务,不存在主观上故意侵犯×家纺公司的商业秘密的恶意;4. 当事人能积极消除违法后果,事情发生后,当事人积极配合相关部门和原来公司的工作,主动认识错误,交代事情过程,态度诚恳,并对×家纺公司进行了赔偿,达成了和解协议。

　　经过听证,本局认为:《关于禁止侵犯商业秘密行为若干规定》第二条规定:"本规定所称商业秘密,是指不为公众所知悉、能为权利人带来经济利益、具有实用性并经权利人采取保密措施的技术信息和经营信息"。×家纺公司对于其建立的三个国外客户关系及其业务信息和其独创的花样研发资料采取了保密措施,这些信息都不能从国内市场公开渠道获取,当事人在听证时提供的客户邮件并不能证明×家纺公司之前当事人与客户之间建立了客户关系,这些经营信息应当属于×家纺公司的商业秘密。当事人作为×家纺公司外贸主管,与公司订立了保密条款,负有保密责任,但其明知这些信息属于公司商业秘密,仍然利用其有利地位和所掌握的信息,单独与×家纺公司的保密客户进行外贸业务的经营活动,使用上述信息资源,其行为违反了《中华人民共和国反不正当竞争法》第十条第一款第(三)项"经营者不得采用下列手段侵犯商业秘密:…(三)违反约定或者违反权利人有关保守商业秘密的要求,披露、使用或者允许他人使用其所掌握的商业秘密"之规定,也违反了国家工商行政管理局《关于禁止侵犯商业秘密行为若干规定》第三条第一款第(四)项"禁止下列侵犯商业秘密行为:…(四)权利人的职工违反合同约定或者违反权利人保守商业秘密的要求,披露、使用或者允许他人使用其所掌握的权利人的商业秘密"之规定,根据国家工商行政管理局《关于禁止侵犯商业秘密行为若干规定》第七条第一款"违反本规定第三条的,由工商行政管理机关依照《反不正当竞争法》第二十五条的规定,责令停止违法行为,并可以根据情节处以一万元以上二十万元以下的罚款",以及《中华人民共和国反不正当竞争法》第二十五条"违反本法第十条规定侵犯商业秘密的,监督检查部门应当责令停止违法行为,可以根据情节处以一万元以上二十万元以下的罚款"的规定,对当事人的行为本局可处以壹万元以上贰拾万元以下罚款,鉴于当事人主观上存在故意性、客观上造成了×家纺公司业务损失,在量罚时应予以从重,本局在裁量罚款时已经考虑了当事人配合调查且与×家纺公司达成民事和解的情况,而且当事人在听证时提出的理由也不符合《中华人民共和国行政处罚法》第二十七条规定的从轻或减轻处罚理由,因此,经研究,决定对当事人处罚款人民币拾万元整。

当事人应当自接到本处罚决定书之日起十五日内,到××县农村合作银行×支行(缴款户名:××县罚没款收入财政专户,账号:略;地址:略)缴纳罚款。到期不缴纳的,依据《中华人民共和国处罚法》第五十一条第(一)项"……到期不缴纳罚款的,每日按罚款数额的百分之三加处罚款……"的规定,每日按罚款数额的百分之三加处罚款。

当事人如不服本行政处罚决定,可在接到本处罚决定书之日起六十日内向××县人民政府或××市工商行政管理局申请复议;也可以在三个月内直接向×县人民法院起诉。

当事人对本行政处罚决定不服申请行政复议或者提起行政诉讼的,行政处罚决定不停止执行。

×工商行政管理局
×年×月×日

点评：

　　该处罚决定书事实叙述比较详尽，充分说明了本案事实清楚，证据充分；事实叙述思路清晰、逻辑性较强，能够围绕侵犯商业秘密的构成要件一一叙述。

　　不足之处在于，事实叙述部分的"原创独有"和"带来经济利益"过于原则、简单，没有将怎样"原创独有"和如何"带来经济利益"用事实说清楚。法律说理部分说理不多，法律条文罗列不少，显得拖沓冗长。无照经营的违法行为没有定性，但证据三却予以罗列。

关于对××有限公司侵犯
商业秘密案的处罚决定

×工商行政管理局行政处罚决定书

×工商处字[2009]第×号

当事人:××有限公司

注册号:略

住所:略

法定代表人:鲁×

公司类型:有限责任公司

经营范围:节能光电电子产品的研发;LED节能灯的生产;照明器材、五金交电、家用电器及其它商业批发、零售(不含许可经营)

2009年5月5日,我局接到×市A光电科技有限公司(以下称A公司或权利人)的举报,称自然人胡×(原权利人电子工程师)和××有限公司(以下称×公司或当事人)侵犯权利人的商业秘密,请求我局进行调查处理。根据权利人提供的证据,经局长批准,于2009年5月5日对×公司立案调查。在调查中发现,胡×涉嫌盗窃权利人的商业秘密,×公司涉嫌有使用权利人的商业秘密及实施虚假宣传的违法行为。经市局领导批准,对胡×(已另案处理)和×公司进行分案处理。

经查实,权利人成立于2007年1月19日,公司经营范围:电子元器件、照明器材的研发、生产、销售;电子产品、机械设备、电气设备、仪器仪表的批发、零售。权利人是一家专业从事大功率LED光电产品研发、生产及销售的企业,其商业秘密内容包括但不仅限于:LED 汽车灯光源支架图纸、各种 LED 汽车灯配件(机加工件)图纸、矿灯系列产品技术图纸(含各种型号矿灯原理图、电路平面图和 PCB 电路图)、游艇灯(水底灯)技术图纸、《ZY 跳变驱动板元器件 BOM 表》(即元器件配置材料清单)、《产品命名》规则和专利权人潘殿波申请透镜(LED 发光装置)实用新型专利和发明创造专利技术资料等技术信息和机加工件的特约供应商、《新开发客户名单跟进表》、《产品报价单》及 A 公司与相关客户就矿灯充电技术改正意见的往来文件资料、A 公司所属业务员新开发和经归类整理的客户名单资料等经营信息。上述信息在盗窃前均以文档形式存放于权利人的电脑中,是权利人经过资金投入和研发而成,其产品获多项外观设计专利,实用新型专利和发明创造专利申请已被我国专利局受理并通过实质性审查,目前处于公告期,LED 灯发光装置的实用新型专利已获日本国专利证,说明权利人的上述技术信息具有区别于其他同类产品技术信息的独特性、新颖性和实用性,并拥有合法所有权。我局经过多方调查证实:1. 权利人所拥有的技术信息和经营信息,除开因矿灯终端用户报主管部门备案和 LED 汽车灯配件的委托加工需要而提供过部分技术图纸外(部分客户与权利人签订了保密协议),其余技术信息和经营信息未曾对外公开披露过。上述全部信息包括客户掌握的部分技术信息,权利人及其关联客户,从未在互联网、报纸等公众媒体上以任何形式发表、披露过,特别是权利人已研发成功还未应用投产的 LED 汽车灯的发光装置(透镜)的技术资料(实用新型和发明专利申请已被受理并进入公告期),连权利人的高层管理人员也难以接触,加上权利人采取了一系列保密措施,一般公众不能从公开渠道获得。因此,我局认定权利人所拥有的上述技术信息和经营信息,属于不为公众所知悉的信息;2. 权利人是一家专业从事大功率 LED 光电产品的研发、生产及销售的企业,其利用上述技术信息和经营信息研发生产出的 LED 光电系列产品,不仅有良好耐用的发光功能,且有节能功效,已得到广大用户和市场的认可,且已取得一系列专利权,其中,矿灯产品已成为乌克兰矿业开采的中标产品,其技术信息的实用性已是同行业公知的事实。据查实权利人的财务资料(资产负债表),权利人利用上述技术信息和经营信息分别带来：2007 年度主营业务收入人民币 210 万元，2008 年度主营业务收入人民币 396 万元，2009 年第一季度主营业务收入人民币 93 万元。据此，我局认定权利人所拥有的上述技术信息和经营信息，能为权利人带来经济利益、具有实用性；3. 权利人对其所拥有的技术信息和经营信息采取了一系列保密措施：权利人与入职公司的职员均签订《劳动合同书》，除在车间从事装配的普通员工外，与负责生产、销售、行政、技术、财务的人员均签订《保密协议》，A 公司于 2008 年 6 月 27 日与胡×签订了保密协议，在该保密协议中，明确规定了保密的内容与范围，把产品设计图纸、工艺、样品、样机、客户资料等列为 A 公司的商业秘密。在该保密协议第二条规定，"保密期限为乙方在甲方工作期间以及离开甲方之日起两年"；第三条第 2 项规定，"非经甲方书面同意，不得利用甲方的商业秘密进行生产、经营和兼职活动，不得利用甲方的商业秘密组建新的企业与甲方竞争"；第三条第 5 项规定，"乙方离职时，应当办理工作交接手续和离职手续，将所持有的商业秘密如数归还甲方"等竞业限制和商业秘密保密的具体条款；在该保密协议第四条规定了违反协议的违约责任。在 A 公司的生产场所贴有"生产车间，谢绝参观"的警告语。此外，权利人在 2008 年 1 月 19 日第二次修订并于 2008 年 2 月 1 日生效了《A 公司管理制度》，在该制度的第十章保密的第一条、第二条、第四条、第七条、第八条分别列明，"员工所掌握的有关公司的信息、资料和成果，应对上级领导全部公开，但不得向其他任何或个人公开或透露"、"员工不得透露业务或职务上的机密，除上级领导许可，不得对外发表"、"非经发放部门或文件管理部门允许，员工不得私自复印和拷贝有关文件"、"泄露公司商业秘密给他人，给公司造成损失，情节严重的要追究法律责任并赔偿相应经济损失"、"对保密条例的违反，公司将予以开除"等具体保护商业秘密的内容条款。上述保密约定和公司制度内容要求，我局经过调查，大部分员工均知悉并严格执行，因此，我局认定：权利人对其所拥有的上述技术信息和经营信息，已经采取了合理的保密措施。胡×对权利人的商业秘密负有保密义务。

综上所述，权利人对其所拥有的上述技术信息和经营信息，属于《中华人民共和国反不正当竞争法》第十条第三款,即"本条所称的商业秘密,是指不为公众所知悉、能为权利人带来经济利益、具有实用性并经权利人采取保密措施的技术信息和经营信息。"规定所指的商业秘密。

另查明,当事人××有限公司于2009年4月22日由自然人鲁×与胡×各出资10万元注册登记成立。公司的经营范围是节能光电电子产品的研发;LED节能灯的生产;照明器材、五金交电、家用电器及其它商业批发、零售(不含许可经营)。当事人股东胡×于2008年4月21日入职A公司试用,同年6月份正式转正,于2008年6月27日与A公司签订《保密协议》。胡×在A公司任职期间,担任A公司技术部的电子工程师,负责A公司矿灯电路管理板的研发、设计,并负责保管A公司的技术资料,具备盗窃、复制权利人商业秘密的机会和条件。胡×在A公司任职期间,在明知权利人对其合法拥有的商业秘密已采取合理的保密措施及其本人负有保密义务的情况下,为了今后创建同类企业,生产同类产品,违反其与权利人的保密约定和公司保密要求,利用保管、接触、使用权利人商业秘密的职务便利,在未经A公司同意的情况下,采用移动U盘暗中复制、拷贝、备份等不正当手段,盗窃了属于权利人所有,以文档形式储存于权利人电脑中的LED汽车灯光源支架图纸、各种LED汽车灯配件(机加工件)图纸、矿灯系列产品技术图纸(含各种型号矿灯原理图、电路平面图和PCB电路图)、游艇灯(水底灯)技术图纸、《ZY跳变驱动板元器件BOM表》(即元器件配置材料清单)、《产品命名》规则和专利权人潘殿波申请透镜(LED发光装置)实用新型专利和发明创造专利技术资料等技术信息和机加工件的特约供应商、《新开发客户名单跟进表》、《产品报价单》及A公司与相关客户就矿灯充电技术改正意见的往来文件资料、A公司所属业务员新开发和经归类整理的客户名单200多户资料等经营信息。客户名单上的客户由名称、地址、联系方式以及跟踪时间、意向等内容构成。《产品报价》涉及产品需求及价格信息。矿灯充电技术改正意见的往来文件涉及产品技术改正、改良的技术信息。胡×盗窃上述资料后,于2009年3月15日从A公司主动离职,于2009年4月22日与自然人鲁×共同出资成立了××有限公司,并将盗窃来的上述技术资料和经营信息资料存放于新成立公司的电脑中，同时动员权利人的员工李×、毛×、周×辞职后到其公司任技术员。至案发当日止，储存于××有限公司由胡×使用的电脑中的上述技术信息和经营信息，大部分仍标明 A 公司名称、权利人的技术员姓名、形成时间（胡×在权利人处任职时间）等信息内容，资料的版面设计、内容布局与权利人的相同，胡×对上述资料来源于权利人的事实供认不讳。

××有限公司设立前后，胡×开始为其公司的生产、经营而使用了上述盗窃而来的技术信息和经营信息，到案发时止，胡×及×公司员工使用了属于盗窃而来的《ZY 跳变驱动板元器件 BOM 表》和矿灯电路板（即 PCB 板）技术图纸，进行生产矿灯产品，所生产的产品与权利人的同类产品从外观上、结构上基本相同，产品的组成配件，大部分是通过委托权利人原有的加工客户按权利人原提供的技术图纸加工而来。其中，矿灯的 PCB 电路板，是委托权利人原来的加工商深圳市爱升鑫电子有限公司按照权利人于 2008 年 8 月向其提供的图纸加工而成，同时使用了属于权利人所有的各种 LED 汽车灯配件（机加工件）图纸。胡×于 2009 年 3 月中旬，主动找到与权利人一直保持稳定交易关系，且与权利人签订有保密内容协议的 LED 汽车灯机加工件的特约加工商××机械厂的负责人简×，要求该机械厂按照权利人原提供的技术图纸向其生产 LED 汽车灯配件。简×于 2009 年 4 月 3 日和 2009 年 4 月 8 日，依照 A 公司对产品的特别命名、产品图纸、规格、技术要求为×公司生产了两批共 1751 个 LED 汽车灯配件，加工费 1972.4 元人民币。2009 年 5 月 19 日，××机械厂又依据胡×两次提供的与权利人技术内容相同的图纸，生产了 1543 个 LED 汽车灯配件，加工费 2511.8 元。胡×为了当事人的经营，不仅使用了上述属于权利人合法拥有技术信息，同时，在委托加工生产和销售产品的过程中，使用了被权利人要求保密的包括上述客户在内的以及××××电工有限责任公司三分厂（后拒绝为当事人生产与权利人相同的光源支架）等客户信息、价格信息等。至案发时止，已有证据证实，当事人使用权利人的上述信息生产了 T10 汽车灯、1157 刹车灯和双尖灯等产品，并对外销售。由于当事人成立时间不长，案发时尚未建账登记，案发后又不配合调查,因此其侵权行为所发生经营额无法统计。

在案件调查过程中,我局向胡×送达《责令提供证据通知书》,要求其在规定期限内提供其资料合法来源证据。胡×随后向我局提供:来源于其个人邮箱与曾是权利人客户来往电子邮件记录的部分技术资料(包括胡×在权利人任职期间工作所必需而来往电子邮件资料)、在互联网上下载的类似产品外观资料,用于证明LED汽车灯及其机加工件、矿灯可以从其他渠道购进,权利人的技术信息已公开披露、不是秘密资料。经我局核实,胡×在权利人任职期间,技术资料所发送对象是权利人特定客户(且部分有保密约定),不能说明是公开披露,更不能说明已被公众所知悉,且仅是小部分技术资料。已有充分证据证明,权利人产品所承载的上述技术信息,具有区别于其他同类产品技术信息的独特性,因此,胡×的上述申辨理由不充分,我局不予采纳。

当事人成立前,胡×的盗窃商业秘密行为属个人行为,胡×盗窃商业秘密行为另案处理。当事人成立后,股东胡×及其职员使用权利人商业秘密行为,属职务行为,即是当事人的行为。

另查明,×公司从2009年4月12日,在中国LED网上发布了LED汽车灯的供应信息,在网址为http://www.auto1688.com.cn的中华汽配网上,宣传×有限公司有员工人数为51-100人、研发人数5-10人、年进口额人民币300-500万元、年出口额人民币100-200万元、年营业额人民币1000-2000万元、资质认证情况3C等内容。在其委托他人印刷22页的产品手册上,宣传其公司"ISO9001/2000国际质量认证,总产地面积有1000多平方米,公司员工200人以上,专业的研发人员20余人,产品节能率是传统照明灯用电量的20%,寿命长达5万小时以上"的内容和产品简介。事实上,××公司于2009年4月22日经我局注册登记成立,到案发时成立时间不够一个月,只有8名员工,至案发时止,×公司对外销售T10汽车灯200多个,1157刹车灯50多个,双尖灯50多个。矿灯尚未对外销售。2009年5月11日,我局向××市质量技术监督局发函,查实×公司并未取得3C认证证书。当事人的上述宣传内容,没有任何事实根据,纯属虚构。上述虚假宣传内容,足以使公众、顾客对其公司规模、技术力量、产品质量、性能等产生误解误认。

以上事实,有经当事人签名确认的现场检查笔录、询问笔录、LED 汽车灯和矿灯实物、电脑文档资料以及×公司相关职员的证言证词、A 公司相关职员的证言证词、特约供应商的证言证词、权利人的证言证词、网络下载资料及相片等证据证明。

当事人上述明知是盗窃他人而使用权利人的商业秘密的行为,属于《中华人民共和国反不正当竞争法》第十条第一款第(二)项所指的使用盗窃而来商业秘密的行为,构成侵犯他人商业秘密的违法行为;当事人利用网络和产品手册宣传上述与事实不符的信息的行为,属于《中华人民共和国反不正当竞争法》第九条第一款所指的虚假宣传违法行为。考虑到当事人实施虚假宣传的行为实施时间不长,虚假宣传内容不多,并未造成客户及消费者的直接经济损失等危害后果。根据《中华人民共和国行政处罚法》第二十七条第二款的规定,以及《国家工商行政管理总局关于工商行政管理机关正确行使行政处罚自由裁量权的指导意见》,对当事人虚假宣传的违法行为不予行政处罚,责令当事人立即停止虚假宣传的违法行为。

对当事人侵犯他人商业秘密的违法行为,我局于 2009 年 11 月 17 日向当事人直接送达《××市工商行政管理局行政处罚告知书》(×工商处告字[2009] ×号),当事人拒绝签收,并于 2009 年 11 月 18 日向我局提出陈述申辩意见,以侵犯商业秘密属于胡×个人行为和所盗窃的商业秘密并没有投入使用为由,认为我局对其作出行政处罚没有事实依据。我局经过认真核实和研究,认定当事人上述意见与事实不符,我局不予采纳当事人的陈述申辩意见。鉴于当事人使用他人商业秘密的时间不长,还未直接造成权利人较大的经济损失,且已对商业秘密的盗窃人另案处理等的情况,上述违法情节属较轻。依据《中华人民共和国反不正当竞争法》第二十五条“违反本法第十条规定侵犯商业秘密的,监督检查部门应当责令停止违法行为,可以根据情节处以一万元以上二十万元以下的罚款。”以及《关于禁止侵犯商业秘密行为的若干规定》第七条第二款的规定,现责令当事人立即停止侵犯他人

商业秘密,并决定对当事人处理如下:

1. 责令当事人将其现在占有的、从权利人处窃取而来、载有商业秘密的光电产品技术资料和经营信息返还权利人 A 公司;

2. 对当事人侵犯权利人商业秘密的违法行为罚款人民币 20000 元,上缴财政。

请收到本处罚决定书之日起十五日内将上述款项缴入××省财政代收费专户,账号:略。到期不缴纳罚款的,每日按罚款数额 3% 加处罚款。

当事人如不服本处罚决定,可自收到决定书之日起六十日内向××省工商行政管理局申请行政复议,或在三个月内向人民法院提起诉讼。复议或诉讼期间本处罚决定不停止执行。

×工商行政管理局

×年×月×日

点评:

本文书的亮点在于对当事人违法事实的表述比较详细具体,能紧扣商业秘密的法定构成要件,结合案件事实对权利人的商业秘密进行论证,并对自由裁量的理由做了具体说明,增强了执法办案工作的透明度。

不足之处:一是对证据的列举过于简单,建议对有关证据做详细列举,并说明其证明的案件事实。二是对权利人的商业秘密界定有失宽泛,如文中提到“权利人已研发成功还未应用投产的 LED 汽车灯的发光装置(透镜)的技术资料(实用新型和发明专利申请己被受理并进入公告期)”,进入专利公告期的技术已经处在公知领域,不能再作为商业秘密来保护,如果权利人要求保护的商业秘密较多,建议就客户名单、各产品图纸等“秘密点”分别做出具体论证,而不应笼统地论证。

六、不正当有奖销售行为

关于对×××有限公司有奖销售
不正当竞争案的处罚决定

×工商行政管理局行政处罚决定书

×工商处字[2010]×号

当事人:×××有限公司

住所:略

法定代表人:×

注册资本:略

经营范围:房地产开发,商品房销售、出租,物业管理,建筑材料购销

注册号:略

2010年2月1日,我局12315消费者申诉举报中心接到消费者举报称,"×花园"二期工程要在2月3日举行开盘盛典活动,并进行现场抽奖,奖金额度高达10万元,要求工商部门核查。接报后,我局随即指派执法人员对当事人进行调查了解。经初查,消费者举报当事人将举行的楼盘开盘有奖活动属实。我局遂于当日对当事人下达了《×工商行政管理局12315消费者申诉举报中心查办维权案件调查函》,要求当事人派员于2010年2月2日来我局说明情况,并提供其营业执照及"×花园"楼盘开盘当天的活动介绍、活动具体流程。同年2月2日,当事人委托其分管业务的副总经理王×来我局接受调查。经查,当事人开发的"×花园"二期工程楼盘准备在2010年2月3日开盘,并举行感恩回馈活动,即开盘当天8点30分到场的观众排队前200名者,可当场抽奖,设特等奖1名,奖金额为10万元购房款(可转让但限

购指定房）；一等奖 10 名，奖金额为 1 万元购房款（可转让但限购二期工程住房一套）；二等奖 10 名，奖 MP3 播放器；三等奖 178 名，奖精美水杯。对此，本局认为当事人将要举办的上述有奖营销活动违反了《中华人民共和国反不正当竞争法》的有关规定，于是向当事人指出，抽奖式的营销活动奖金额度最高设定不得超过 5000 元，并口头要求当事人停止此次抽奖活动，予以整改。然而当事人以其前期做了大量的广告宣传工作、如停止这次活动会给当事人造成更大的损失，信誉在社会上也有负面影响为由，依然违反法律规定如期按预定方案在 × 花园售楼中心门前广场举行了上述抽奖营销活动。

据调查，当事人设定的特等奖在实际操作中增加了一名，分别被王 ×、李 × 抽中，一等奖分别被陈 ×、杨 ×、刘 × 等 10 人抽中，且分别与当事人签定了相关协议。据当事人陈述，特等奖获得者王某因房源限制自愿转为一等奖，且与当事人签订了购房合同，另一名特等奖获得者李 × 转让了给陈 ×，但陈某在有效期内未购房。因而一等奖名额实为 11 名，但在有效期内有 8 名获奖者（含被转让者）与当事人签订了购房协议，另 3 名已放弃。同时查明，特等奖指定房屋面积分别为 246.20m^2、265.66m^2 两套）、266.88m^2 单价 1898.00 元，总价分别 467287.60 元、504222.68 元、506538.24 元。另查明，当事人为举办此次活动，特委托 × 印厂印制了 A4 规格宣传 DM 单 3000 份，主要内容有"× 花园 2 月 3 日盛大开盘无论是否购房，皆可参加抽奖，特等奖为 10 万元购房款"等。

以上事实，有如下证据佐证：

证据一：2010 年 2 月 1 日，匿名《举报登记信息》1 份，证明案件来源的书证；

证据二：2010 年 2 月 4 日，《立案审批表》，证明按照规定履行立案批准程序的书证；

证据三：当事人的企业法人营业执照副本复印件 1 份，证明当事人的主体资格；

证据四：当事人于 2010 年 2 月 4 日提交本机关的《委托书》1 份、本机关调查人员对当事人的询问（调查）笔录 2 份（共 4 页）和 × 花园开盘当天活动介绍 2 份以及现场照片 6 张，证明当事人举办过抽奖式有奖销售活动的事实；

证据五：× 印厂出具的《情况说明》1 份和当事人发布的印刷品广告宣传单式样 1 张、户外广告照片 1 张，证明当事人开展有奖销售活动前期所做的广告宣传活动的事实；

证据六：当事人于 2010 年 3 月 8 日提交本机关的《关于开盘期间抽奖活动情况说明》1 份、《商品房买卖合同》1 份（共 10 页）、《购房合同会签程序表》5 份以及特等奖房屋图纸 3 份、面积价格表 2 份，证明当事人举办有奖销售活动最高奖额超过法律规定的事实；

证据七：2010 年 3 月 12 日《听证告知书》（× 工商告字［2010］第 × 号）及送达回执各一份，证明向当事人履行法定告知程序合法的书证；

根据以上查明的事实，我局于 2010 年 3 月 12 日依法向当事人送达《× 工商行政管理局听证告知书》。同年 3 月 13 日，当事人收到该《告知书》并于当日向我局提交了申辩意见，但在法定期限内未提出听证申请。当事人的申辩意见对我局认定的不正当竞争行为无异议，但认为我局对其行政处罚过重，请求酌情处罚。其理由有四：一是当事人举办的此次营销活动本意是让利消费者，并无恶性竞争之意，不存在欺诈、不兑现和虚抬房价等行为；二是未按本机关要求整改的缘由是不能违背社会承诺，不让当地观众失望，而且事后能积极配合本机关调查取证，态度诚恳；三是认为房子作为特殊商品，不同于其他普通商品，对消费者的选择性不大，不会构成明显不正当行为；四是认为《反不正当竞争法》颁布实施早，法律规定的有奖销售不得超过 5000 元的限额不利于现行市场经济的发展。

我局认为，首先，当事人开展此次有奖销售活动的本意并非让利消费者，而是以高额奖金来吸引广大消费者眼球，达到扩大自身知名度，推介、销售其商品房，排挤竞争对手的目的。而且从中奖结果看，诱人的特等奖为 10 万元的购房款仅能折抵当事人指定商品房销售款。据了解，该房系当事人一期工程滞销房，无市场竞价优势，导致两名特等奖获得者均因无购房选择权而放弃成交。其次,我局责令当事人整改是要求其调整有奖销售活动方案,依法举办此次活动,并非强制要求其停办。然而当事人以不违背社会承诺为由而不顾行政机关责令整改的人性化执法的要求,公然违法开展此次有奖销售活动,其行为具有对抗性、故意性和情节严重性。第三,特殊的房地产市场一直备受社会关注,如果任由房地产开发商举办类似高额有奖销售活动,势必造成行业间恶性竞争,扰乱公平竞争的房地产市场经营秩序,最终损害的还是消费者利益。第四,我局是依法行政。《反不正当竞争法》颁布实施十多年,为维护公平竞争的市场环境起到重要作用。当事人无需就该法相关条文是否完善而加以评论,而只能自觉守法经营。作为行政执法机关只能依法执行。

综上所述,我局认为,当事人的行为违反了《中华人民共和国反不正当竞争法》第十三条第(三)项"抽奖式的有奖销售,最高奖的金额超过五千元"之规定,构成不正当竞争行为。鉴于当事人能积极配合本机关调查,无欺诈消费者行为,依据《中华人民共和国反不正当竞争法》第二十六条"经营者违反本法第十三条规定进行有奖销售的,监督检查部门应当责令停止违法行为,可以根据情节处以一万元以上十万元以下的罚款"和《行政处罚法》第五条之规定,我局决定对当事人作出如下行政处罚:

罚款3万元,上缴国库。

当事人应当自收到本处罚决定书之日起十五日内,到中国农业银行×支行营业部缴纳罚款(收款单位:×工商行政管理局,账号:略)。逾期不履行本处罚决定的,每日按照罚款数额的百分之三加处罚款,并申请人民法院强制执行。

当事人如不服本处罚决定,可以自收到本处罚决定书之日起六十日内向×市工商行政管理局或×人民政府申请复议,或者三个月内直接向人民法院提起诉讼。在复议或诉讼期间非因法定原因本处罚决定不停止执行。

×工商行政管理局

×年×月×日

点评：

本案的亮点在于对当事人的申辩理由一一列明并逐一进行了回应，说明不予采纳的理由，表述充分、详实，解答了当事人的疑惑，增强了说服力，体现了教育、处罚并重的原则。

不足之处在于对当事人"抽奖式有奖销售"行为的法律定性分析和最终量罚的定量分析太少，对有关法律和法理的分析不太充分，使得定性结论显得有些突兀。如果能结合有奖销售行为的构成要件，根据案件事实从是否是有奖销售、是否是抽奖式有奖销售、最高是否超过五千元三个方面论证当事人行为的违法性会更好。

关于对某建筑装饰工程有限公司
×分公司有奖销售不正当竞争案的处罚决定

×工商行政管理局行政处罚决定书

×工商处字[2010]第×号

当事人：某建筑装饰工程有限公司×分公司

注册号：略

住所：略

法定代表人：杨×

经营范围：在公司授权范围内经营

2010年4月29日，我局在监督检查时发现，某建筑装饰工程有限公司×分公司于2010年4月29日在《×商报》(D01版)发布的"五店同庆五一盛世"商业促销广告中，含有"大礼节日抽奖，敬请期待，100%中奖。特等奖：5888元"的宣传内容，最高奖项金额超过5000元，涉嫌违反了《中华人民共和国反不正当竞争法》第十三条第(三)项的规定。2010年4月30日，我局立案调查。

经查明：当事人为促销其装修业务，于2010年4月29日在《×商报》(D01版)发布了"五店同庆五一盛世"的商业促销广告。组织策划了该次装修业务的促销活动，活动规定：2010年5月1日至2010年5月3日期间，只要向当事人缴纳装修定金，就可以参加当事人节日抽奖活动，设立：特等奖5888元；一等奖588元(高档五金组合)。

2010年5月1日，当事人开展上述抽奖活动，由缴纳装修定金的消费者以投掷飞镖扎破装有奖项的气球的方式,从缴纳装修定金的消费者中抽奖,共产生特等奖 1 名,由当事人以面值 5888 元的装修代金券兑付消费者,用以冲抵装修费用。

以上事实有下列主要证据予以证明:

证据一、2010 年 4 月 29 日《×商报》(D01 版)报纸 1 份。证明案件的由来以及当事人实施不正当有奖销售的事实。

证据二、《询问笔录》1 份、当事人的陈述材料 2 份。证明当事人开展“五店同庆五一盛世大礼节日抽奖,敬请期待,100% 中奖。特等奖 5888 元”抽奖活动的时间、地点、奖项类别及兑奖条件等相关情况。

证据三、当事人的《企业法人营业执照(副本)》复印件 1 份。证明当事人的经营主体资格。

证据四、当事人出具的《授权委托书》和匡 ×《户口本》复印件各 1 份。证明当事人的委托代理人匡 × 的身份、权限。

证据五、当事人的《五一优惠内容》复印件 1 份、《装修代金券》复印件 1 份。证明当事人开展上述抽奖活动的时间、地点、奖项类别等情况。

2010 年 5 月 26 日,我局向当事人送达了《行政处罚听证告知书》(×工商公听告字[2010]×号),依法告知当事人拟作出行政处罚的事实、理由、依据、处罚内容及享有的权利。当事人在规定期限内提出听证要求,称该次抽奖活动是为了让业主享受当事人的装修优惠,促进其装修业务,并不清楚会违反国家相关法律法规规定,现已进行整改,没有主观故意违法。工商机关拟罚款的数额过高,请求减轻处罚;对抽出的特等奖有异议,特等奖得主系当事人参加听证会的代理人季 ×。

鉴于当事人对特等奖得主真实性提出异议,我局进一步调查核实,2010 年 6 月 21 日,当事人提供了与代理人季 × 签订的《住宅室内装饰装修工程施工合同》以及收款收据,以证明代理人季 × 符合参加抽奖条件。

经过听取当事人的陈述、申辩和对有关事实、证据的质证,并审查案卷材料,听证主持人认为:1. 当事人称不清楚开展有奖销售活动会违反国家相关法律法规规定的申辩理由不成立。任何经营者都应在国家相关法律法规允许范围内从事经营活动,这是经营者的义务,并不能因为不知晓法律法规的规定可以免责。说"没有主观故意违法"没有事实依据。2. 当事人认为"拟罚款的数额过高"的申辩理由也不成立。从拟处罚的数额看,25000元既在法定的幅度(一万元以上十万元以下)内,也符合《×省工商行政管理机关行政处罚罚款裁量参照执行标准》。办案机构拟处罚意见并无不妥。3. 无论当事人的代理人季×是否属于内定的中奖人员,均不影响本案的定性。由于当事人对此提供了相关证据,办案机构可以停止继续调查。据此,主持人认为:本案事实清楚,证据确凿,定性准确,程序合法,处理恰当,同意办案机构处罚意见。

我局认为,根据国家工商行政管理总局《关于禁止有奖销售活动中不正当竞争行为的若干规定》第二条第二款"凡以抽签、摇号等带有偶然性的方法决定购买者是否中奖的,均属于抽奖方式"的规定。当事人为促销其装修业务,在经营中以投掷飞镖扎破装有奖项的气球的方式抽取中奖奖项,属抽奖式有奖销售。

当事人所设的特等奖为面值5888元的装修代金券,可由中奖者在装修时冲抵装修费用,虽然装修代金券并非现金实物,但属于经济利益。当事人开展特等奖为5888元装修代金券的抽奖式有奖销售活动,构成了《国家工商行政管理局关于有奖促销中不正当竞争行为认定问题的答复》(工商公字[1999]第79号)中关于"在抽奖式有奖销售中,下列行为构成不正当竞争"的答复中的第二条"经营者以提供就业机会、聘为各种顾问等名义,并以解决待遇,给付工薪等方式设置奖励,不论奖励现金、物品或者其他经济利益,也不论是否要求中奖者承担一定义务,最高奖的金额(包括物品的价格、经济利益的折算)超过5000元的"规定的不正当竞争行为。不论特等奖中奖者是否使用装修代金券冲抵装修费用,当事人所设置的最高奖的金额超过5000元,其行为违反了《中华人民共和国反不正当竞争法》第十三条第(三)项"经营者不得从事下列有奖销售:(三)抽奖式的有奖销售,最高奖的金额超过五千元"的规定,属法律禁止的不正当有奖销售行为。

当事人的上述行为极易诱发消费者的投机心理,从而影响和干扰了消费者装修的正常选择,妨碍同行业经营者的公平竞争,其不正当竞争行为明显。为维护法律的尊严,保障社会主义市场经济健康发展,鼓励和保护公平竞争,制止不正当竞争行为,依据《中华人民共和国反不正当竞争法》第二十六条,责令当事人停止违法行为,决定行政处罚如下:

罚款25000元。

当事人应在收到本处罚决定书之日起十五日内将罚款交至工商行政管理机关罚款代收机构(代收机构名称:略;收款单位名称:×市工商行政管理局公平交易局;账号:略)。到期不缴纳罚款的,我局可以每日按罚款数额的百分之三加处罚款。

如不服本处罚决定,可在收到本处罚决定书之日起六十日内,向×省工商行政管理局申请复议;也可以自收到处罚决定书之日起三个月内向×市×区人民法院起诉。

×工商行政管理局

×年×月×日

点评:

　　说理式文书重要说"理",要讲明案件的事理、情理、法理。本案的亮点在于对案件定性的法理阐述比较充分,针对当事人的听证意见逐一进行了解释,根据总局的有关答复重点对抽奖式有奖销售的构成要件进行了详细分析,并结合案件的具体情况揭示了当事人行为的违法性质,既增强了处罚决定书的说服力,同时充分阐释法律、加深了相关人员对关于巨奖销售的法律规定的理解。

　　不足之处是对自由裁量的说明不足,应说明量罚的理由。同时,叙述当事人听证要求中的"抽出特等奖异议"表述不详,当事人似乎有内定中奖人员的欺骗性有奖销售行为,也应一并查明。

关于对××房地产有限公司
有奖销售不正当竞争案的处罚决定

×工商行政管理局行政处罚决定书

×工商案［2008］第×号

当事人：××房地产有限公司

法定代表人：秦×

地址：略

注册资本：略

公司类型：有限责任公司

经营范围：房地产开发与经营、提供配套物业管理服务

注册号：略

经查：当事人××房地产有限公司于 2008 年 3 月 1 日起，为吸引消费者开展了"购房赢车活动活动车型："雅绅特 1.4 手动舒适型"。当事人在店堂门前设立了展台，展示大奖奖品——雅绅特舒适型汽车，并对本次抽奖式有奖销售活动，先后通过路牌广告、网页、报纸等形式作了广告宣传，其内容为："凡 3 月 1 日到 3 月 30 日购房并签约客户，将获赠电动车一辆。每十五名签约业主将会再次抽奖，抽中的一名业主获得汽车一辆，开奖时间为 2008年 3 月 30 日，抽奖地点为×售房处。"

2008 年 3 月 30 日下午，当事人从购房签约的客户中分别抽出了 4 人，每人分别获得一辆价格为 68500 元人民币的雅绅特舒适型汽车。当事人未直接给付上述 4 名中奖客户雅绅特舒适型汽车，而是与这 4 位中奖客户分别

签订了《商品房买卖合同房价变更条款》和《代付车款委托书》，从中奖客户
交付给当事人的商品房总价款中各减少68500元，并直接将68500元支付给
雅绅特汽车销售服务有限公司作为雅绅特舒适型汽车购车款。

以上事实主要证据如下：

证据（一）当事人法定代表人授权的委托人提供的《授权委托书》、《军官
退休证》复印件和《明信片》各一份，证明当事人法定代表人授权的委托人个
人身份的合法性和所被授权委托的情况。

证据（二）当事人法定代表人授权的委托人提供的《企业法人营业执照》
复印件一份，证明当事人登记的基本情况合法性。

证据（三）现场笔录一份，证明当事人从事不正当有奖销售的事实情况。

证据（四）现场拍摄照片二十张，证明当事人从事不正当有奖销售宣传
的事实情况和当事人抽出汽车大奖的有关事实情况。

证据（五）网页一张和报纸原件四张，证明当事人从事不正当有奖销售
宣传的事实内容。其一：当事人于2008年3月3日，在×网发布了"最新开
盘价低于3000另有汽车抽奖，3月1日，第4波开盘，3月1日4波开盘2880
元/㎡起，凡3月1日到3月30日购房并签约客户，将获赠电动车一辆，在每
十五名签约业主中将会再次抽奖，抽中的一名业主获得汽车一辆"。其二：
当事人于2008年3月21日，在《×报》，发布了"中超足球赛周日开赛，足球
赛期间购房有超值惊喜，其中，惊喜四：购房并签约客户均有机会赢取汽车
大奖"。其三：当事人于2008年3月26日，在《×报》发布了"购买花园洋
房，赢取汽车大奖"，奖品设定为"凡3月1日~3月30日购房并签约的客户
均可参加幸运抽奖，赢取现代车"。其四：当事人于2008年3月27日，在《×
报》，发布了"购买洋房，赢取汽车大奖"，奖品设定为"凡3月1日~3月30
日购房并签约的客户均可参加幸运抽奖，赢取现代车"。其五：当事人于
2008年3月27日，在《×报》发布了"购买洋房，赢取汽车大奖"，奖品设定为
"凡3月1日~3月30日购房并签约的客户均可参加幸运抽奖，赢取现代
车"。

证据（六）对当事人法定代表人授权的委托人进行的《询问（调查）笔

录》二份,证明当事人从购房并签约的客户中抽出了汽车的现场活动实际情况的事实。

证据(七)当事人提供的《商品房买卖合同房价变更条款》和《代付车款委托书》复印件各四份,证明当事人已从中奖客户交付给当事人的商品房总价款中分别扣除 68500 元人民币作为购车款的事实情况。

证据(八)×汽车销售服务有限公司于 2008 年 5 月 22 日提供的《情况说明》一份,证明当事人于 2008 年 3 月初与×汽车销售服务有限公司签署协议,同意购买该公司四台车辆(车型为 1.4GLMT),车辆价格为 68500 元/台(陆万捌仟伍佰元整)的事实情况。

本局于 2008 年 5 月 28 日,依法向当事人送达了×工商听字[2008]第×号《×工商行政管理局行政处罚听证告知书》,当事人于 2008 年 5 月 30 日提出了听证申请,本局于 2008 年 6 月 25 日举行了公开听证。

当事人认为:1. 当事人销售行为不符合"有奖销售"定义的"附带性"要求,仅以优惠房价销售商品,不存在"附带性"的行为,因此不属于有奖销售。2. 当事人销售行为不符合"有奖销售"定义的"行为性"要求。"行为性"要求相对人客观存在"向客户实际发放'奖品'行为"。当事人没有发生过"附带性地向购买者提供物品、金钱或者其他经济上的利益的行为"。当事人把该退给客户的优惠房款按照客户指示付给第三人,不属于"有奖销售"定义的"附带性提供利益行为"。3. 当事人销售行为不符合抽奖式"有奖销售"定义的"抽签决定购买者是否中奖"要求,不属于抽奖方式。《关于禁止有奖销售活动中不正当竞争行为的若干规定》第二条第二款的规定:"凡以抽签、摇号等带有偶然性的方法决定购买者是否中奖的,均属于抽奖方式",是对符合有奖销售定义的行为按照奖励方式进行分类。当事人组织的抽签是决定特价房源,不是决定购买者是否中奖。没有定购特价房源的购买者不可能享受特价优惠,即使定购了特价房源如果退房,同样不能享受特价优惠。本质上区别于"客户中奖后仍享有退换修三包权利、退货不影响中奖"的"有奖销售"。因此不属于抽奖方式。

我局认为:

1. 国家工商行政管理局《关于禁止有奖销售活动中不正当竞争行为的若干规定》第二条第二款规定:"凡以抽签、摇号等带有偶然性的方法决定购买者是否中奖的,均属于抽奖方式。"根据该规定,抽签、摇号是典型的抽奖式有奖销售方式,但抽奖式有奖销售并不限于这些方式。在有奖销售中,凡以偶然性的方式决定参与人是否中奖的,均属于抽奖式有奖销售,而偶然性的方式是指具有不确定性的方式,即是否中奖只是一种可能性,即可能中奖,也可能不中奖,是否中奖不能由参与人完全控制。购买当事人房屋并签约的客户是以抽取的偶然性的方式决定中奖的,中奖不能由参与人购买当事人房屋并签约的客户完全控制。

2.《中华人民共和国反不正当竞争法》规定:经营者不得从事奖励金额超过5000元的抽奖式有奖销售,其目的是禁止经营者利用消费者的投机心理来诱使消费者的市场选择,以鼓励和促进经营者开展质量、价格、服务等方面的公平竞争,维护市场竞争秩序。当事人利用汽车作为奖励销售房屋,这种行为诱发了消费者的投机心理,影响和干扰消费者正常选择房屋,妨碍质量、价格、服务等方面的公平竞争,不利于市场竞争机制的建立,是典型的不正当竞争行为。

3. 根据《中华人民共和国反不正当竞争法》第十三条第(三)项关于抽奖式的有奖销售,最高奖的金额不得超过5000元的规定,当事人进行的"购买×花园洋房,赢取汽车大奖",这种有奖销售,是不正当竞争的表现,是违反公平竞争的原则,利用物质利益诱使消费者与之交易,对其他经营者的公平竞争的侵害。

4. 当事人的行为构成了《×省工商行政管理机关行政处罚自由裁量权适用规则(试行)》第十四条第一款第(三十二)项所指"严重扰乱市场经济秩序"的行为,故不应减轻或从轻处罚。对当事人关于其行为不构成不正当有奖销售应免除处罚的意见,本局不予采纳。

综上所述,当事人对购买房屋并签约的客户是以通过公开随机抽签的方式决定优惠客户,具有偶然性、不确定性,是否得到房款优惠不能由参与购买当事人房屋并签约的客户完全控制,且当事人给予以通过公开随机抽签的方式决定的客户优惠利益超过了法律规定的数额,违反了《中华人民共和国反不正当竞争法》第十三条第(三)项的规定:"抽奖式的有奖销售,最高奖的金额超过五千元"和国家工商行政管理局《关于禁止有奖销售活动中不正当竞争行为的若干规定》第二条第一、二款的规定:"本规定所称有奖销售,是指经营者销售商品或者提供服务,附带性地向购买者提供物品、金钱或者其他经济上的利益的行为。包括:奖励所有购买者的附赠式有奖销售和奖励部分购买者的抽奖式有奖销售。凡以抽签、摇号等带有偶然性的方法决定购买者是否中奖的,均属于抽奖方式。"和第四条第一款的规定:"抽奖式的有奖销售,最高奖的金额不得超过5000元",构成了不正当竞争行为,依据国家工商行政管理局《关于禁止有奖销售活动中不正当竞争行为的若干规定》第七条第一款的规定:"违反本规定第三条、第四条、第五条第一款的,由工商行政管理机关依照《反不正当竞争法》第二十六条的规定处罚。"和《中华人民共和国反不正当竞争法》第二十六条的规定:"经营者违反本法第十三条规定进行有奖销售的,监督检查部门应当责令停止违法行为,可以根据情节处以一万元以上十万元以下的罚款",责令当事人停止违法行为,决定作出如下处罚:罚款50000元,上缴国库。

当事人应在收到本处罚决定书之日起十五日内(末日为节假日顺延),到中国农业银行任一网点缴清上述款项。若使用转账支票、银行本票、银行汇票缴纳罚没款时,必须在转账支票、银行本票、银行汇票"收款人"栏填写"代报解罚没收入专户",在转账支票、银行本票、银行汇票"用途"栏填写"缴纳×工商行政管理局罚没款"。逾期不缴纳的,将依据《行政处罚法》的有关规定,每日按罚款数额的百分之三加处罚款。

如不服本处罚决定,可在收到本处罚决定书之日起六十日内,向×工商行政管理局或向人民政府申请复议;也可在收到本处罚决定书之日起三个月内直接向人民法院提起诉讼。复议或诉讼期间行政处罚不停止执行。

×工商行政管理局

×年×月×日

点评:

　　本案处罚文书的形式较为完备,违法事实表述准确完整,证据列举具体详细,法律的定性、定量分析阐述较充分,尤其是在定性说理上,针对当事人的陈述申辩意见,能结合法律法规规定和本案事实,抓住抽奖式有奖销售以偶然性方式决定中奖者、干扰消费者选择和正常市场竞争以及最高奖超出限额等特征分层进行阐述,层次清晰,说理充分,说服力强。

　　不足之处在于,除了听证程序以外,对立案等其他案件查办程序没有列明。列明查办程序,是增强执法透明度,接受各界监督的措施之一,建议对涉及的办案程序一一列明为宜。

　　此外,有奖销售的奖品为汽车,而汽车款变为购房优惠款的演变过程如果能够说得更清楚就更好了。

七、其　　他

关于对某公司促销
中附赠假冒商品案的处罚决定

×工商行政管理局行政处罚决定书

×工商案［2010］第 × 号

当事人: ×通信集团×有限公司×分公司

经营场所: ×县×路×号

负责人: 孙×

经营范围: 固定通信业务(IP电话业务限 Phone－Phone 的电话业务)，蜂窝移动通信业务(900/1800MHz GSM 第二代数字蜂窝移动通信业务)，因特网数据传送业务(限于因特网骨干网数据传送业务)，无线接入业务(含3.5GHz 无线接入业务、26GHz 无线接入业务)。从事移动通信、IP电话和互联网等网络的设计、投资和建设;移动通信、IP电话和互联网等设施的安装、工程施工和维修;经营与移动通信、IP电话和互联网业务相关的系统集成、漫游结算清算、技术开发、技术服务、设备销售等;出售、出租移动电话终端设备、IP电话设备、互联网设备及其零配件，并提供售后服务。

2010 年 6 月 12 日，我局接到群众举报，反映当事人在开展宽带包年业务时，附赠假冒"天然蚕丝被"。2010 年 6 月 13 日，我局执法人员对当事人叶挺路营业厅及安宜南路营业厅实施现场检查时发现，上述网点在开展"办理光纤宽带入网再送精美礼品一份"活动中，对办理"399 元包 1 年"的宽带用户附赠的"天然蚕丝被"和"米老鼠抱枕"涉嫌为假冒伪劣商品。同日，我局对当事人予以立案调查。

经查,当事人为了提高"399 元包 1 年宽带"的客户感知,扩大业务量,完成上级下达的宽带指标,决定自 2010 年 6 月 1 日开始,开展"办理光纤宽带入网再送精美礼品一份"活动,并由当事人市场经营部负责活动的宣传策划、礼品的选购发放。活动策划期间,当事人选定了被子和抱枕作为礼品用于上述活动,赠送给办理"399 元包 1 年"的宽带用户,并于 2010 年 5 月 20 日与礼品供应商"××贸易商行"(个体工商户,经营者×××,另案处理)签订了 100 床被子和 200 只抱枕的购销合同,约定价格分别为被子每床 40 元、抱枕每只 38 元,后又加订被子 100 床。××贸易商行(以下简称"××商行")分别于 2010 年 5 月 24 日、5 月 29 日、6 月 10 日销售给当事人被子 100 床(含样品 1 床,送货单标称为"天然蚕丝被")、抱枕(送货单标称为"米奇靠垫")200 只、被子 100 床。至案发时,当事人累计购进被子 200 床、抱枕 200 只,货款尚未结算。

当事人从××商行购进的被子外包装正面标称"天然蚕丝被"、"××家纺有限公司",侧面标有"蚕丝具有'纤维皇后'之美称,而它本身所含有的纯天然蛋白质,对人体皮肤有滋养和促进新陈代谢的功能,蚕丝的份量很轻,对人体的心血管系统带来的负担最小……"等内容的产品说明,同时还标注了产品规格、价格等信息,具体如下:

货号	规格	克重	全国统一零售价
□SF－01	150×200cm	300g	RMB 256
□SF－02	150×200cm	400g	RMB 298
□SF－03	180×210cm	500g	RMB 486

上述被子内包装洗标标注"时尚夏凉被"、"填充物:化纤 100%"等内容。

当事人从××商行购进的抱枕外包装正面标称"贵族抱枕",侧面标有"nei tai cai yong 100% chun can si,zhong kong luo ×uan ×ian wei,chun mian hua deng duo zhong cai zhi……"等汉语拼音内容的产品说明,同时标称"全国建议零售价:168 元"、"上海均豪家纺有限公司"。上述抱枕正面绣有"米老鼠"图案,包装套上印有"×通信公司"等文字及其企徽标记。

自 2010 年 6 月 1 日至案发时,当事人在开展"办理光纤宽带入网再送精美礼品一份"活动中已向 108 户办理"399 元包 1 年"的宽带用户赠送出被子 26 床和抱枕 82 只,另有 64 只抱枕被免费发放给公司员工和无偿赠送关系单位。

经核查,1. 上述被子和抱枕分别标注的"上海钧豪家纺有限公司"、"上海均豪家纺有限公司"的企业名称系伪造;2."米老鼠"图案是×企业公司在第 24 类床单、垫套、被子、枕套等商品上注册的商标,商标注册证号为第 3730278 号等。×企业公司从未授权许可过上海均豪家纺有限公司使用"米老鼠"图形注册商标。×企业公司代理人深圳亚特律商标代理有限公司鉴定,确认当事人经销的上述抱枕为侵犯"米老鼠"图形注册商标专用权的商品。

以上事实主要证据及其证明事项如下:

证据一:2010 年 6 月 13 日对当事人叶挺路营业厅及安宜南路营业厅的现场检查笔录各 1 份、照片 8 张及现场提取的宣传彩页 1 张,证明当事人开展"399 元包 1 年高速上网不限时再送精美礼品一份"活动宣传情况和作为礼品使用的被子、抱枕商品特征情况的事实;

证据二:被子、抱枕实物照片 10 张,反映当事人作为礼品附赠的被子、抱枕包装装潢特征情况,证明当事人以"填充物 100% 化纤"的夏凉被冒充"天然蚕丝被"及抱枕上均带有"米老鼠"图案的事实;

证据三:对当事人负责人孙×的进行调查(询问)的笔录 1 份及孙×身份证复印件 1 份,证明当事人购进上述被子、抱枕用作礼品赠送给办理"399 元包 1 年"的宽带用户以及对这两种赠品被认定为假冒伪劣商品予以确认的事实;

证据四:对供货商××进行调查(询问)的笔录 2 份、×身份证复印件、营业执照复印件各 1 份以及其使用的借记卡账户明细查询单 1 张、××商行"送货单"3 张,证明××向当事人销售"天然蚕丝被"及抱枕来源、数量、进销价格、以及对这两种商品被认定为假冒伪劣商品予以确认的事实;

证据五:对当事人市场经营部经理助理×××进行调查(询问)的笔录 1

份及××身份证复印件、职务证明各1份,证明当事人开展"399元包1年高速上网不限时再送精美礼品一份"活动的宣传策划、实施过程、活动效果等具体情况及购进上述被子、抱枕来源、数量、进货价格等情况的事实;

证据六:对当事人仓库保管员×××进行调查(询问)的笔录1份及××身份证复印件、工作证明各1份,证明当事人用于开展"399元包1年高速上网不限时再送精美礼品一份"活动的赠品被子和抱枕的来源、数量、商品特征及上述赠品发放情况的事实;

证据七:当事人提供的《业务宣传礼品合作协议》、《礼品购销合同》各1份和×商行"送货单"3份,证明当事人购进上述被子、抱枕的数量、价格的事实;

证据八:当事人提供的宽带赠送礼品及宣传计划表、被子领用登记表、抱枕领用登记表、宽带赠送抱枕清单、宽带赠送被子清单、员工抱枕发放清单、被子回收登记表、抱枕回收登记表各1份,证明当事人购进的被子、抱枕领用、发放及回收的数量、时间、对象等事实;

证据九:深圳亚特律商标代理有限公司出具的×企业公司授权委托书、鉴定书、企业法人营业执照复印件、第3730278号、第3730318号、第3253770号、第3730612号商标注册证复印件各1份,证明经权利人鉴定,当事人用作赠品使用的上述抱枕为侵犯×企业公司注册商标专用权商品的事实;

证据十:上海市工商行政管理局检查总队出具的《回复函》(沪工商检案函[2010]第20号)1份,证明当事人用于赠品使用的被子和抱枕分别标注的"上海钧豪家纺有限公司"、"上海均豪家纺有限公司"企业名称系伪造的事实;

证据十一:当事人营业执照复印件1份,证明当事人从事经营活动的市场主体资格。

以上证据材料均依照法定程序收集,均由提供人签名、盖章确认,符合法定形式。

我局于2010年8月31日依法向当事人送达了×工商案听告[2010]×号《行政处罚听证告知书》,当事人在法定期限内未提出陈述和申辩,也未要求举行听证。

我局认为：

一、《中华人民共和国产品质量法》第三十三条规定，"销售者应当建立并执行进货检查验收制度，验明产品合格证明和其他标识"。当事人作为通信行业经营单位，其购进被子、抱枕用于在办理"399元包1年"宽带业务时向客户作礼品附赠，理应审慎查验商品的相关信息，执行进货检查验收制度。当事人以每床40元的价格购进最低标价为256元的天然蚕丝被，既未查验产品合格证，也未因内外标注不一致（外包装标称天然蚕丝被，内标签标注填充物100%化纤）对商品进行核实。当事人理应对天然蚕丝被的真假产生怀疑，应知是化纤被冒充天然蚕丝被。

当事人明知送货单上写明的是"米奇靠垫"，抱枕上印有"米老鼠"图案，同时也知道"米老鼠"图案是×企业公司的注册商标，进货时未查验"米老鼠"注册商标的授权许可使用手续，因此存在主观上的过失或故意，对附赠侵权商品的违法行为应该承担责任。

同时，当事人用于附赠活动的上述被子和抱枕标注的厂名系伪造，其在进货时亦未予以查验。

根据《××省惩治生产销售假冒伪劣商品行为条例》第六条"有下列情形之一的商品为假冒伪劣商品：……（二）掺杂掺假、以假充真、以旧充新、以次充好或者以不合格商品冒充合格商品的……（五）伪造、冒用他人厂名、厂址或者商品产地的……（七）冒充注册商标或者侵犯他人注册商标专用权的……"的规定，当事人向宽带客户附赠的上述被子、抱枕应认定为假冒伪劣商品。当事人向办理"399元包1年"宽带业务的客户附赠上述被子、抱枕，系为商业目的使用，依据该条例第九条"将本条例第六条、第七条所列假冒伪劣商品用于经营性服务或者作为经营活动的奖品、赠品的……视为销售假冒伪劣商品"的规定，应依法予以惩处。

二、当事人向客户附赠的被子实为化纤被冒充天然蚕丝被，依据《××省惩治生产销售假冒伪劣商品行为条例》第六条第二项"掺杂掺假、以假充真、以旧充新、以次充好或者以不合格商品冒充合格商品的"规定，应认定为假冒伪劣商品。当事人向客户附赠上述被子的行为,应依据《××省惩治生产销售假冒伪劣商品行为条例》第十九条第二款"生产、销售的商品有本条例第六条第(二)项规定情形的,责令停止生产、销售,没收违法生产、销售的商品,并处违法生产、销售商品货值金额百分之五十以上三倍以下的罚款;有违法所得的,并处没收违法所得,情节严重的,吊销营业执照"的规定予以处罚。

当事人向客户附赠的抱枕,未经×企业公司许可,擅自使用与其"米老鼠"图形注册商标相近似的图案作为商品装潢,易使公众误认为该抱枕来源于×企业公司或与其相关。依据《中华人民共和国商标法实施条例》第五十条第(一)项"在同一种或者类似商品上,将与他人注册商标相同或者近似的标志作为商品名称或者商品装潢使用,误导公众的","属于商标法第五十二条第(五)项所称侵犯注册商标专用权的行为"的规定,应认定为侵犯注册商标专用权的商品。当事人向客户附赠侵权抱枕,应依据《××省惩治生产销售假冒伪劣商品行为条例》第十九条第七款"生产、销售的商品有本条例第六条第(七)项……分别依照《中华人民共和国商标法》……的规定予以处罚"的规定和《中华人民共和国商标法》第五十三条、《中华人民共和国商标法实施条例》第五十二条"对侵犯注册商标专用权的行为,罚款数额为非法经营额3倍以下;非法经营额无法计算的,罚款数额为10万元以下"的规定,予以处罚。

因当事人附赠伪造厂名的被子和抱枕的行为,与其附赠假冒天然蚕丝被、侵权抱枕的违法行为已构成法律上的竞合,依据择一重处的原则,对其销售伪造厂名的假冒伪劣商品的违法行为不予处罚。

三、根据《××省惩治生产销售假冒伪劣商品行为条例》第三十四条"本条例所称假冒伪劣商品货值金额,以违法经营商品的标价计算;没有标价的,按照同类商品的市场价格计算"的规定、参照《最高人民法院、最高人民检察院关于办理侵犯知识产权刑事案件具体应用法律若干问题的解释》第十二条第一款"本解释所称'非法经营数额',是指行为人在实施侵犯知识产权行为过程中,制造、储存、运输、销售侵权产品的价值。已销售的侵权产品的价值,按照实际销售的价格计算。制造、储存、运输和未销售的侵权产品的价值,按照标价或者已经查清的侵权产品的实际销售平均价格计算。侵权产品没有标价或者无法查清其实际销售价格的,按照被侵权产品的市场中间价格计算"的规定,调查人员认为当事人购进上述被子、抱枕货款合计15600元,但是其向获赠礼品的客户未说明真实进价,客户只能通过获赠礼品印有的标价了解该礼品的价值,当事人的上述行为客观上具有价格欺诈性。当事人向宽带用户赠送被子26床,库存174床,商品包装标价信息中最低价每床256元,应认定货值金额为51200元;当事人向宽带用户赠送抱枕82只,库存54只,每只标价168元,应认定非法经营额为22848元。

另因当事人发放公司员工和关系单位共64只抱枕与经营活动无直接关联,故调查人员予以剔除。

四、依据以上处罚条款,并鉴于当事人在案发后能够主动停止附赠上述被子和抱枕活动,同时向本局提交书面承诺,积极向相关客户召回上述被认定为假冒、侵权的被子、抱枕,主动减轻危害后果,消除影响,并依据《消费者权益保护法》第四十九条的规定对相关客户给予赔偿,责令当事人停止违法行为,并酌情从轻处罚如下:

对当事人附赠假冒"天然蚕丝被"的行为,依据《××省惩治生产销售假冒伪劣商品行为条例》第十九条第二款,处罚如下:

一、没收假冒"天然蚕丝被"174床;

二、罚款51200元。

对当事人附赠侵权抱枕的行为,依据《××省惩治生产销售假冒伪劣商品行为条例》第十九条第七款、《中华人民共和国商标法》第五十三条和《中华人民共和国商标法实施条例》第五十二条,处罚如下:

一、没收侵权的抱枕54只;

二、罚款28800元。

以上行政处罚合并如下:

一、没收假冒"天然蚕丝被"174床、侵权抱枕54只;

二、罚款80000元。

当事人应在收到本处罚决定书之日起十五日内（末日为节假日顺延）到中国农业银行×支行任一营业网点缴清上述款项。逾期不缴纳的，每日按罚款数额的3%加处罚款。

如对附赠假冒蚕丝被行为处罚决定不服，可在接到本处罚决定书之日起六十日内向×工商行政管理局或者×县人民政府申请复议，也可在三个月内直接向×县人民法院提起行政诉讼。

如对附赠侵权抱枕行为处罚决定不服，可在接到本处罚决定书之日起六十日内向×工商行政管理局或者×县人民政府申请复议，也可在十五日内直接向×市中级人民法院提起行政诉讼。

×工商行政管理局

×年×月×日

点评：

法律竞合是行政处罚中经常遇到的问题，执法人员在复杂的情况下恰当运用以规制违法行为是对一部法律的立法原则、调整范围准确把握和自身法律素养的体现。该案对违法行为性质、法律适用、非法经营额计算及自由裁量行使都进行了深入分析，是一份较为全面的说理式执法文书。尤其在法律适用上，本案涉及三种违法行为，存在法律竞合与合并处罚情况。决定书中对法律竞合虽然着墨不多，但很准确地运用了法律竞合原则。

根据《××省惩治生产销售假冒伪劣商品行为条例》第九条"将本条例第六条、第七条所列假冒伪劣商品用于经营性服务或者作为经营活动的奖品、赠品的，以及持有、储存本条例第六条、第七条所列假冒伪劣商品明显超过合理自用数量范围的，视为销售假冒伪劣商品。"的规定，附赠商品视为销售假冒伪劣商品。

关于对××农化有限公司×乡×村连锁店销售不合格化肥案的处罚决定

×工商行政管理局行政处罚决定书

×工商处字〔2010〕第×号

当事人:××农化有限公司×乡×村连锁店

注册号:略

负责人:保×

营业场所:略

经营范围:化肥、不再分装的包装种子、农具、农用地膜销售。农副产品收购销售

2009年11月12日,×工商行政管理局执法人员在××农化有限公司×乡×村连锁店进行检查时发现:该店内堆放有"落地宝"牌尿素型复混肥料272袋,外包装标注厂名:自贡市佳禾化工有限公司;制造商:自贡市圣灯化工有限公司;地址:四川省自贡市大安区团结乡;总养份≥25%(氮15＋磷5＋钾5);执行标准GB15063－2001;川农肥(2006)准字0872号;生产许可证号:×KB－001－00707;包装袋右下角显示含氯、枸溶性磷等字样。当事人不能提供该批肥料的检验报告和相关质量证明报告书等材料,涉嫌销售不合格复混肥料。当日经县局领导批准,对当事人进行立案调查。

经查明:当事人于2009年10月25日从×县××农业生产资料销售有限公司××连锁店以1200.00元/吨的价格购进"落地宝"牌尿素型复混肥料23吨,分别堆放在××农化有限公司×乡×村连锁店14吨,××省××

市农业生产资料有限公司×××连锁店4吨,×××农业生产资料销售有限公司×××连锁店5吨。截至查获时,当事人以1250.00元/吨的价格销售该批复混肥6.28吨,还库存16.72吨。2009年11月12日,我局对库存的该批复混肥料进行了抽样取证。2009年11月20日,我局出具《鉴定委托书》,将抽取的样品委托××省化工产品质量监督检验站检验。2009年11月27日,××省化工产品质量监督检验站出具(委检)2009-11-141《检验报告》,检验结论:依据GB15063-2001《复混肥料(复合肥料)》标准,对样品进行全项检验,所检样品质量不合格。2009年11月28日,我局出具了《实施行政强制措施通知书》(×工商封字[2009]×号),对当事人堆放在三个连锁店的16.72吨"落地宝"牌尿素型复混肥料实施封存行政强制措施,同时出具了×工商委保字[2009]×号《物品委托保管书》,委托保×保管。2009年12月9日,我局将"××省化工产品质量监督检验站出具的(委检)2009-11-141《检验报告》"送达当事人,当事人在法定期限内对检验结论未提出异议,也未申请复检。抽样后,当事人未销售过该批"落地宝"尿素型复混肥料,仍为抽样前库存的16.72吨,售价为1250元/吨,货值金额为20900.00元。

上述事实有以下主要证据予以证实:

证据一:现场笔录3份,证明当事人堆放在三个连锁店经营的"落地宝"尿素型复混肥标称厂家,商标及抽样化肥的基数;

证据二:2009年11月12日,我局执法人员提取的合格证1份,证明当事人销售"落地宝"复混肥的生产日期;

证据三:2009年11月12日拍摄的照片9张,证明当事人堆放在三个连锁店复混肥的堆放情况、销售登记情况;

证据四:2009年11月28日封存拍摄的照片3张,证明我局执法人员对当事人销售的不合格"落地宝"复混肥进行封存强制措施的事实;

证据五:对当事人制作的询问笔录2份,证明当事人销售"落地宝"牌尿素型复合肥的进货来源、进货价格、进货数量、销售数量等事实;

证据六:2009年11月28日,封存当事人库存"落地宝"牌尿素型复合肥的现场笔录 1 份共 2 页，证明我局对当事人库存的 16.72 吨"落地宝"尿素型复混肥进行封存强制措施的数量、封存情况；

证据七：当事人营业执照和身份证复印件各一份，证明当事人的经营资格和身份；

证据八：2010 年 3 月 12 日，对王×的询问笔录 1 份，证明当事人购进"落地宝"尿素型复混肥料详细情况；

证据九：王×提供的农业生产资料销售登记台账及保×收条各 1 份，证明当事人购进"落地宝"尿素型复混肥料数量；

证据十：抽样取证记录 1 份、×工商委鉴字［2009］×号《鉴定委托书》1 份，证明我局依法对当事人库存的 16.72 吨"落地宝"尿素型复混肥料进行抽样、委托检验的事实；

证据十一：××省化工产品质量监督检验站出具的（委检）2009 - 11 - 141《检验报告》1 份，证明当事人库存的"落地宝"尿素型复混肥料质量不合格；

证据十二：×工商封字［2009］×号《实施行政强制措施通知书》、×工商委保字［2009］×号《实施行政强制措施物品委托保管书》、财物清单各 1 份，证明我局对当事人库存的"落地宝"复混肥料进行封存、委托保管的数量。

2010 年 8 月 10 日，本局向当事人送达了《行政处罚告知书》（×工商处告字［2010］×号），当事人在法定期限内未提出陈述、申辩意见。

当事人销售的"落地宝"尿素型复混肥料质量不合格，其行为属以不合格产品冒充合格产品销售的违法行为，违反了《中华人民共和国产品质量法》第三十九条"销售者销售产品，不得掺杂、掺假，不得以假充真、以次充好，不得以不合格产品冒充合格产品。"的规定。鉴于当事人在我局的调查中主动提供证据材料，并能说明其销售的"落地宝"尿素型复混肥料的来源，在知道"落地宝"尿素型复混肥料质量不合格后，能立即停止违法行为。依据《中华人民共和国产品质量法》第五十五条"销售者销售本法第四十九条至第五十三条规定禁止销售的产品，有充分证据证明其不知道该产品为禁止销售的产品并如实说明其进货来源的，可以从轻或者减轻处罚。"的规定，对当事人进行减轻处罚。加之,当事人销售的"落地宝"尿素型复混肥16.72吨,经我局抽样送检,检验结论:总氮含量14.5%、有效磷含量4.6%、氧化钾为含量4.2%,均符合GB15063-2001《复混肥料(复合肥料)》标准(总氮含量≥15%-1.5%;氧化钾含量≥4.0%;有效磷含量≥4.0%),单一养份判定为合格,只是总养分为23.2%,达不到产品外包装明示的质量标识:总养份≥25%,还具有使用价值,为了不让当事人造成更大损失,本局决定将该批封存的16.72吨复混肥解除封存后,退还当事人降价销售,作不予没收处理。

依据《中华人民共和国产品质量法》第五十条规定"在产品中掺杂、掺假,以假充真,以次充好,或者以不合格产品冒充合格产品的,责令停止生产、销售,没收违法生产、销售的产品,并处违法生产、销售产品货值金额百分之五十以上三倍以下的罚款;有违法所得的,并处没收违法所得;情节严重的,吊销营业执照;构成犯罪的,依法追究刑事责任。"的规定,本局决定对当事人罚款10000.00元。(大写:壹万元整)

当事人应在接到本处罚决定书之日起15日内,到建设银行×支行(账号:略,户名:×市×县工商行政管理局)缴纳罚款。逾期不缴纳罚款的,将依照《中华人民共和国行政处罚法》第五十一条第(一)项"到期不缴纳罚款的,每日按罚款数额的百分之三加处罚款"的规定,每日按罚款数额的百分之三加处罚款;(二)根据法律规定,将查封、扣押的财物拍卖或者将冻结的存款划拨抵缴罚款;(三)申请人民法院强制执行。

如不服本处罚决定,可在接到本处罚决定书之日起六十日内向×省×市工商行政管理局申请行政复议,也可以在三个月内向×县人民法院提起行政诉讼。

×工商行政管理局

×年×月×日

点评:

农药是工业产品,属于《产品质量法》的调整范围,工商部门可以依据职权,按照《产品质量法》和《农药管理条例》的规定,可以对销售不合格农药的违法行为实施处罚。本文书事实叙述详尽,逻辑推理严密。对当事人何时、何地、从事何类违法活动,违法行为的具体表现,涉案标的物数量、金额、违法所得等情况叙述清楚。对案件查办所经过的程序,如立案、强制措施、抽样取证、听证告知等也按照发生的时间顺序进行清楚地表述。此外,也从当事人主观意图及行为后果的基础上,对减轻处罚的情节、理由、法律依据作了必要的说明,使自由裁量权的行使合法合理。

不足:在计算货值金额时,只计算了未售出的部分,未计算已售出的部分;告知当事人复议机关时,按照《行政复议条例》的相关规定,还应包括处罚机关所在地的本级人民政府。

关于对王×销售
假冒玉米种子案的处罚决定

×工商行政管理局行政处罚决定书

×工商处字［2009］×号

当事人：种业负责人

营业执照注册号：略

组成形式：个体（个人经营）

经营场所：略

经营范围及方式：大田种子（经营不再分装的包装种子）零售

2009 年 3 月 31 日，根据群众举报，本局执法人员对当事人进行检查，发现当事人涉嫌销售假"兴运 79（新）"玉米种子，经领导批准，本局于 4 月 2 日依法立案进行调查。

经查明：当事人于 2009 年 3 月 20 日从×××市窦×那里购进外包装上印有"兴运 79（新）"辽宁兴运种业有限公司（地址：辽宁省昌图县铁南路 235 号）生产的玉米种子 3000 市斤；外包装上印有"农大 81"北京中农大生物技术股份有限公司（地址：中国农业大学东校区 29 号楼、海淀区清华东路 17 号）生产的玉米种子 2000 市斤（以上两个品种玉米种子共计 5000 市斤），然后以外包装上标注的内容在自己商店内对外进行销售。当事人除在自己商店销售这两个品种玉米种子外，还往下设三个分店（×县 A 分销店、B 分销店、C 分销店）分别送去 B 分销店标有"兴运 79（新）"玉米种子 1080 市斤，标有"农大 81"玉米种子 780 市斤；A 分销店标有"农大 81"玉米种子 960 市斤；C分销店标有"农大81"玉米种子150市斤的玉米种子对外进行销售。上述两种玉米种子经辽宁兴运种业有限公司和北京中农大生物技术股份有限公司确认，均不是上述两家公司所生产，属假冒该公司生产的玉米种子。截至案发时，×种业共售出标有"兴运79（新）"玉米种子170市斤。案发后当事人积极配合工商部门调查，并于4月3日把售出的170市斤标有"兴运79（新）"玉米种子全部追回，给买主们退回了货款。在现场检查当日，×工商局专案组工作人员经主管局长批准于4月2日分别在各销售网点依据《中华人民共和国行政处罚法》第三十七条第二款的规定，依法对2830市斤"兴运79（新）"玉米种子和2000市斤"农大81"玉米种子采取了先行登记保存证据的强制措施。

上述事实，由以下主要证据证实：

证据（一）2009年3月31日，辽宁兴运种业有限公司投诉书一份及案件来源登记表一份，证明案件来源的书证。

证据（二）2009年4月1日《询问通知书》（×工商询字［2009］×号）一份；证明案件初查的书证。

证据（三）2009年4月1日，对当事人进行调查的询问笔录一份；证明当事人购进外包装上印有"兴运79（新）"辽宁兴运种业有限公司（地址：辽宁省昌图县铁南路235号）生产的玉米种子3000市斤；外包装上印有"农大81"北京中农大生物技术股份有限公司（地址：中国农业大学东校区29号楼、海淀区清华东路17号）生产的玉米种子2000市斤并已销售的事实。

证据（四）2009年4月2日《立案审批表》一份，证明按照规定履行立案批准程序的书证。

证据（五）2009年4月2日《行政处罚案件有关事项审批表》一份，证明按照规定履行先行登记保存证据批准程序的书证。

证据（六）2009年4月2日《先行登记保存证据通知书》四份及财物清单四份，证明按照规定履行了先行登记保存证据批准程序的书证。

证据（七）2009年4月2日，现场检查笔录四份，证明当事人现场违法经营假玉米种子的时间、地点、数量的现场笔录。

证据(八)2009年4月2日,询问笔录一份,证明当事人经营假玉米种子违法事实的当事人陈述。

证据(九)2009年4月2日,调查笔录三份,证明当事人经营假玉米种子违法事实的证人证言。

证据(十)2009年4月3日,调查笔录一份,证明当事人经营假玉米种子违法事实的证人证言。

证据(十一)2009年4月2日,经当事人确认的案发现场拍摄的照片2张,以及厂家提供的真品照片2张,证明现场拍摄照片的物证。

证据(十二)2009年4月2日,现场提取进货凭证复印件三份,证明进货地点、进货总价及销售情况,印证了当事人自述情节的书证。

证据(十三)2009年4月2日,辽宁兴运种业有限公司出具的确认书一份,确认该种子为假冒他们公司玉米种子的鉴定对比。

证据(十四)2009年4月2日,辽宁兴运种业有限公司提供的商标注册证复印件一份、企业法人营业执照复印件一份、农作物种子经营许可证复印件一份,证明该公司主体经营资格合法的证明。

证据(十五)2009年4月2日,当事人及证人提供的营业执照复印件四份及身份证复印件四份,证明当事人及证人主体经营资格的合法证明。

证据(十六)2009年4月3日,对当事人进行调查的询问笔录一份;证明当事人销售假玉米种子的违法事实的当事人陈述。

根据以上查明的事实,本局于2009年3月5日依法向当事人送达了×工商听字[2009]第×号《行政处罚听证告知书》,当事人在法定期限内未提出陈述、申辩和听证要求。

本局认为:当事人销售假玉米种子的行为,已构成了《中华人民共和国种子法》第四十六条"禁止生产、经营假、劣种子。"中第二款:"下列种子为假种子:"中的第(二)项:"种子的种类、品种、产地与标签标注的内容不符的。"中所指,对该违法行为,工商部门责令当事人立即停止销售假"兴运79(新)"玉米种子和假"农大81"玉米种子并没收以上两个品种玉米种子4995市斤(5000市斤假种子中有一小袋5市斤装的假种子被厂家做为样品带走）。鉴于当事人虽然在工商机关调查取证过程中能够积极配合，并及时追回全部假种子，主动消除了违法行为危害后果，符合《行政处罚法》第二十七条第一款第（一）项："主动消除或减轻违法行为危害后果的"的规定，并有《国家工商行政管理总局关于工商行政管理机关正确行使行政处罚自由裁量权的指导意见》中第三条中第（五）项："能够主动改正或及时终止违法行为的"的情节，但是当事人冒用他人种子，造成了商品来源的混淆，使消费者误认误购，从而损害到合法厂家和消费者的利益，严重扰乱了市场经济秩序，社会危害性较大，又具有《国家工商行政管理总局关于工商行政管理机关正确行使行政处罚自由裁量权的指导意见》中第三条第（六）项中关于从重处罚的情节。针对上述情况，我局采用了过罚相当的原则，对当事人给予既不从重也不从轻的行政处罚。

根据《中华人民共和国种子法》第五十九条："违反本法规定，生产、经营假、劣种子的，由县级以上人民政府农业、林业行政主管部门或者工商行政管理机关责令停止生产、经营，没收种子和违法所得，吊销种子生产许可证、种子经营许可证或者营业执照，并处罚款；有违法所得的，处以违法所得五倍以上十倍以下罚款；没有违法所得的，处以二千元以上五万元以下罚款；构成犯罪的，依法追究刑事责任。"的规定，决定对当事人做出如下处罚：

1. 责令立即停止销售假"兴运79（新）"玉米种子和假"农大81"玉米种子；

2. 没收假玉米种子4995市斤（5000市斤假玉米种子中有一小袋5市斤装的假玉米种子被厂家做为样品带走）；本玉米种子货值金额为21478.5元整。

3. 罚款人民币20000元整。

与本案有关的另外三人（B分销店经营者任×、A分销店经营者周×、C分销店经营者杨×），×县工商局另案处理。

当事人应自接到本处罚决定书之日起，十五日内到中国农业银行×县支行缴纳罚款，（户名：×县工商行政管理局，账号：略，地址：略）逾期不缴纳罚款，每日按罚款额的3%加处罚款。

　　如不服本处罚决定,可在接到处罚决定书之日起六十日内向×市工商行政管理局申请复议,也可以向当地人民政府申请复议;或者在三个月内直接向人民法院提起诉讼。

×工商行政管理局

×年×月×日

点评:

　　本文书证据罗列条例清晰,证明对象表述清楚。在说理部分,引用具体的法律条款,为定性当事人违法行为,从轻从重处罚的情节适用,作了很好的铺垫。文书在说理表述中结构合理、层次分明,法条引用成为说理的合理组成部分,这样的说理严肃而具有权威性。

　　不足:文书事实部分没有对当事人经营假冒玉米种子的货值金额进行认定,在处罚决定中加以表述就没有依据;对当事人有没有获得违法所得在事实部分没有进行叙述及认定,致使罚款的处罚没有事实依据;对当事人销售的假冒种子采取了登记保存措施,处罚时应予交代;文书中告知日期表述有误。

关于对××自来水厂
销售假水案的处罚决定

×工商行政管理局行政处罚决定书

×工商案字［2009］第×号

当事人：××自来水厂

住所：略

法定代表人：翁×

经营范围及方式：自来水生产、供应

2007年8月19日，我局接群众来信举报××自来水厂以深井自来水冒充长江自来水进行销售的情况后，我局执法人员于2007年9月6日对当事人的生产场所进行了检查，现场检查发现，当事人现有的五口深水井中除原×镇×村的一口深水井报废不再使用外，其余四口井均在抽水直接输入供水管网向外进行销售。在随即进行的调查中，当事人的法定代表人翁×陈述四口井一直在使用，上述情况表明群众举报基本属实，当事人涉嫌违反了《中华人民共和国产品质量法》第三十九条"销售者销售产品，不得掺杂、掺假，不得以假充真、以次充好，不得以不合格产品冒充合格产品"的规定。为查清事实，我局于2007年9月7日依据《工商行政管理机关行政处罚程序暂行规定》第十三条的规定立案。

现查明，当事人成立于1985年，主要从事自来水的生产销售。1995年6月8日，××省计划经济委员会为提高人民群众的生活质量，以×计经投［1995］833号文向国家计委发出了《关于转报××市引江供水项目建议书的

请示》，国家计划经济委员会同样出于提高人民生活质量的原因，于1996年以计投资[1996]1386号文作出了"国家计委关于××市引江供水一期工程项目建议书的批复"同意建设××市引江供水工程。2001年1月18日，××市第十三届人民代表大会第四次会议通过的××市国民经济和社会发展"十五"计划将引江供水一期工程列入其中。××市引江供水一期工程实施以后，当事人作为公用企业，响应××市人民政府提高居民用水质量的要求，于2003年11月起向用户供应从××市自来水公司购买的用长江水作水源生产的自来水（以下简称长江自来水），并向用户宣传其供应的是长江自来水。但在实际供水过程中，当事人为了降低供水成本，自2003年11月起利用其原先制作自来水用的尚可使用的4口深水井抽取地下水制作自来水（以下简称：深井自来水），通过自身自来水销售管网充作长江自来水向部分用户销售。截至2007年9月7日案发，已以长江自来水的名义按1.8元-2.0元/吨的价格向部分用户销售了深井自来水3152528.2吨，计销售金额5943696.85元。剔除电费、工人工资、折旧、管理费用等成本5127909.31元和已缴税收509632.07元，获违法所得306155.47元。货值金额5943696.85元。案发后，当事人主动举报他人违法行为，经我局调查其举报情况基本属实（另案处理），具有立功表现。

以上事实主要证据如下：

证据一：我局执法人员从企业登记档案调取的当事人的企业登记信息，当事人的法定代表人的身份证复印件，证明当事人的主体资格。

证据二：我局执法人员从企业登记档案调取的当事人的企业登记信息，我局执法人员从××市自来水公司获取的2003年10月20日××市人民政府办公室印发的2003年9月19日上午就自来水南扩北进问题"专题办公会议纪要"复印件，关于引江工程沿线南片6乡镇进行区域供水问题的专题会议"会议纪要"复印件，当事人于2003年11月28日与××市自来水公司签订的供用水合同复印件，×建委[1995]93号"关于请求上报×市引江供水项目建议书的报告"复印件，×计经投[1995]833号关于转报××市引江供水项目建议书的请示复印件，计投资[1996]1386号"国家计委关××引江供水一期工程项目建议书的批复"复印件;我局执法人员从××市物价局获取的×省价格听证目录打印件;我局执法人员从××市发展和改革委员会获取的"××市国民经济和社会发展十五计划"复印件,通计经[1999]139号"关于通(州)如(东)引江供水工程申请日本政府贷款的报告"复印件;我局执法人员对当事人的法定代表人所制作的询问笔录,我局执法人员对当事人的部分员工所制作的询问笔录,我局执法人员对当事人的用水用户采取分类随机调查方法所获取的调查材料,证明改供长江自来水是政府为提高人民群众的生活质量的一项民心工程,当事人作为公用企业,在政府要求下于2003年11月起,向用户供应从××市自来水公司购买的长江自来水,并向用户宣传其供应的是长江自来水的事实。

证据三:我局执法人员于2007年9月6日现场检查时制作的现场检查笔录,对当事人的法定代表人所作的询问笔录,对当事人的部分员工所制作的询问笔录,我局执法人员对当事人的用水用户采取分类随机调查方法所获取的调查材料,举报人的举报信;证明当事人为了降低供水成本,利用其原先制作自来水用的尚可使用的4口深水井,在未向用户明示的情况下,自2003年11月至2007年7月实施了以深井自来水充作长江自来水对外销售的事实。

证据四:我局执法人员对当事人的法定代表人所作的询问笔录、对当事人的会计所作的询问笔录,当事人提供的相关财务资料,我局执法人员对当事人的部分员工所制作的询问笔录,我局执法人员对当事人的用水用户采取分类随机调查方法所获取的调查材料,××市物价局提供的××省价格听证目录打印件,当事人提供的××市物价局×价[2003]78号及×价[2006]81号文件复印件,当事人提供的其与其他自来水厂共同向市物价局提交的关于请求调整区域供水各乡镇到户价格的请示复印件,当事人提供的其于2003年9月10日向××市×镇人民政府为调整自来水价格所打的"报告"复印件,当事人2009年3月26日提交的情况汇报,证明当事人自2003年11月至2007年7月共抽取深井水4266895.5吨,通过自身自来水销售管网,以未经有权部门核准的1.8元－2.0元/吨的价格充作长江自来水向部分用户销售,剔除水损等因素,已以长江自来水的名义销售了深井自来水 3152528.2 吨,计销售金额 5943696.85 元。剔除电费、工人工资、折旧、管理费用等成本 5127909.31 元和已缴税收 509632.07 元,获违法所得 306155.47 元。货值金额 5943696.85 元的事实。

证据五:我局执法人员对××市自来水公司经理丁×所制作的询问笔录;×市疾病预防控制中心提供的 2007 年×市农村饮用水卫生监测工作总结、2008 年×市农村生活饮用水卫生监测情况总结;2007 年 7 月 16 日×市人民政府副市长陈×所作的发展区域供水、服务经济建设的讲话;通政办发[2006]70 号关于切实加强引江供水工程供水主管道维护管理的通知;引江供水工程相关报纸报道;我局执法人员对当事人的法定代表人所制作的询问笔录;我局执法人员对当事人的用水用户采取分类随机调查方法所获取的调查材料;证明长江自来水不同于深井自来水且优于深井自来水的事实。

证据六:当事人于 2009 年 1 月 15 日向我局提交的举报信,我局依此举报内容所开展的案前调查材料,我局依据法律规定对当事人的举报对象的立案材料,证明案件调查过程中,当事人主动举报他人违法行为,经我局案前调查其举报情况基本属实,现我局已依法对被举报对象正式立案调查。当事人在接受我局调查中有立功表现的事实。

在调查过程中,当事人曾陈述其将抽取的深井水通过销售管网以长江自来水名义向外销售,是因为改水时对用水量增加估计不足,输水管道口径细,部分地区末梢水压力小,一些用户用不到水,所以才不得已而为之;同时辩称其将深井自来水冒充长江自来水向用户销售,虽然未向用户明示,但在收费时比物价局核定的长江自来水的价格低了 0.3 元/吨,执行的是混合水价,不应认定为以假充真。

我局认为:

1. 当事人作为公用企业,长期从事自来水生产销售,熟悉了解用户用水状况及趋势,并保证用户正常用水。2003 年 11 月 28 日,当事人与×市自来水公司签订的供用水合同中明确由×市自来水公司保证在流量计处的水压不低于 0.25 帕;同时约定当事人对水压、水质有特殊要求的,应当自行设置储水、间断加压设施及处理设施。针对由于用水量增加,相对产生的输水管道口径细,部分地区末梢水压力小的问题,当事人应当自行设置储水、间断加压设施及处理设施。当事人未采取上述措施,致使出现当事人所称的一些用户用不到水的情况应当属于当事人未能很好地履行公用企业应尽的责任。不能作为当事人以深井自来水充作长江自来水销售的合法、合理的理由。考虑到事后当事人已经采取了扩大长江自来水接口、设置加压措施等纠正措施,并已经着手进行大规模的管网改造,可以作为对当事人处罚时应考虑的从轻、减轻情节。

2. 当事人的法定代表人第一次向我局陈述时自述长江水矿物质少、水质软,地下水矿物质多、水质硬。第二次、第三次向我局陈述时承认当事人为了提高居民的饮用水质量才转供长江水的;第三次向我局陈述时还陈述地下水偶尔出现浑浊度、余氯、细菌总数不达标;第五次向我局陈述时也认可转供长江自来水主要是市政府为民做好事,做实事,给人民群众吃上质量好一点的自来水。当事人于 2007 年 11 月 20 日提供的"情况报告"中,也表明"深井水与长江水各项指标有明显区分"。2007 年 9 月 11 日,×市自来水公司经理丁×也认为:"用内河水或深水井抽取地下水生产自来水,根据水质情况一般要进行一些消毒或去杂质的处理,要进行检测的。长江水的水质比内河水、深水井的水质要好,由长江水作为水源制作的自来水目前来说是最好的。"×市疾病预防控制中心 2007 年 ×市农村饮用水卫生监测工作报告认为:我市大部分以地下水为水源的水厂从深水井中取水后只是经过简单的加氯消毒,不进行其他处理,易出现浑浊度、铁等超标现象;2008 年 ×市农村生活饮用水监测情况总结中认为:本市绝大部分以地下水为水源的水厂由于资金等原因,只是经过简单的加氯消毒就直接供水,无水质净化处理设施,易出现水质浑浊度、铁等超标现象。2007 年 7 月 16 日,×市人民政府副市长陈×所作的发展区域供水、服务地方经济的报告等已足够说明长江自来水显然优于深井自来水。现场检查笔录、当事人的陈述等证实,当事人抽取地下水制作深井自来水只是经过简单的加氯消毒,不进行其他处理,易出现浑浊度、铁等超标现象。当事人在未向用户明示的情况下,自 2003 年

11月至2007年9月利用其原先制作自来水用的尚可使用的4口深水井,抽取地下水制作深井自来水后以长江自来水的名义向外销售。主观上有隐瞒的故意,客观事实上有抽取地下水制作深井自来水后以长江自来水的名义向外销售的事实,违反了《中华人民共和国产品质量法》第三十九条的规定,属以假充真的行为。当事人2003年9月10日向原×镇人民政府为调整自来水价格的"报告"、当事人的财务资料表明当事人将深井自来水充作长江自来水向用户销售的原因在于降低供水成本。当事人销售的深井自来水,其制水直接成本为每吨0.526元,购买长江自来水的价格为每吨1.08 – 1.25元。因此当事人在未向用户明示的情况下,用低成本深井自来水充作长江自来水销售,真实目的是为了谋取更多的利润。自来水的价格关系群众切身利益,按照国家规定必须实行政府价格听证,自来水价格应当按法定程序定价。当事人利用低成本深井自来水充作长江自来水销售,在收费时比物价局核定的长江自来水的价格低0.3元/吨,所以更具有欺骗性。在未向用户明示的情况下将深井自来水充作长江自来水向用户销售是以假充真行为,此行为不因当事人收取的价格比长江自来水价格低而改变,相反当事人在未向用户明示的情况下,将深井自来水冒充长江自来水以低于长江水0.3元/吨的价格向用户销售更加证明深井自来水与长江自来水是有区别的,当事人以深井自来水冒充长江自来水是以假充真行为。当事人作为公用企业,在没有转供长江自来水前长期执行物价部门核定的价格,知道水价必须由有权部门依法确定,当事人未经有权部门批准自定收费标准或高于、低于政府定价制定价格的,属于价格违法行为,与其以假充真行为没有必然联系,当事人以低于长江自来水价向部分用户收取了假冒长江自来水的深井自来水水费,只能作为量罚时裁量处罚幅度的情节,而不能作为不是以假充真的理由。

综上所述,当事人以深井自来水充作长江自来水向用户销售的行为,违反了《中华人民共和国产品质量法》第三十九条的规定,属以假充真的行为。当事人的陈述与申辩,我局不予采信。

《中华人民共和国产品质量法》第三十九条"销售者销售产品,不得掺杂、掺假，不得以假充真、以次充好，不得以不合格产品冒充合格产品。"和第五十条"在产品中掺杂、掺假，以假充真，以次充好，或者以不合格产品冒充合格产品的，责令停止生产、销售，没收违法生产、销售的产品，并处违法生产、销售产品货值金额百分之五十以上三倍以下的罚款；有违法所得的，并处没收违法所得；情节严重的吊销营业执照；构成犯罪的，依法追究刑事责任"。当事人以深井自来水充作长江自来水销售，应受到处以没收违法所得、并处罚款的较重行政处罚，因当事人供水区域地方经济发展较快，用水增速较快，对当事人供水事实上造成一定的压力。当事人为改善供水状况，已着手正在进行管网改造，管网改造资金达 445 万元之多，其以深井自来水充作长江自来水所获取的违法所得已经或即将全额投入到管网改造这一社会公益民生事业中。同时在调查过程的后期，当事人认识态度较好，能积极配合调查，并有举报他人违法行为的立功表现。具有《行政处罚法》第二十七条第一款第（三）项"配合行政机关查处违法行为有立功表现的"法定从轻或者减轻行政处罚的情节和理由。

当事人将深井自来水充作长江水自来水向外销售，违反了《中华人民共和国产品质量法》第三十九条"销售者销售产品，不得掺杂、掺假，不得以假充真、以次充好，不得以不合格产品冒充合格产品。"的规定，属于以假充真的行为。依据《中华人民共和国产品质量法》第五十条"在产品中掺杂、掺假，以假充真，以次充好，或者以不合格产品冒充合格产品的，责令停止生产、销售，没收违法生产、销售的产品，并处违法生产、销售产品货值金额百分之五十以上三倍以下的罚款；有违法所得的，并处没收违法所得；情节严重的吊销营业执照；构成犯罪的，依法追究刑事责任"和《行政处罚法》第二十七条第一款第（三）项"当事人有下列情形之一的，应当依法从轻或者减轻行政处罚：……（三）配合行政机关查处违法行为有立功表现的；"的规定，拟对当事人作出：1. 责令停止销售；2. 罚款 70000 元的行政处罚。

我局依据《中华人民共和国行政处罚法》第三十一条"行政机关在作出行政处罚决定之前，应当告知当事人作出行政处罚决定的事实、理由及依据，并告知当事人依法享有的权利。"、第三十二条"当事人有权进行陈述和申辩。行政机关必须充分听取当事人的意见,对当事人提出的事实、理由和证据,应当进行复核;当事人提出的事实、理由或者证据成立的,行政机关应当采纳。行政机关不得因当事人申辩而加重处罚。"、第四十二条的规定,于2009 年 4 月 10 日将×工商听告字[2009]×号《行政处罚听证告知书》送达当事人。告知当事人我局对其上述行为拟作出行政处罚的事实、理由、依据及当事人依法享有的权利。当事人在法定期限内未作出陈述、申辩也未提出举行听证的要求。

综上所述,当事人以假充真的行为,违反了《中华人民共和国产品质量法》第三十九条的规定,依据《中华人民共和国产品质量法》第五十条和《行政处罚法》第二十七条第一款第(三)项的规定,决定处罚如下:

1. 责令停止销售;

2. 罚款 70000 元。

当事人应在收到本行政处罚决定书之日起 15 日内(末日为节假日顺延)到中国农业银行×市任一网点缴清上述款项。若使用转账支票、银行本票、银行汇票缴纳罚没款时,必须在转账支票、银行本票、银行汇票"收款人"栏填写"待报解罚没收入专户",在转账支票、银行本票、银行汇票"用途"栏填写"缴纳×工商局罚没款"。到期不缴纳的,将依据《中华人民共和国行政处罚法》第五十一条第一项"到期不缴纳罚款的,每日按罚款数额的 3% 加处罚款;"之规定,每日按罚款额的百分之三加处罚款。

如不服本处罚决定,可在接到本处罚决定书之日起六十日内,向×商行政管理局或者×市人民政府申请行政复议,也可以在接到本处罚决定书之日起三个月内直接向×市人民法院提起行政诉讼。

×工商行政管理局
×年×月×日

点评:

本案件具有社会意义,反映出办案部门对民生问题的关注。文书符合规范要求。全面客观、详略得当地反映了行政执法过程、案件事实的认定、行政处罚当事人的意见、处罚的理由和结果。

不足:一是事实方面,由于长江水和深井水混同,对于深井水销售量是如何认定的,应更详细说明。二是自由裁量权适用不当,违法所得应没收未没收(30 多万),罚款 7 万相对于近 600 万的货值金额也明显偏轻。

关于对卢×无照从事页岩砖生产案的处罚决定

×工商行政管理局行政处罚决定书

×工商处字[2010]第×号

当事人:卢×,男,汉族,年龄39岁

住所:略

身份证号:略

2009年11月8日×市工商局执法人员接到群众举报,有人无照从事页岩砖生产。2009年11月10日经局领导批准立案调查。

经查明:当事人于2007年7月10日和A页岩砖有限公司法定代表人夏×签订转让企业协议书,双方约定以360万元转让费将企业产权转让给当事人。当事人在未取得B页岩砖有限公司《营业执照》的情况下,以B页岩砖有限公司的名义于2007年7月开始生产销售页岩砖,2008年因故停业一年,至2009年10月共生产销售页岩砖收入131万元。

上述事实主要有以下证据证实:

证据一:2009年11月10日执法人员制作的现场笔录1份,证明当事人正在开展生产经营活动的事实。

证据二:现场拍摄的照片10张,证实当事人无照生产页岩砖生产场地、设备、成品、半成品、工人生产情况及对外名称以"B页岩砖厂"和在办公室悬挂"B丰页岩砖有限公司"相关制度牌匾等事实。

证据三:授权委托书一份,卢×身份证复印件一份,卢×身份证复印件

一份，证明当事人卢×委托其代理人卢桐到我局调查处理此事的合法委托关系及卢×、卢桐的个人身份证明。

证据四：转让协议书一份，证明2007年7月10日卢×与A页岩砖有限公司法定代表人夏×以360万元转让费将企业产权转让给当事人，开始接手企业经营的事实。

证据五：当事人提供的A页岩砖有限公司企业法人营业执照、税务登记证、财政登记证、采矿许可证、外商投资企业批准证书等复印件，证实企业原属合法的外资企业的事实。

证据六：当事人提供的×市中级人民法院民事判决书复印件一份（共11页），证实当事人2008年一直与A页岩砖有限公司法定代表人夏×因转让协议向法院诉讼，未开展经营活动的事实。

证据七：2009年11月11日对卢桐制作的询问笔录1份（共3页），2009年11月18日对卢×制作的询问笔录1份（共2页），证明当事人于2007年7月至今以"B页岩砖有限公司"名义无照生产页岩砖的事实及未经批准擅自雕刻"B页岩砖有限公司"行政、财务章对外开展经营活动的事实。

证据八：当事人提供的总分类账一份（共9页），证实当事人从2007年7月至2009年10月期间，共生产销售页岩砖收入131万元的事实。

以上证据和笔录均有当事人及委托代理人签名盖章予以确认。

根据以上查明的事实、证据，我局根据《中华人民共和国行政处罚法》第三十一条"行政机关在作出行政处罚决定之前，应当告知当事人作出行政处罚决定的事实、理由及依据，并告知当事人依法享有的权利。"和《工商行政管理机关行政处罚程序规定》第五十二条"工商行政管理机关负责人对行政处罚建议批准后，由办案机构以办案机关的名义，告知当事人拟作出行政处罚的事实、理由、依据、处罚内容，并告知当事人依法享有陈述、申辩权。"的规定。于2010年1月21日向当事人送达×工商听告字［2009］×号听证告知书，拟对当事人无照经营页岩砖行为依法予以取缔并处于罚款10万元。当事人于2010年1月25日向我局提出听证申请，由于当事人因故不能按时参加听证，向我局书面提出延期听证申请。我局于2010年3月17日举行听证会。听证中当事人提出了3点陈述、申辩意见:1.当事人与A页岩砖有限公司法定代表人夏×签订协议,以360万元转让费将企业产权转让给当事人,包括办齐全部证照的转让变更手续。但夏×未履行义务,未向国土资源部门缴纳矿产资源使用费,致使采矿许可证无法变更,安全生产许可证无法变更,工商营业执照无法办理。2008年当事人向法院诉讼,×市中级人民法院民事判决要求夏×履行协议义务,但至今夏×未履行,也见不到夏×本人,法院强制执行也还没有结果。2.由于资金投入很大,不开展生产,机器砖窑等设备将会报废,不销售产品,必定造成更大损失,所以在没有办理转让和变更相关证照时就开展了生产。3.由于对市场认识不清,经验差,页岩砖生产成本大,受粘土砖冲击,至今没有效益,各方借款维持生产。依据以上3点陈述,当事人提出最后意见:"请给予当事人批评教育警告,不要罚款"。

我局认为:当事人对案件违法事实、证据、定性、适用法律和处罚程序均无异议,提出的第1点陈述、申辩意见客观反映了造成卢×没有办理工商营业执照变更的原因,不能成为卢×以"B页岩砖有限公司"名义从事无照经营活动的原因。提出的第2点和第3点陈述、申辩意见,是投资者依据市场自主投资,自主经营管理,销售利润大小,系企业自身经营行为,不能成为无照经营的原因和免于处罚的理由,但其陈述、申辩的客观原因可依法酌情考虑从轻处罚。当事人最后意见"请给予当事人批评教育警告,不要罚款",不予采纳。

当事人未经批准擅自从事页岩砖生产销售的行为,属于《无照经营查处取缔办法》第四条第一款第(一)项"应当取得而未依法取得许可证或者其他批准文件和营业执照,擅自从事经营活动的无照经营行为",依据《无照经营查处取缔办法》第十四条第一款"对于无照经营行为,由工商行政管理部门依法予以取缔,没收违法所得;触犯刑律的,依照刑法关于非法经营罪、重大责任事故罪、重大劳动安全事故罪、危险物品肇事罪或者其他罪的规定,依法追究刑事责任;尚不够刑事处罚的,并处2万元以下的罚款;无照经营行为规模较大、社会危害严重的,并处2万元以上20万元以下的罚款;无照经营行为危害人体健康、存在重大安全隐患、威胁公共安全、破坏环境资源的，没收专门用于从事无照经营的工具、设备、原材料、产品（商品）等财物，并处5万元以上50万元以下的罚款"的规定。我局决定对当事人做如下处罚：

1. 对当事人以"B页岩砖有限公司"无照经营页岩砖行为依法予以取缔；

2. 处于罚款 30000.00 元（大写叁万元）。

当事人应在接到本处罚决定书之日起 15 日内，到中国建设银行×支行（账户：×市工商行政管理局，账号：略）缴纳罚款。逾期不缴纳的，将依据《中华人民共和国行政处罚法》第五十一条第（一）项"到期不缴纳罚款的，每日按罚款数额的百分之三加处罚款"的规定执行。

当事人如不服本处罚决定，可在收到本处罚决定书之日起 60 日内书面向×省工商行政管理局申请复议并抄送本局；也可以在接到本处罚决定书之日起 90 日内，直接向×市人民法院提起行政诉讼；复议或诉讼期间不停止本处罚决定的执行。

×工商行政管理局

×年×月×日

点评：

　　本文书主要优点在于对当事人在听证过程中提出的质疑意见及其证据进行了回应，并以较大篇幅阐明了采纳或者不采纳的理由，很好的体现了处罚决定的说服力。本案当事人在听证中提出的三点意见不涉及案件事实、证据、定性和案件查处程序，只提到未取得《营业执照》的原因及经营存在的困难，其目的是为了免除经济处罚。此类情形容易引出主观故意与客观事实、违法动机与违法结果、违法事实与法律规定之间情、理、法的复杂考量。本案处罚决定书比较清晰地说明了当事人作为自主经营的市场主体其行为具有自主性，造成困难的原因不能作为可以无照经营并请求免予行政处罚的理由，较好地解决了这一问题。

　　不足：《中华人民共和国公司法》对未取得有限公司营业执照以有限公

司名义从事经营活动的违法行为有相应处罚规定,这里就需要注意竞合与转致的问题;告知当事人救济权时,复议机关应包括本级人民政府,直接提起行政诉讼的期限是三个月而不是90日。

关于对陆×、刘×、王× 无照从事煤矿经营案的处罚决定

×工商行政管理局行政处罚决定书

×工商处字［2010］第×号

当事人：陆×；住址：略；身份证号：略；联系电话：略。

当事人：刘×；住址：略；身份证号：略；联系电话：略。

当事人：王×（××煤矿个人独资企业投资人）；住址：略；身份证号：略；联系电话：略。

经查，当事人陆×、刘×、王×于2010年2月6日签订《××煤矿合伙协议》，约定三人在原"××煤矿"的基础上，共同出资2160万元从事原煤生产经营，其中陆×以设备及现金出资970万元，刘×以现金出资650万元，王×以煤矿原有全部资产作价540万元作为出资。陆×占45%、刘×占30%、王×占25%。约定企业的利润和亏损，由三合伙人依照出资比例共同分配和分担。并于2010年2月6日，当事人三人正式共同投资经营××煤矿，其分工是：由王×全权负责××煤矿经营管理，陆×协助王×管理××煤矿，刘×负责×煤矿的财务管理工作。

三个当事人在签订《×煤矿合伙协议》之后，仍然延用原《个人独资企业营业执照》（注册号：略），并持有原《中华人民共和国采矿许可证》、《煤炭生产许可证》、《×市环境保护局准予行政许可决定书》、《安全生产许可证》进行合伙经营至本案查获。

上述事实主要有下列证据证实：

证据一:2010年8月11日10时55分至11时22分,执法人员对当事人原煤生产经营现场及办公场所检查时,制作的现场检查笔录一份。该现场检查笔录证实了:(1)当事人从事原煤生产的事实;(2)当事人取得了《煤炭生产许可证》《采矿许可证》《安全生产许可证》的事实。

证据二:2010年8月11日,执法人员对××煤矿进行调查,当事人向执法人员提供从事原煤开采活动的《中华人民共和国采矿许可证》(编号:略)复印件一份、《煤炭生产许可证》(编号:略)复印件一份、《×市环境保护局准予行政许可决定书》(文号:略)复印件一份、《安全生产许可证》(编号:略)复印件一份、《个人独资企业营业执照》(注册号:略)复印件一份。此证据证实了,当事人已经取得了原煤矿开采销售的许可证,但未依法取得原煤开采销售的营业执照。

证据三:2010年8月11日,执法人员在当事人经营场所进行现场检查时,对经营场所进行拍照,获取照片6张。证实了当事人从事原煤生产经营活动的事实。

证据四:2010年8月11日,王×向执法人员提供的××煤矿矿长资格证复印件1份,证实了王×在××煤矿任矿长的身份。

证据五:2010年8月11日,王×向执法人员提供的身份证复印件1份,证实了王×的真实身份。

证据六:2010年8月11日,陆×向执法人员提供的身份证复印件1份,证实了陆×的真实身份。

证据七:2010年8月11日,王×向执法人员提供的身份证复印件1份,证实了王×的真实身份。

证据八:2010年8月17日,刘×向执法人员提供的身份证复印件1份,证实了刘×的真实身份。

证据九:2010年8月17日13时21分,执法人员对当事人陆×进行了询问,制作了询问笔录一份。该笔录中当事人陈述了以下三个事实:1. 当事人2010年2月6日至今开采原煤200余吨;2. 当事人于2010年2月6日签订《××煤矿合伙协议》,决定共同出资2160万元从事原煤生产经营,其中陆

×以设备及现金出资970万元,刘×以现金出资650万元,王×以煤矿原有全部资产作价540万元作为出资。陆×占45%、刘×占30%、王×占25%。约定企业的利润和亏损,由合伙人依照出资比例分配和分担。3.当事人三人合伙后未办理从事原煤开采、销售的《营业执照》的事实。

证据十:2010年8月17日13时06分,执法人员对当事人刘×进行了询问,制作了询问笔录一份。该笔录中当事人陈述了以下三个事实:1.当事人2010年2月6日至今开采原煤200余吨;2.当事人于2010年2月6日签订《××煤矿合伙协议》,决定共同出资2160万元从事原煤生产经营,其中陆×以设备及现金出资970万元,刘×以现金出资650万元,王×以煤矿原有全部资产作价540万元作为出资。陆×占45%、刘×占30%、王×占25%。约定企业的利润和亏损,由合伙人依照出资比例分配和分担。3.当事人未办理从事原煤开采、销售的《营业执照》的事实。

证据十一:2010年8月17日12时58分,执法人员对当事人王×进行了询问,制作了询问笔录一份。该笔录中当事人陈述了以下三个事实:1.当事人2010年2月6日至今开采原煤200余吨;2.当事人于2010年2月6日签订《××煤矿合伙协议》,决定共同出资2160万元从事原煤生产经营,其中陆×以设备及现金出资970万元,刘×以现金出资650万元,王×以煤矿原有全部资产作价540万元作为出资。陆×占45%、刘×占30%、王×占25%。约定企业的利润和亏损,由合伙人依照出资比例分配和分担。3.当事人未办理从事原煤开采、销售的《营业执照》的事实。

证据十二:2010年8月17日,陆×、刘×、王×向执法人员提供《××煤矿合伙协议》复印件三份,此证据证实当事人于2010年2月6日签订《××煤矿合伙协议》,各合伙人的出资总额为:2160万元,其中陆×以设备及现金出资970万元,刘×以现金出资650万元,王×以煤矿原有全部资产作价540万元作为出资。企业的利润和亏损,由合伙人依照以下比例分配和分担:陆×占45%、刘×占30%、王×占25%。

以上证据和笔录分别由提供人签名盖章认可。

根据以上事实和证据,我局认定当事人提供的××煤矿《中华人民共和国采矿许可证》（编号：略）、《煤炭生产许可证》（编号：略）、《×市环境保护局准予行政许可决定书》（文号：略）、《安全生产许可证》（编号：略）、《个人独资企业营业执照》（注册号：略）是×煤矿原投资人王×个人投资经营"××煤矿"时的合法证照，该证照不能作为三个当事人共同投资之后，经营××煤矿的合法凭证。三个当事人共同投资经营××煤矿，在投资人、投资方式、经济性质上已发生了根本改变，已形成了新的市场经营主体，当事人应当按照相关的法律法规规定，凭据依法取得的《中华人民共和国采矿许可证》、《煤炭生产许可证》、《×市环境保护局准予行政许可决定书》或者取得从事原煤开采活动的批准文件，重新向工商行政管理部门申请注册登记，经依法核准登记并领取营业执照后，方可从事原煤开采、销售活动。当事人的行为属于《无照经营查处取缔办法》第四条第一款第（三）项："已依法取得许可证或者其他批准文件，但未依法取得营业执照，擅自从事经营活动的无照经营行为"。

2010 年 8 月 24 日，我局向当事人送达了《×县工商行政管理局行政处罚告知书》、《×县工商行政管理局行政处罚听证告知书》。在法定的 3 日内，当事人没有向我局进行陈述和申辩，也没有提出听证要求。

根据《无照经营查处取缔办法》第十四条第一款："对于无照经营行为，由工商行政管理部门依法予以取缔，没收违法所得；触犯刑律的，依照刑法关于非法经营罪、重大责任事故罪、重大劳动安全事故罪、危险物品肇事罪或者其他罪的规定，依法追究刑事责任；尚不够刑事处罚的，并处 2 万元以下的罚款；无照经营行为规模较大、社会危害严重的，并处 2 万元以上 20 万元以下的罚款；……"的规定，我局决定对当事人作如下处罚：

1. 责令停止无照经营行为；

2. 罚款 60000 元（大写陆万元整）。

当事人在接到本处罚决定之日起 15 日内到中国建设银行股份有限公司×支行缴纳罚款，账号：略，逾期未缴纳罚款的，每日按罚款数额的百分之三加处罚款。

当事人如不服本处罚决定，可在收到本处罚决定之日起 60 日内向×市工商行政管理局申请复议,也可在 3 个月内向人民法院提起诉讼。

×工商行政管理局

×年×月×日

点评:

本案的关键之处在于三个当事人签订协议共同出资、合伙经营的行为,改变了原个人独资企业的法律地位和主体性质,事实上形成了新的具有不同法律特征的经营主体,依法应当重新办理设立登记。在没有重新登记而使用原个人独资企业的许可证和执照从事经营活动,事实上形成了无照经营。执法机关在认定事实的基础上,准确把握这一环节,客观分析当事人的违法性质,说理充分。

不足:在案件事实叙述方面对无照经营的经营额、违法所得等具体事实、情节未作叙述;本案按照《无照经营查处取缔办法》4 条 1 款(3)项定性,但案件事实反映,当事人沿用了原企业的相关许可证,因此按照《无照经营查处取缔办法》4 条 1 款(1)项定性更为准确;告知当事人复议机关时,按照《行政复议条例》的相关规定,还应包括处罚机关所在地的本级人民政府。

关于对 S 公司超越核准
的经营范围擅自从事生产、销售并进行
虚假宣传案的处罚决定

×工商行政管理局行政处罚决定书

×工商×分案字〔2008〕第×号

当事人：S 公司

住所：略

法定代表人：张×

注册资本：100 万元人民币

公司类型：有限责任公司

经营范围：钢塑管材、管件、塑料管材、管件的制造、加工、销售；不锈钢管、镀锌管、构槽卡箍的销售。（上述经营范围涉及许可证、专项审批的，经批准取得有效证件后方可经营）

委托代理人：宋×，男，40 岁，身份证号：略，系 S 公司总经理

2008 年 7 月 2 日，我局依法对位于×高新技术产业园的 S 公司进行检查，发现当事人在未依法取得卫生许可证的情况下，擅自生产、销售给水衬塑复合钢管（以下简称钢塑管材），涉嫌构成《无照经营查处取缔办法》第四条第一款第（五）项所指的行为；同时发现当事人未能现场提供材料证明其印制并散发的彩色《衬塑复合钢管》说明书的内容，涉嫌违反了《中华人民共和国反不正当竞争法》第九条第一款的规定。为进一步查明事实，根据国家工商总局（2007）第 28 号令《工商行政管理机关行政处罚程序规定》第十七

条"工商行政管理机关应当自收到投诉、申诉、举报、其他机关移送、上级机关交办的材料之日起七个工作日内予以核查,并决定是否立案;特殊情况下,可以延长至十五个工作日内决定是否立案。"、十八条"立案应当填写立案审批表,同时附上相关材料(投诉材料、申诉材料、举报材料、上级机关交办或者有关部门移送的材料、当事人提供的材料、监督检查报告、已核查获取的证据等),由县级以上工商行政管理机关负责人批准,办案机构负责人指定两名以上办案人员负责调查处理。"之规定,经局长批准我局于当日立案进行调查。

在调查中,当事人委托总经理宋×接受我局调查处理。我局依法对涉嫌违法场所进行了现场检查,拍摄了现场照片,对委托代理人宋×进行了调查询问,查阅并复制了当事人从事生产、经营的相关账页、票据等,并对相关购货单位进行了调查。2008年7月11日,我局依法向当事人送达了限期提供证据通知书,当事人就有关情况出具了说明。

经查:当事人成立于2008年3月15日,主要生产、经营给水衬塑复合钢管。2008年起,当事人在未依法取得卫生许可证的情况下,从M公司购进塑料粒子,从N公司购进镀锌管,通过挤塑、注塑等工艺,生产钢塑管材并进行销售。2008年4月至6月,当事人先后销售给A股份有限公司、B建筑工程公司、C物资有限公司等三家单位钢塑管材共11.108吨,总价款为92927.94元。当事人销售上述钢塑管材的成本价合计为73021.89元,获利19906.05元。另有60吨钢塑管材产品堆放在公司成品库内。当事人尚未缴纳相关税收。

另查:当事人为了宣传推销本公司产品(给水衬塑复合钢管),自行设计并在Y印刷厂印制了500本彩色《衬塑复合钢管》说明书。该说明书产品简介中使用的5幅"质量管理体系认证证书"、"产品质量监督检查合格证"、"国家质量抽查检测合格产品"、"××省卫生厅涉及饮用水卫生安全产品卫生许可批件"、"检验报告"证照、证书照片全系通过翻拍修改其他公司同类产品证照、证书后变造而成。至案发上述说明书已散发约200本。

当事人的上述违法事实,有以下证据予以证实:

1. 现场检查笔录 1 份,证明 2008 年 7 月 2 日现场检查的情况;

2. 当事人委托代理人宋×的询问笔录 2 份,证明当事人的上述违法事实;

3. 当事人确认的其所生产的钢塑管材照片 1 张,证明当事人生产钢塑管材的事实;

4. 当事人提供的《S 公司销售管材统计清单》2 份;更正说明 1 份及发货通知单 1 份,证明当事人销售钢塑管材的数量、价款、成本等情况;

5. 当事人提供的销售钢塑管材的《××增值税普通发票》复印件共 3 份;《××增值税专用发票》复印件 1 份;相关账页、订货合同复印件各 1 份,证明当事人销售钢塑管材的数量、价款等情况;

6. A 股份有限公司王×询问笔录及其身份证复印件 1 份、A 股份有限公司《营业执照》复印件 1 份;A 股份有限公司提供的其与当事人间购销钢塑管材的《订货合同》及附件复印件共 7 份;A 股份有限公司确认的钢塑管材相关照片资料 2 页(共 4 张),佐证当事人销售钢塑管材的事实;

7. B 建筑工程公司提供的该公司向当事人购买钢塑管材时当事人提供的《合格证》、批件、证书等资料复印件共 6 份,佐证当事人销售钢塑管材的事实;

8. E 房屋开发公司提供的当事人《发货通知单》及《××省增值税普通发票》复印件各 1 份,证明当事人该张发票记载的商品名称为钢塑管材但实际销售的并非钢塑管材;

9.《生活饮用水卫生监督管理办法》(建设部、卫生部第 53 号令)及《国务院对确需保留的行政审批项目设定行政许可的决定》(国务院令第 412 号)各 1 份,证明国家对钢塑管材实行卫生许可制度;

10. 当事人提供的《衬塑复合钢管》彩色说明书 1 本,反映有关的宣传内容;

11. 当事人出具的关于彩色说明书的情况说明 1 份,证明说明书产品简介中使用的 5 幅证照、证书照片全系变造而成;

12. 当事人提供的彩色说明书《送货单》1 份;Y 印刷厂提供的《关于印

刷"衬塑复合钢管"情况的说明》1 份；Y 印刷厂《营业执照》复印件各 1 份，证明彩色说明书的印制数量，内容来源等情况；

13. 当事人提供的《企业法人营业执照》复印件 1 份；当事人《授权委托书》1 份，法定代表人、委托代理人身份证复印件各 1 份；

14.《限期提供证据通知书》2 份及送达回证；

上述证据已形成完整的证据链，足以证明当事人的相关违法事实。

当事人就其违法行为的相关情况另提供以下证据材料：

1. ××省产品质量监督检验研究院 NO：(2008) SJFGC – CY10134 及 ×市疾病预防控制中心（水）2008102046《检验报告》复印件各 1 份，证明当事人生产的钢塑管材符合有关质量、卫生标准；

2.《××省卫生行政许可申请材料接收凭证》、《行政许可申请材料接收凭证》复印件各 1 份；××省卫生监督所《卫生行政许可资料审核意见反馈书》1 份；生产及检验设备清单、生产工艺及流程简图各 1 份；《培训合格证》2 份；《承诺书》1 份，证明当事人在案发前已经申请领取相关许可证并按照审核意见进行整改；

3. 当事人提供的"全国建材行业市场公认品牌"证书照片、国家建筑材料测试中心检验报告、××省产品质量监督检验研究院检验报告、××省卫生厅涉水产品卫生行政许可审批程序（试行）、××省卫生厅涉及饮用水卫生安全产品卫生许可批件（批准日期：2008 年 7 月 23 日）复印件各 1 份，证明当事人在案发后及时办理了相关许可证。

2008 年 7 月 26 日，我局向当事人送达×工商×分听告字（2008）YM 第×号《听证告知书》，拟对当事人处以罚没共计 140327.23 元的行政处罚。根据当事人的申请，我局于 2008 年 8 月 10 日举行听证会，听取了当事人的陈述申辩意见。根据听证情况，我局对相关事实进行了补充调查，并最终认定上述违法事实。2008 年 8 月 31 日，我局向当事人送达×工商×分听告字（2008）YM 第×号《听证告知书》，告知当事人重新认定的违法事实、处罚依据和拟处以罚没共计 129906.05 元的行政处罚内容。根据当事人的申请，我局于 2008 年 9 月 13 日再次举行了听证会。在听证会上，当事人对我局重新

认定的相关违法事实并无异议,但提出以下申辩意见:

1. 当事人未超越核准的经营范围擅自生产、销售钢塑管材。当事人的营业执照上明确当事人有权销售钢塑管材,且当事人客观上已经在办理且现在已经办理完毕相应的许可证照。

2. 当事人并未对商品关键因素进行虚假宣传。构成《反不正当竞争法》第九条的要件是对商品关键因素,即质量、制作成分、性能、用途、生产者、有效期限、产地进行虚假宣传。制作的广告宣传册(即说明书)虽然对一些图片进行了处理,但销售商品的上述关键因素均系客观真实,因此不能构成虚假宣传。

3. 具体行政行为适用法律错误。当事人认为其进行宣传的唯一目的就在于推销商品,主观上不存在,客观上也从未损害其他经营者的合法权益,不构成扰乱社会经济秩序的不正当竞争行为。因此,对当事人行为进行处罚应当适用《广告法》。

4. 罚款幅度过高,与违法行为危害性不相适应。当事人行为主观上系过失;社会危害性较轻,也未产生社会影响及后果;对当事人无证经营处2万元罚款属法定处罚幅度最高额处罚,对当事人虚假宣传行为处10万元罚款也存在合理性问题。

5. 我局听证告知程序违法。当事人认为,根据《行政处罚法》第四十三条"听证结束后,行政机关依照本法第三十八条的规定,作出决定。"及第三十八条"调查终结,行政机关负责人应当对调查结果进行审查,根据不同情况,分别作出如下决定:(一)确有应受行政处罚的违法行为的,根据情节轻重及具体情况,作出行政处罚决定;(二)违法行为轻微,依法可以不予行政处罚的,不予行政处罚;(三)违法事实不能成立的,不得给予行政处罚;(四)违法行为已构成犯罪的,移送司法机关。对情节复杂或者重大违法行为给予较重的行政处罚,行政机关的负责人应当集体讨论决定。"之规定,第一次听证结束后,行政机关负责人应当对调查结果进行审查,根据不同情况,作出相应决定,而不进行决定却又告知听证之行为是程序违法。综上,当事人要求我局重新考虑行政处罚事宜。

在听取了当事人的陈述申辩后,我局认为:

1. 当事人无证违法经营行为成立。当事人营业执照核定经营范围有明确限定,即涉及许可证、专项审批的,经批准取得有效证件后方可经营。而涉水产品的生产、销售属专项审批项目,必须领取卫生许可批件后方可经营。事实上,××省卫生厅直到 7 月 23 日才颁发了当事人的卫生许可批件,而当事人在此之前即开始生产、销售钢塑管材,因此当事人无证违法经营行为成立。

2. 当事人虚假宣传行为成立。当事人委托他人印制的彩色《衬塑复合钢管》说明书内容涉及“质量管理体系认证证书”、“产品质量监督检查合格证”、“国家质量抽查检测合格产品”、“××省卫生厅的卫生许可批件”、《检测报告》等证书、批件的照片,全系通过翻拍修改同类产品证照、证书后变造而成。作为产品的生产者、销售者,当事人使用的这些证书、批件直接反映其企业资质、产品质量等购买者或者使用者最需了解的情况,将直接影响购买者的判断。截至案发,当事人在明知尚未取得上述证照的情况下,对外散发说明书约 200 本,足以造成他人对当事人生产资质、产品质量等重要情况的误解,已构成虚假宣传行为。

3. 当事人的虚假宣传行为构成不正当竞争。首先,当事人在主观上存在违法故意。当事人对说明书中的相关虚假内容心知肚明,事实上散发的说明书是其自行设计并委托他人印制的,翻拍的证书、批件的发证日期甚至早于当事人成立日期。当事人在明知说明书内容虚假的情况下,仍大量散发给新老客户,显然当事人在主观心态上是故意的,其推销商品、抢占市场份额的目的是显而易见的。当事人的行为显然违背了《反不正当竞争法》第二条规定的遵守诚实信用、遵守公认的商业道德的竞争规则,违反竞争规则的行为是不正当竞争行为。其次,当事人的行为损害了其他经营者的合法权益。当事人以其交易客户都是老关系为由不承认有实际损害后果。但竞争法所指的损害合法权益既可以是直接的,也可以是间接的,既有实际损害,也存在可能损害,不是以是否有特定对象来判断。当事人尚未取得有关证书、批件,即未取得合法竞争资质,但当事人急于求成,采用虚假宣传方式推销本公司产品,其谋取竞争优势、争取交易机会、抢占市场份额的意图不言而喻。在市场容量相对有限的情况下,其行为损害了同行业不特定的正当经营者的合法权益,一定程度上扰乱了社会经济秩序。再次,当事人的行为属于《反不正当竞争法》所指通过其他方法进行虚假宣传。当事人说明书的散发对象是相对特定的群体,不同于广告是针对不特定群体进行宣传。综上所述,当事人的行为不仅违反了广告活动的行为规范,同时更违反了《反不正当竞争法》规定的有关经营者不得利用广告或者其他方法对商品质量等作引人误解的虚假宣传的规定,属于不正当竞争行为。参照国家工商行政管理总局《关于对获奖获优情况作不真实宣传行为认定问题的答复》(工商公字[2002]第54号),从规范市场公平竞争的角度,我局适用《反不正当竞争法》并无不当。

4. 我局的行政处罚并无明显不当,与当事人违法行为的事实、性质、情节以及社会危害程序基本相当。当事人在明知说明书内容虚假的情况下,仍然散发给客户,显然当事人在主观心态上是故意的而非过失,其推销商品、抢占市场份额的目的和动机是显而易见的。而且当事人散发的说明书是其通过变造其他公司证书、批件后自行设计并委托他人印制的,并在交易过程中散发,更易误导对方,手段极为恶劣。这种行为属于×工商行政管理局《行政执法五严十宽制度》明确要严厉打击的违法行为。当事人认为其系因对法律的无知而非故意地从事违法行为,主观上系过失的理由显然与事实不符。其行为不仅违反了法律的具体规定,也违反了公认的商业道德和诚实信用的基本守则,本应从重处罚。但鉴于案发后,当事人积极配合我局查处违法行为,自行封存了尚未散发的说明书并请求我局监督销毁,并拟根据其合法取得的证照重新印制;且当事人客观上确实在积极申领卫生许可批件且该过程确实需要一定的周期(当事人已于2008年7月27日领取了《××省卫生厅涉及饮用水卫生安全产品卫生许可批件》),产品本身也不存在质量问题。其行为属于《中华人民共和国行政处罚法》第二十七第一款第(一)项所指"主动消除或者减轻违法行为危害后果的"情形。因此,对当事人要求从轻处罚的意见可以酌情采纳。

5. 我局听证程序合法。对于"经过听证的行政处罚案件因改变认定的违法事实是否需要重新听证告知"的问题,目前的法律、法规及其他规范性文件均没有作出明确的规定或要求。但是从行政处罚法的立法宗旨及其设立行政处罚(听证)告知制度的目的来看,我局重新听证告知并不违法。(听证)告知制度是行政机关向当事人告知给予行政处罚的事实、理由和依据,听取当事人的陈述申辩意见(包括根据当事人的申请组织听证会)的制度。对当事人陈述申辩意见中合法合理的部分(给予行政处罚的事实、理由和依据),行政机关应当予以采纳,其目的在于保证行政机关正确实施行政处罚,保护当事人的合法权益。根据第一次听证会情况,我局认为当事人确有应受行政处罚的违法行为,但在具体违法事实的认定上存在出入,从而作出要求案件调查人补充调查的决定,并将补充调查后认定的违法事实和处罚的理由、依据重新告知当事人,让当事人知道自己行为的违法所在,并再次享有陈述和申辩(包括要求听证)的权利(事实上当事人也充分行使了这一权利),这完全符合行政处罚法关于行政处罚的基本要求和程序,不仅可以更好地保障当事人的知情权,以维护其合法权益,也可以减少进入行政复议或者行政诉讼程序的可能性,节约行政执法的成本。

综上所述,当事人在未依法取得卫生许可证的情况下,超越核准的经营范围,擅自生产、销售钢塑管材的行为,构成了《无照经营查处取缔办法》第四条第一款第(五)项所指"超出核准登记的经营范围、擅自从事应当取得许可证或者其他批准文件方可从事的经营活动的违法经营行为",根据《无照经营查处取缔办法》第十四条第一款"对无照经营行为,由工商行政管理部门依法予以取缔,没收违法所得……尚不够刑事处罚的,并处2万元以下罚款……"的规定,决定对当事人责令改正违法行为并作如下处罚:没收违法所得19906.05元,罚款10000元,合计29906.05元。

当事人利用印有变造的证照、证书照片的说明书进行虚假宣传的行为,已违反了《中华人民共和国反不正当竞争法》第九条第一款"经营者不得利用广告或者其他方法,对商品的质量、制作成分、性能、用途、生产者、有效期限、产地等作引人误解的虚假宣传"的规定,根据《中华人民共和国反不正当竞争法》第二十四条第一款"经营者利用广告或者其他方法,对商品作引人误解的虚假宣传的,监督检查部门应当责令停止违法行为,消除影响,可以根据情节处以一万元以上二十万元以下的罚款"的规定,决定对当事人责令停止违法行为,消除影响并作如下处罚:罚款 50000 元。

以上共计 79906.05 元,上缴国库。

当事人应在收到本处罚决定书之日起十五日内(末日为节假日顺延)到中国农业银行×市任一网点缴清上述款项。若使用本票、汇票缴纳罚没款时,请到本市农行营业部办理缴付手续。逾期不缴纳的,每日按罚款额的百分之三加处罚款。

如对本处罚决定不服,可在收到本处罚决定书之日起六十日内,向×市工商行政管理局或×区人民政府申请复议;也可在收到本处罚决定书之日起三个月内,直接向×区人民法院提起行政诉讼。

×工商行政管理局
×年×月×日

点评:

1. 本案虽然涉及两个违法行为,但文书在事实叙述、对当事人陈述申辩是否采纳的理由和处罚裁量上表述得较为清晰,特别是针对当事人的陈述申辩意见逐一进行阐述说明,具有较强的针对性和说服力。

2. 文书结构比较完整,各部分之间层次清晰。

3. 文书第一自然段关于案件来源及立案经过的表述可以适当简略。

4. 文书用对当事人的陈述申辩意见的回应理由进行了定性说理。

5. 对当事人虚假宣传的定性说理上,如文书能对在当事人生产的产品经相关机构检验合格的情况下,工商机关仍认定其变造质量证书照片的行为构成对产品质量的虚假宣传行为的理由分析得更充分透彻一些则更佳。此外,如果说明书是随产品散发的,则适用《反不正当竞争法》第五条定性更准确。

关于对××公司为无照经营提供
便利条件案的处罚决定

×工商行政管理局行政处罚决定书

×工商检处字[2010]第×号

当事人:中国移动通信集团×有限公司×县分公司

营业场所:略

企业类型:分支机构(外商独资)

负责人:刘××

经营范围:经营移动通信业务(包括话音、数据、多媒体等)、IP卡电话及互联网接入服务;从事移动通信、IP电话和互联网等网络设计、投资和建设;移动通信、IP电话和互联网等设施的安装、工程施工和维修;经营与移动通信、IP电话和互联网等网络业务相关的系统集成、漫游结算、技术开发、技术服务、设备销售等;出售、出租移动电话终端设备、IP电话设备、互联网设备及其配件,并提供售后服务。隶属企业:中国移动通信集团×有限公司

注册号:略

委托代理人:张××,当事人业务副经理

2008年7月30日,×市×县工商行政管理局执法人员检查发现,当事人未按工商行政管理部门通知的要求,切断无照经营网吧的互联网接入信号,涉嫌非法为无照经营网吧提供互联网接入信号服务。经局领导批准后于2008年8月3日立案调查。

经查明:2006年5月16日,当事人在王××未办理营业执照的情况下,收

取其信号使用费 18000 元,为其在 ×县三管镇开办的 A 网吧提供三年互联网接入信号服务。

2007 年 8 月 29 日,当事人在杨×未办理营业执照的情况下,收取其信号使用费 24000 元,为其在 ×县孙吉镇开办的 B 网吧提供两年互联网接入信号服务。

2008 年 6 月 23 日,当事人在关×未办理营业执照的情况下,收取其信号使用费 6000 元,为其在 ×县牛杜镇太范村开办的 C 网吧提供一年互联网接入信号服务。

当事人为无照经营网吧提供互联网接入信号服务的行为,早在 2007 年 9 月 5 日就被我局发现。依照"查处与引导相结合"的原则,我局于 2007 年 10 月 10 日,以直接送达的方式,向当事人送达了《切断无照经营网吧的互联网接入信号的通知》,当事人接到上述通知后,拒绝在《送达回证》上签字。×县工商行政管理局于 2007 年 10 月 11 日改以邮寄送达的方式向当事人再次送达了《切断无照经营网吧的互联网接入信号的通知》。至 2007 年 10 月 17 日,执法人员检查发现当事人未按通知要求,切断无照经营网吧的互联网接入信号。又于 2007 年 10 月 20 日再以邮寄送达的方式向当事人送达了《关于切断无照经营网吧的互联网信号的再次通知》。

2008 年 7 月 30 日,×县工商行政管理局在检查中发现当事人在接到我局书面通知后,一直未按要求切断无照经营网吧的互联网接入信号,继续为无照经营网吧提供互联网接入信号服务。直至 2008 年 8 月 3 日我局立案调查介入后,才于 2008 年 8 月 24 日仅切断 B 网吧和 A 网吧的互联网接入信号。C 网吧的互联网接入信号至 2008 年 9 月 7 日仍未切断。

当事人在陈述中辩称已于 2008 年 8 月 24 日切断 C 网吧互联网接入信号,对 2008 年 9 月 7 日仍未切断 C 网吧互联网接入信号的事实予以否认,而对该局查明的其它上述违法事实均予承认。同时,提出违法所得计算应扣除营业税款的请求。

上述事实,有以下证据证实:

证据一、2008 年 9 月 10 日,当事人《营业执照》复印件及《委托代理证书》各一份,证明当事人经营主体资格及代理人的代理资格、代理权限。

证据二、2007年9月5日,对B网吧杨×的《询问(调查)笔录》一份,证明初始发现当事人的违法时间、案件来源。

证据三、2007年10月10日、2007年10月11日《×县工商行政管理局关于切断无照经营网吧的互联网信号的通知》各一份、2010年10月20日《×县工商行政管理局关于切断无照经营网吧的互联网信号的再次通知》一份及2010年10月10日《送达回证》一份、×县邮政局提供的2007年10月11日和2007年10月20日《特快专寄邮件详情单》各一份,证明依法履行告知、送达程序及当事人接收情况。

证据四、由当事人提供的2006年5月16日《宽带业务用户登记表》一份;2008年9月1日王×《证明材料》一份,证明当事人收取王×18000元信号使用费,为其经营的A网吧提供互联网接入信号服务,及证明A网吧无照经营、互联网接入信号未被切断。

证据五、由当事人提供的2007年8月29日《×移动通信有限责任公司(×)专用发票》一份;2008年7月30日B网吧杨×《证明材料》一份,证明当事人收取杨×24000元信号使用费,为其经营的网吧提供互联网接入信号服务。

证据六、2007年9月5日对B网吧杨×的《询问(调查)笔录》一份;2007年10月17日、2007年10月23日、2007年10月28日、2008年7月30日分别对B网吧的《现场检查笔录》四份;2007年10月23日B网吧营业场所照片一份;B网吧的杨×于2007年10月23日的《证明材料》一份;B网吧的黄×于2007年10月28日的《证明材料》一份,证明B网吧无照经营、互联网接入信号未被切断。

证据七、由当事人提供的2007年6月23日的《×移动通信有限责任公司(×)专用发票》一份,证明当事人收取关×6000元信号使用费,为其经营的C网吧提供互联网接入信号服务。

证据八、2008年8月8日、2008年8月27日、2008年9月1日、2008年9月7日分别对C网吧的《现场检查笔录》四份;关×分别于2008年8月8

日、2008 年 8 月 27 日、2008 年 9 月 1 日、2008 年 9 月 7 日的《证明材料》四份,证明 C 网吧无照经营、互联网接入信号未被切断。

证据九、2008 年 8 月 27 日,C 网吧的现场照片一份,证明 C 网吧互联网接入信号未被切断。

证据十、2008 年 9 月 1 日,C 网吧现场照片五份,证明 C 网吧互联网接入信号未被切断。

证据十一、2008 年 9 月 7 日,C 网吧现场照片九份,证明 C 网吧互联网接入信号未被切断。

证据十二、2008 年 9 月 7 日,C 网吧所在地的村委主任景×及摄像师王×出具的《证明材料》各一份,印证 C 网吧互联网接入信号未被切断。

证据十三、由摄像师王×提供,2008 年 9 月 7 日 C 网吧现场检查录像一份,印证 C 网吧互联网接入信号未被切断。

证据十四、2008 年 9 月 30 日,当事人提供的营业税税率证明书一份,证明当事人按营业额的 3% 上缴营业税。

2008 年 10 月 8 日,×市×县工商局依法向当事人送达了×工商听告字[2007]182 号《行政处罚听证告知书》。当事人在法定期限内未向该局提出陈述和申辩。

根据以上事实,×县工商行政管理局认为:

一、当事人在工商行政管理部门以文书形式明确告知的情形下,拒绝切断无照经营网吧的互联网接入信号,其行为属"知道是无照经营网吧,仍为无照经营网吧提供互联网信号接入服务"的行为。

二、当事人对 C 网吧的互联网接入信号至 2008 年 9 月 7 日仍未切断的事实予以否认,其辩称"已于 2008 年 8 月 24 日切断接入信号",与事实不符,不予采信。

三、根据国家工商总局《工商行政管理机关行政处罚案件违法所得认定办法》第九条"在违法所得认定时,对当事人在工商行政管理机关作出行政处罚前依据法律、法规和省级以上人民政府的规定已经支出的税费,应予扣除。"的规定,当事人共收取以上三户无照经营网吧信号使用费 48000 元,按

3%扣除营业税1440元,所获取违法所得应为46560元。

四、根据国家工商行政管理总局工商个字〔2007〕105号《关于开展查处取缔黑网吧专项行动的通知》的规定,对互联网接入服务提供者,在接到工商行政管理部门以文书的形式通知切断黑网吧的互联网接入服务信号,以及其他知道或者应当知道互联网接入服务申请者是黑网吧,却仍然为黑网吧提供互联网接入服务的,要按照《无照经营查处取缔办法》第十五条的规定,责令其立即停止违法行为,并依法给予行政处罚。当事人为无照经营网吧提供互联网接入信号服务的行为属于上述通知明令禁止的行为,应适用《无照经营查处取缔办法》进行查处。

根据国务院《无照经营查处取缔办法》第十五条:"知道或者应当知道属于本办法规定的无照经营行为而为其提供生产经营场所、运输、保管、仓储等条件的,由工商行政管理部门责令立即停止违法行为,没收违法所得,并处2万元以下的罚款;为危害人体健康、存在重大安全隐患、威胁公共安全、破坏环境资源的无照经营行为提供生产经营场所、运输、保管、仓储等条件的,并处5万元以上50万元以下的罚款。"的规定,决定对当事人处罚如下:

一、责令立即停止违法行为。

二、没收违法所得46560元。

三、罚款20000元。

当事人自收到本处罚决定书之日起十五日内到中国农业银行×支行(账号:略)缴纳罚款,逾期不缴纳的,每日按罚款数额百分之三加处罚款,并申请人民法院强制执行。

当事人如不服本处罚决定,可于接到本处罚决定书之日起六十日内向×市工商行政管理局或×县人民政府申请复议,也可于三个月内直接向×县人民法院提起诉讼。

行政复议或行政诉讼期间不停止上述处罚决定的执行。

×工商行政管理局

×年×月×日

点评：

本案的独到之处是取缔无照经营黑网吧是从源头着手，视角独特、观点新颖，有很好的学习借鉴作用。案件紧扣行政处罚当事人构成行政违法行为的要素和对构成违法有直接影响的主客观构成要件与情节进行了说明，准确地把握了案件的主要事实，做到切中案件实质，突出案件重点。特别是在执法程序方面，充分体现办案程序的公开、透明、合法、公正，体现对当事人陈述、申辩、听证权利的尊重，避免行政处罚证据不充分、不客观的现象发生。

不足：对主行为的查处取缔情况应有所说明。不应将"责令立即停止违法行为"列入罚种表述。

关于对中国××股份有限公司 ×分公司广告违法案的处罚决定

×工商行政管理局行政处罚决定书

×工商行处字[2010]第×号

当事人:中国××股份有限公司×分公司

注册号:略

负责人:陈××

营业场所:略

经营范围:在本市范围内经营:略;广告业务

据查:当事人于 2009 年 11 月 16 日开始在本市范围内开展优质固话用户"添翼赠机"专项优惠活动。该优惠内容如下:1. 活动期间,固话老用户(指在 2009 年 6 月 30 日前加入中国××股份有限公司的用户、除去低保户外的固定电话用户,下同)新装办理新融合套餐(如全家 e 套餐等)66 元及以上档次套餐的天翼移动手机可获得"0 预存送 300 元终端补贴"优惠。2. 固话老用户参加全家 e6 基础套餐,基础套餐除了可享受以上 0 预存手机补贴政策外,加装第二台及以上手机(新入网移动)并承诺消费 38 元,也可享受 0 预存获得 300 元终端补贴。当事人为宣传该优惠活动,在××日报、×××综合大楼东侧围墙内的户外 T 型广告牌等处发布含有"你家有电话,0 元拿手机"等内容的广告。具体发布情况是:在 2009 年 12 月 11 日、18 日、25 日的××日报第 9 版"生活导刊"报眉处发布内容为"你家有电话,0 元拿手机、固话+手机,全家互打全免费、详情请登录中国××网上营业厅(网址:略)

或致电 10000 咨询"等图文广告三期（次），广告费用人民币 3600.00 元；于 2009 年 12 月 10 日开始在×××综合大楼东侧围墙内的户外 T 型广告牌上发布内容为"你家有电话，0 元拿手机、固话＋手机，全家互打全免费、详情请登录中国××网上营业厅（网址：略）或致电 10000 咨询"等图文的户外广告，广告费用人民币 4200.00 元。

以上事实主要证据如下：

证据一、举报信（共 6 页），证明当事人涉嫌发布违法广告的举报材料；

证据二、营业执照（副本）复印件（共 1 页），证明当事人的经营主体资格；

证据三、中国×分公司广告发布详细情况、2009 年××日报社旗下四大媒体广告项目广告发布合同（合同号：略）复印件（共 15 页），证明当事人发布相关广告的情况；

证据四、关于天翼 3G 无线宽带信号覆盖和"添翼赠机"专项优惠活动方案的答复（共 1 页），证明当事人开展"添翼赠机"专项优惠活动方案等情况；

证据五、2009 年 12 月 11 日、18 日、25 日××日报第 9 版"生活导刊"（共 3 份），证明当事人发布的"你家有电话，0 元拿手机"报纸广告；

证据六、现场证据复制（提取）单（共 1 页），证明当事人发布的"你家有电话，0 元拿手机"户外广告；

证据七、中国×分公司移动终端代金券复印件（共 1 页），证明当事人提供给消费者的移动终端代金券；

证据八、××日报社证明、×广告有限公司证明（共 5 页），证明当事人发布"你家有电话，0 元拿手机"报纸、户外广告的情况；

证据九、对当事人的受委托人张××制作的询问（调查）笔录三份、对张××作的询问（调查）笔录一份（共 16 页），证明当事人发布"你家有电话，0 元拿手机"等广告的情况；

证据十、授权委托书、负责人证明书、受委托人张××、其身份证复印件（共 4 页），证明当事人的被委托人刘××、其签署的证据材料、法律文书具有证据效力。

在市场交易中,经营者应当遵循诚实信用原则,遵守公认的商业道德。经营者的广告宣传应当具备真实性必须客观地介绍商品或者服务内容,不得对相关事实有任何虚构、隐瞒、不合理的省略或者夸张。同时,广告宣传也不应产生误导性,经营者应当对一般消费者的普遍理解予以足够的注意,避免使消费者产生歧义或者误认。

当事人开展的"添翼赠机"专项优惠活动,优惠内容是:2009年6月30日前加入中国××的非低保固定电话用户,新装办理新融合套餐(如全家e套餐等)66元及以上档次套餐的天翼移动手机可获得"0预存送300元终端补贴"优惠;参加全家e6基础套餐,基础套餐除了可享受以上0预存手机补贴政策外,加装第二台及以上手机(新入网移动)并承诺消费38元,也可享受0预存获得300元终端补贴。但当事人在××日报、×××综合大楼东侧围墙内的户外广告牌发布该优惠活动的广告中均只宣传"你家有电话,0元拿手机"等内容,而没有将符合什么条件的用户、需办理什么业务类型可以"0元拿手机"做任何介绍。一般消费者施以普通注意力看到上述广告容易误认为只要"有电话"就能"0元拿手机"。当事人在宣传"添翼赠机"专项优惠活动的报纸、户外广告中对服务的允诺表示不清楚、不明白,违反了《中华人民共和国广告法》第九条第一款"广告中对商品的性能、产地、用途、质量、价格、生产者、有效期限、允诺或者对服务的内容、形式、质量、价格、允诺有表示的,应当清楚、明白"的规定,构成了发布违法广告的行为。本局拟给予"责令当事人停止发布违法广告行为,并处以罚款人民币贰万叁仟肆佰元整(￥23400.00元)"的处罚,并于2010年3月16日向当事人送达《行政处罚告知书》。

当事人于2010年3月17日向本局提出陈述申辩,称"'你家有电话,0元拿手机'是指消费者在有固定电话的前提下,可以通过一定形式获得赠送手机的服务和优惠。一、本条广告语是'你家有电话,0元拿手机',并未有过'只要有电话'的字样,且从内容来看并未表明权利义务的主要内容,不属于《广告法》第九条所规定的范畴,而是属于要约邀请,要约邀请的内容依法可以含糊和不确定,同时广告用语依法也可做适度夸张。一般消费者按照对广告认知的常识，以及市场交易常识，不会只根据只有十个字的广告用语就去采取行动，其事前必定会对该优惠活动进行咨询和了解。二、电信公司已经在广告中注明'详情请登录中国××网上营业厅（网址：略）或致电10000咨询'，公开向用户提供了咨询的途径，可视为在客观上赋予消费者知晓产品详情方法。电信客服电话10000一向通过大量宣传对外公开，在广告中加入客服号码供客户咨询被各企业广泛应用于民商事活动中，电信所有业务都可以咨询10000号也已经是一种常识，尽人皆知。电信企业是依靠通信设备，以经营通讯信号，为客户提供通话、信息服务并收取费用的企业。客户使用通讯应当缴纳费用是一个大众常识，也是客户办理电信业务所遵守的规则，这个规则通过办理套餐来实现，通过广告中提供的客服咨询号码可清楚的知晓活动规则。电信公司是为本市作出许多贡献的大企业，本地企业宽松的经济发展环境也有赖于贵单位的支持。同时，该广告作出时间短，影响小，其中若有欠妥的地方，也请贵单位酌情处理，尽量免于经济处罚，我公司将进行大力整治，需整改的整改，需拆除的拆除，消除影响。"

本局充分听取了当事人的意见，对当事人提出的事实、理由和证据进行复核，研究认为：

一、当事人陈述申辩称"本条广告语'你家有电话，0元拿手机'，不属于《广告法》第九条所规定的范畴，而是属于要约邀请，要约邀请的内容依法可以含糊和不确定，同时广告用语依法也可做适度夸张"。根据《中华人民共和国广告法》第二条"广告主、广告经营者、广告发布者在中华人民共和国境内从事广告活动，应当遵守本法。本法所称广告，是指商品经营者或者服务提供者承担费用，通过一定媒介和形式直接或者间接地介绍自己所推销的商品或者所提供的服务的商业广告。本法所称广告主，是指为推销商品或者提供服务，自行或者委托他人设计、制作、发布广告的法人、其他经济组织或者个人。"之规定，当事人发布的含有"你家有电话，0元拿手机"等内容的"添翼赠机"优惠活动广告，应遵守《中华人民共和国广告法》的规定。根据《中华人民共和国合同法》第十五条规定"要约邀请是希望他人向自己发出要约的意思表示。寄送的价目表、拍卖公告、招标公告、招股说明书、商业广告等为要约邀请。商业广告的内容符合要约规定的,视为要约",该法规定"寄送的价目表、拍卖公告、招标公告、招股说明书、商业广告等为要约邀请",但没有规定"要约邀请的内容可以含糊和不确定"。当事人提出的申辩理由依法无据。根据《最高人民法院关于审理不正当竞争民事案件应用法律若干问题的解释》(法释〔2007〕2号)第八条第二款"以明显的夸张方式宣传商品,不足以造成相关公众误解,不属于引人误解的虚假宣传行为"的规定,"广告用语依法也可做适度夸张"是有一定限制的,即以"不足以造成相关公众误解"为前提。当事人在宣传"添翼赠机"专项优惠活动的报纸、户外广告中均只宣传"你家有电话,0元拿手机"等内容,而没有将符合什么条件的用户、需办理什么业务类型可以"0元拿手机"做任何介绍。一般消费者施以普通注意力看到上述广告容易误认为只要"有电话"就能"0元拿手机"。该广告超出"不足以造成相关公众误解的"前提,容易造成一般消费者误解。

二、当事人陈述申辩称"已经在广告中注明'详情请登录中国电信网上营业厅(网址:略)或致电10000咨询',公开向用户提供了咨询的途径,可视为在客观上赋予消费者知晓产品详情方法"。当事人在广告中向用户提供了咨询的途径,是为方便消费者咨询所提供的一项服务措施,与其发布的广告内容并无必然联系,且并非经营者提供了咨询的途径,便可以在广告宣传中对相关事实作不合理的省略。当事人提出的上述申辩理由依法无据,不予采纳。

三、当事人陈述申辩称"该广告作出时间短,影响小,其中若有欠妥的地方,也请贵单位酌情处理,尽量免于经济处罚,我公司将进行大力整治,需整改的整改,需拆除的拆除,消除影响"。当事人在"添翼赠机"优惠活动报纸等广告中对服务的允诺表示不清楚,该广告在××日报只发布三期(次),且当事人能正视存在的问题,将采取措施消除影响,违法情节较轻。当事人提出的上述申辩理由,可予部分采纳,依法予以从轻行政处罚。

鉴于当事人在广告中对服务的允诺表示不清楚、不明白,违法行为持续时间较短、影响较小,违法情节较轻。依据《中华人民共和国广告法》第四十条第一款"发布广告违反本法第九条至第十二条规定的,由广告监督管理机关责令负有责任的广告主、广告经营者、广告发布者停止发布、公开更正，没收广告费用，可以并处广告费用一倍以上五倍以下的罚款"的规定，责令当事人停止发布违法广告行为，并决定对当事人处罚如下：

处以罚款人民币捌仟元整（￥8000.00 元）。

当事人应当自收到本行政处罚决定书之日起十五日内，按照《××省省级非税收入缴款通知书（行政处罚）》规定的方式，到指定银行（××省境内的建设银行、工商银行、农业银行）缴纳罚（没）款，或在本局 POS 机缴费窗口刷卡缴纳罚（没）款。到期不缴纳罚款的，本局可以每日按罚款数额的百分之三加处罚款。

如不服本行政处罚决定，可在接到本处罚决定书之日起六十日内，向××省工商行政管理局申请复议，或者在接到本处罚决定书之日起十五日内依法直接向人民法院起诉。行政复议或诉讼期间本行政处罚决定不停止执行。

×市工商行政管理局

×年×月×日

点评：

本文书结构完整，条理较为清楚，形式比较规范，能够讲清认定事实的事理、讲准适用法律的法理、讲明处罚裁量的情理，案件定性正确，法律适用准确。突出的优点是对当事人陈述、申辩部分的回应说理详实，比较客观公正地进行了分析阐述；证据列明页数可以保障案卷材料流转中不至缺失。

不足之处是本文书事实叙述部分未叙述全部违法事实，而是把部分违法事实在说理部分进行叙述。建议对文书中违法事实部分作适当调整，首先叙述当事人发布广告的事实，然后叙述实际优惠内容，这样可以突出重点、一目了然。此外，告知当事人复议机关时，按照《行政复议条例》的相关规定，还应包括处罚机关所在地的本级人民政府。

关于对××公司违法广告案的处罚决定

×工商行政管理局行政处罚决定书

×工商案字［2010］第×号

当事人：××有限公司

住所：略

法定代表人：王××

注册资本：略

公司类型：有限公司（法人独资）

经营范围：许可经营项目：房地产开发；一般经营项目：房屋拆迁、房屋租赁

注册号：略

经查：当事人成立于 2008 年 7 月 11 日，系北京××股份有限公司独资设立，主要从事房地产开发的经营项目。2009 年 11 月，当事人在×地开工建设项目名称为"悦澜花园"商品房项目（推广名又称"悦澜湾"），2010 年 3 月 26 日取得该项目 1、2、3、5、9、10、11 幢房屋的《商品房预售许可证》。2009 年 5 月至 2010 年 3 月间，当事人为了宣传该商品房项目和介绍公司形象，在自行创意设计后，分别委托××广告有限公司（以下简称×广告）、××建设集团有限公司（承建商，以下简称×集团）制作，并在该项目工地周边或道路两侧发布了屋顶三翻广告、双耳灯箱广告、工地围墙广告、路边大看板广告等户外广告；又委托××纸品包装有限公司（以下简称×纸品）设计制作四折页、单页的楼书等一般印刷品广告用于售楼宣传散发给购房消费者。2010 年 4 月 7 日，因群众举报被我局例行检查而案发。

现查明,当事人在其发布双耳灯箱、工地围墙、路边大看板户外广告和散发的四折页楼书中广告宣称:"珍稀双湖、园区最后典藏"、"某市首个中国人居环境金牌建设试点项目"、"园区北部最具投资价值的城市核心居住区和高尚社区密集带"、"最具实力的国有房地产企业"、"环湖低密度高端住宅区"、"高端人士的聚居地";同时又宣称:"20 分钟做客上海"、"15 分钟对话市中心"、"距园区 CBD、时代广场仅五分钟车程,距市中心 15 分钟车程",广告内容多处使用了最高级、最佳的绝对化用语和有违社会良好风尚的广告用语,又使用了时间概念来表示实际距离,但当事人对此均无法提供相关的依据。根据当事人提供材料统计,以上广告费用共计 35950 元。

又查,当事人在楼顶三翻、工地围墙的户外广告和散发的四折页楼书中广告宣称:"传承奥运品质续耕姑苏文明"、"奥运精神的建筑思想"、"将奥运的人文精神恒久延续"。但当事人无法提供使用"奥运"的相关授权许可文件。对此,我局发函至中国奥委会市场开发委员会,2010 年 5 月 5 日中国奥委会市场开发委员会复函(中奥市[2010]23 号),答复结果为:"根据《奥林匹克标志保护条列》的规定,'奥运'应为'奥林匹克运动会'的简称、属于奥林匹克标志,其权利人为国际奥委会。""北京××股份有限公司确为北京奥运会多个场馆的建设商。北京奥运会结束后,国际奥委会未与其签署新的许可协议。"

另外,当事人委托××广告有限公司制作发布的 2 块楼顶三翻、20 座双耳灯箱户外广告,根据当事人和×广告于 2009 年 4 月、2010 年 1 月签订的《广告发布合同》,合同明确约定:×广告"负责完成本合同必须的任何审批手续"。经我局调查,直至案发以上户外广告仅有其中 1 块置于青剑湖商业广场楼顶的内容为"首开·悦澜湾接待中心 62756666"三翻广告于 2009 年 5 月 22 日取得户外广告的登记,其登记号为(2009)户外广告登字第 041 号,登记发布时间至 2009 年 12 月 31 日止。其余的均未取得户外广告的登记(另案处理)。对于当事人委托×集团制作发布的工地围墙、3 块路边大看板的户外广告,没有签订合同和约定登记审批义务,但当事人也未自行进行申报登记。

以上事实,主要有如下证据佐证:

证据一、我局对当事人的委托代理人陈×的询问笔录 2 份,证明当事人发布了户外广告及使用违法广告语的情况。

证据二、我局工作人员拍摄的户外广告照片(彩色打印件)7 页、搜集的四折页、封套及户型单页楼书广告原件各 1 份,证明当事人发布的广告的基本情况。

证据三、我局对×集团员工马×询问笔录 1 份,马×提供的本人身份证复印件、及其公司的工作人员身份证明、其公司的营业执照复印件、喷绘费用收据复印件各 1 份,证明当事人的工地围墙广告制作、费用及证人身份情况。

证据四、我局对×纸品的销售人员王×的询问笔录 1 份,以及王×提供的本人身份证复印件、其公司的《工作证明》、其公司与当事人的 2 份销售合同及发票复印件各 1 份,及经王×确认的印刷品广告照片 2 页,×纸品法定代表人季×提供的印刷品样稿打印件 8 页,证明当事人委托印制楼书广告的情况及证人身份情况。

证据五、我局对×广告总经理王×的询问笔录 1 份、以及王×提供的本人身份证复印件、其公司与当事人的两份销售合同及费用发票复印件各 1 份,证明当事人发布的双耳灯箱广告及费用情况。

证据六、当事人的委托代理人陈×提供的与×广告的两份广告发布合同及发票复印件各 1 份、与×纸品的 2 份销售合同及费用发票复印件各 1 份,证明当事人发布户外广告和印刷品广告及费用情况。

证据七、我局向中国奥委会市场开发委员会发出的协查函 1 份,及对方《关于奥林匹克标志权利许可情况的复函》1 份,证明当事人侵犯奥林匹克标志专有权的情况。

证据八、当事人的委托代理人陈×提供的本人身份证复印件、当事人《授权委托书》、当事人营业执照及《商品房预售许可证》复印件各 1 份,证明当事人及其委托代理人的身份情况。

证据九、当事人的情况说明 1 份以及我局拍摄的当事人已经改正的户外广告照片 3 份,证明当事人对违法行为的认识及改正情况。

综上,本局认为,当事人作为广告主,在自行创意设计后委托他人制作发布的工地围墙看板的户外广告和散发的四折页楼书中,多处使用了"园区最后典藏"、"最具投资价值的"、"最具实力的"、"高端住宅"、"高端人士"、"高尚社区"等绝对化用语和有违社会良好风尚的广告用语,当事人宣传的这种结论式的内容均是自己的主观臆断,并没有法定依据和出处。另外,当事人又在工地围墙广告和楼书中多处使用了《房地产广告发布暂行规定》所规定的"不得以所需时间来表示距离"的广告用词,且发布的路边大看板、工地围墙户外广告均未取得登记审批。因此,当事人的上述行为违反了《广告法》第七条第二款第(三)项、第(五)项"广告不得有下列情形:……(三)使用国家级、最高级、最佳等用语;……(五)妨碍社会公共秩序和违背社会良好风尚;"之规定。

当事人为了宣传其楼盘和企业形象的商业目的,在发布的楼顶三翻、工地围墙户外广告和四折页楼书广告中多次擅自使用了"奥运"两字。本局认为,根据《奥林匹克标志保护条例》第二条第(二)项"本条例所称奥林匹克标志,是指:……奥林匹克、奥林匹亚、奥林匹克运动会及其简称等专有名称;"之规定,"奥运"属于"奥林匹克、奥林匹亚、奥林匹克运动会及其简称等专有名称",系奥林匹克标志之一,任何人和单位在其商业活动中使用奥林匹克标志应当得到奥林匹克标志权利人的许可。本案中当事人的母公司北京××股份有限公司虽然为北京奥运会多个场馆的建设商,但在北京奥运会结束后国际奥委会未与其签署新的许可协议。显而易见,当事人作为一个相对独立的企业法人,在其宣传楼盘和企业形象的商业活动中,擅自使用奥林匹克标志,目的在于依傍奥林匹克品牌的社会认知度,但并未得到奥林匹克标志权利人的许可,其行为违反了《奥林匹克标志保护条例》第四条第二款之规定,属侵犯奥林匹克标志专有权。

根据《中华人民共和国行政处罚法》第三十一条"行政机关在作出行政处罚决定之前,应当告知当事人作出行政处罚决定的事实、理由及依据,并告知当事人依法享有的权利。"、第三十二条"当事人有权进行陈述和申辩。行政机关必须充分听取当事人的意见,对当事人提出的事实、理由和证据,应当进行复核;当事人提出的事实、理由或者证据成立的,行政机关应当采纳。行政机关不得因当事人申辩而加重处罚。"、第四十二条和《工商行政管理机关行政处罚程序规定》第五十二条"工商行政管理机关负责人对行政处罚建议批准后，由办案机构以办案机关的名义，告知当事人拟作出行政处罚的事实、理由、依据、处罚内容，并告知当事人依法享有陈述、申辩权。采取口头形式告知的，办案机构或者受委托的机关应当将告知情况记入笔录，并由当事人在笔录上签名或者盖章。采取书面形式告知的，工商行政管理机关可以直接送达当事人，也可以委托当事人所在地的工商行政管理机关代为送达，还可以采取邮寄送达的方式送达当事人。采用上述方式无法送达的，由工商行政管理机关以公告的方式告知。自当事人签收之日起三个工作日内，或者办案机关挂号寄出之日起十五日内，或者自公告之日起十五日内，当事人未行使陈述、申辩权，也未作任何其他表示的，视为放弃此权利。前款规定的邮寄送达，如因不可抗力或者其他特殊情况，当事人在规定的期间没有收到的，应当自实际收到之日起三个工作日内行使权利。凡拟作出的行政处罚属于听证范围的，应当告知当事人有要求举行听证的权利。行政处罚案件的听证程序，按照国家工商行政管理总局专项规定执行。"、第五十三条"工商行政管理机关在告知当事人拟作出的行政处罚建议后，应当充分听取当事人的意见。对当事人提出的事实、理由和证据，认真进行复核。当事人提出的事实、理由或者证据成立的，工商行政管理机关应当予以采纳。不得因当事人陈述、申辩、申请听证而加重行政处罚。"之规定，本局于2010年6月1日向当事人送达了《行政处罚听证告知书》（×工商听告字〔2010〕×号）对我局拟作出的行政处罚的事实、理由、依据和处罚内容进行了告知的同时，也告知了当事人拥有的陈述申辩和要求举行听证的权利。当事人于2010年6月3日提出了听证申请，于2010年6月9日撤销了听证申请。但未在法定期限内提出陈述申辩。

现依据《广告法》第三十九条第一款"发布广告违反本法第七条第二款规定的，由广告监督管理机关责令负有责任的广告主、广告经营者、广告发布者停止发布、公开更正，没收广告费用，并处广告费用一倍以上五倍以下的罚款；情节严重的，依法停止其广告业务。"之规定，鉴于当事人发布的广告内容多处违法，情节较重，故我局决定责令停止发布，对当事人处以罚款179750元的行政处罚。

依据《奥林匹克标志保护条例》第十条第一款"未经奥林匹克标志权利人许可,为商业目的擅自使用奥林匹克标志,即侵犯奥林匹克标志专有权,引起纠纷的,由当事人协商解决;不愿协商或者协商不成的,奥林匹克标志权利人或者利害关系人可以向人民法院提起诉讼,也可以请求工商行政管理部门处理。工商行政管理部门处理时,认定侵权行为成立的,责令立即停止侵权行为,没收、销毁侵权商品和专门用于制造侵权商品或者为商业目的擅自制造奥林匹克标志的工具,有违法所得的,没收违法所得,可以并处违法所得5倍以下的罚款;没有违法所得的,可以并处5万元以下的罚款。当事人对处理决定不服的,可以自收到处理通知之日起15日内依照《中华人民共和国行政诉讼法》向人民法院提起诉讼;侵权人期满不起诉又不履行的,工商行政管理部门可以申请人民法院强制执行。进行处理的工商行政管理部门应当事人的请求,可以就侵犯奥林匹克标志专有权的赔偿数额进行调解;调解不成的,当事人可以依照《中华人民共和国民事诉讼法》向人民法院提起诉讼。"之规定,我局决定责令改正,对当事人处以罚款50000元的行政处罚。

以上两项罚款金额合计229750元,上缴国库。

当事人应在收到本处罚决定书之日起十五日内(末日为节假日顺延)到中国农业银行×市任一网点缴清上述款项。若使用转账支票、银行本票、银行汇票缴纳罚没款时,必须在转账支票、银行汇票、银行本票"收款人"栏填写"待报解罚没收入专户",在转账支票、银行汇票、银行本票"用途"栏填写"缴纳×工商局罚没款"。逾期不缴纳的,每日按罚款额的百分之三加处罚款。

对上述处罚决定如有不服,可在接到本处罚决定书之日起六十日内向×省工商行政管理局或本局同级人民政府申请复议;也可以在三个月内直接向×区人民法院提起诉讼。

×工商行政管理局

×年×月×日

点评:

本案是违反广告和侵犯奥林匹克标志专有权的案件。办案机关根据

《奥林匹克标志保护条例》的规定对当事人未经许可擅自使用行为进行了说理,事实清楚,明白准确。特别结合事实进行了证据分析,逐一列举证明违法事实的证据并进行了分析认证、综合论述,能够充分证明其有违法事实存在,形成一个完整的证据锁链。

　　不足:对处罚的自由裁量未说明理由。对同一房产广告违反多个规定的竞合情形没有分析,导致在法律适用上说理不够清晰。

关于对××红星美凯龙国际家具建材广场有限公司广告违法案的处罚决定

×工商行政管理局行政处罚决定书

×工商×处字［2010］第×号

当事人: ××红星美凯龙国际家具建材广场有限公司

住所: 略

法定代表人: 车×

公司类型: 有限责任公司

注册资本: 668 万

经营范围: 购销家具、建筑材料、装饰材料、金属材料、五金交电、百货、针纺织品、电子计算机及配件、电子计算机软件(电子出版物除外);场地租赁服务;承办生产资料、生活消费品市场。(经营范围中未取得专项许可的项目除外)

成立日期: 2001 年 6 月 1 日

2010 年 4 月 8 日,我分局经济检查科接市局交办件,反映××红星美凯龙国际家具建材广场有限公司发布的"满 3000 立返现金 1600 元"的促销广告违法,当日我局执法人员对其经营现场进行检查时,发现该公司发布的广告中未标明参加促销活动的商品种类,涉嫌违反了《中华人民共和国广告法》第九条第一款的规定。2010 年 4 月 12 日,经批准正式立案调查,至 2010 年 4 月 30 日调查终结。

经查:2010 年 3 月 25 日至 2010 年 4 月 5 日期间,当事人因自身重新装

修开业,为吸引客源,举办了"红星美凯龙西四环店'华美绽放盛装开业'×
×四店同庆 2010－3.27－4.5,庆开业五级返现金,满 3000 元最高立返现金
1600 元"(以下简称"满 3000 返")的促销活动。当事人分别在××青年报、
新京报、京华时报、精品购物指南、××晚报刊登"满 3000 立返现金 1600
元"促销广告,共刊登了 24 版广告,广告费 628373.67 元;通过 12580 生活播
报发送相同内容的短信促销广告,广告费 30000 元;在京华时报、××晚报夹
页投递相同内容的宣传册,对该次促销活动进行宣传,共发宣传册 300000
份,广告费 129900 元。当事人共支付广告费用 788273.67 元。在上述广告
中,当事人对"满 3000 返"的促销活动进行宣传时,没有在广告中清楚、明白
地交待参与促销活动的商品范围及促销活动的前提是在活动现场交纳全
款。

以上事实,主要证据如下:

1. 市局交办单:证明案件来源;

2. 当事人营业执照:证明当事人的主体资格;

3. 当事人法定代表人及其被委托人的身份证复印件,证明当事人和被
委托人的身份;

4. 对当事人的被委托人的询问笔录:证明当事人的违法事实;

5. 报纸广告版的复印件、12580 短信内容、夹页手册:证明当事人最后确
认发行的广告的内容;

6. 当事人未参加活动的说明:证明当事人"满 3000 返"的促销活动非全
体厂家;

7. 当事人店内公告图样:证明参加"满 3000 返"的促销活动需要现场交
付全款;

8. 广告发布合同、广告发票:证明当事人与广告公司的委托关系和制作
DM 夹页手册的事实及广告费用;

9. 当事人提供的广告费用发票:证明当事人支付的广告费用;

10. 广告经营者的广告费用发票:证明广告经营者支付给广告发布者的
广告费用;

11. 当事人提供的××红星美凯龙西四环店广告投放表：证明当事人在报纸广告中投放的广告期数；

12. 对广告公司的询问笔录：证明当事人与其签订广告合同的事实及广告经营者的情况事实；

13. 报社证据：证明广告发布者的情况事实。

2010年5月7日，我局向当事人送达了《×市工商行政管理局听证告知书》(×工商×经检听告字[2010]第×号)，对当事人处以罚款1576547.34元，当事人在规定的期限内未提出听证申请，也未作出陈述、申辩。

我局认为：当事人广告内容表述不清楚、不明白，理由如下：

1. 当事人为市场业态企业，日常经营中，在其经营场所内交易的商品，付款方式部分是交付定(订)金的方式，即当事人只在其交易场所内收取定(订)金，货到后消费者再付全款。而本次当事人所做"满3000返"的促销活动，参与活动的前提，是要求消费者必须在活动期内以支票或现金形式，在活动现场交付全款。此项活动要求，与其日常经营方式不符，但当事人并未在所做报刊广告、短信息广告和发放的宣传册中清楚、明白地向消费者进行提前告之，而是仅在活动现场，对参与活动的细则加以了说明。

2. 当事人在通过报纸、短信息、宣传册宣传"红星美凯龙西四环店'华美绽放盛装开业'××四店同庆2010-3.27-4.5，庆开业五级返现金，满3000元最高立返现金1600元"的促销活动中，从未明示只有部分厂家参加"满3000返"的促销活动，而根据调查，活动期间有27家厂家并未参与当事人此项促销活动，且这些厂家有些属家具、建材行业大品牌厂家，具有较强的客户吸引力，故当事人所做广告不清楚、不明白，容易对消费者构成误导。

综上所述，当事人的上述的行为，违反了《中华人民共和国广告法》第九条第一款"广告中对商品的性能、产地、用途、质量、价格、生产者、有效期限、允诺或者对服务的内容、形式、质量、价格、允诺有表示的，应当清楚、明白。"的规定，属于广告内容表述不清楚、不明白的违法行为。依据《中华人民共和国广告法》第四十条"发布广告违反本法第九条至第十二条规定的，由广告监督管理机关责令负有责任的广告主、广告经营者、广告发布者停止发布、公开更正，没收广告费用，可以并处广告费用一倍以上五倍以下的罚款。"的规定，并依据《×市工商行政管理局相关违法行为行政处罚裁量权执行标准》第二百零六条第一款第二项"违反第 9 条、第 10 条的，处以 2 倍罚款"的规定，责令当事人停止发布、公开更正，并罚款 1576547.34 元。

当事人自收到本处罚决定书之日起 15 日内，将罚款交至就近银行。逾期不缴纳罚款，我局将依据《中华人民共和国行政处罚法》第五十一条第一款第（一）、（三）项的规定，每日按罚款数额的 3％ 加处罚款，并申请人民法院强制执行。

如不服对上述行为的处罚决定，可自接到行政处罚决定书之日起 60 日内向×市工商行政管理局或×区人民政府申请复议，也可以自收到行政处罚决定书之日起 3 个月内向×区人民法院提起诉讼。

×工商行政管理局

×年×月×日

点评：

本案例抓住当事人发布广告内容不清楚、信息不全面的主要事实，深入分析，充分说理，并得出结论：当事人的行为必然会误导部分消费者因不知情而参与其促销活动，从而使当事人不正当地获得更多交易机会，损害其他经营者和消费者的利益。

文书的事实部分没有叙述全部案件事实。如：当事人经营场所所经营的商品不是全部参与促销活动，日常经营中所售商品不是现场支付全款的事实。文书将这部分内容在说理部分作了叙述，但在证据部分没有列举相关证据。建议将说理部分叙述的事实放在文书事实部分叙述，同时列举相关证据。

根据《中华人民共和国行政处罚法》的规定，行政处罚的依据是法律、法规、规章。文书只宜将《×市工商行政管理局相关违法行为行政处罚裁量权执行标准》这一规范性文件直接作为说法理的依据。

关于对吴××抽逃出资案的处罚决定

×工商行政管理局行政处罚决定书

×工商×处字［2010］×号

———————————————————

当事人：吴××，男，汉族，高中文化程度，现年51岁，现住×地，联系电话：略，身份证号：略，邮政编码：略，系××煤炭运销有限责任公司股东、法定代表人。

2008年1月22日，我局经济检查队执法人员在对辖区企业进行回访检查时，依法对××煤炭运销有限责任公司进行了检查，在检查中发现该公司财务账目中有一张公司法定代表人、股东吴××向公司借款14.5万元的记账凭证，借款时间是2005年11月27日，至检查时尚未归还。经了解，该笔借款是当事人吴××归还验资时向朋友借的欠款。检查人员认为，当事人的行为涉嫌抽逃注册资本，遂于当日立案调查。

现查明，2004年6月22日，自然人吴××、吴×、刘×共同出资设立了××龙煤炭运销有限责任公司，法定代表人为吴×（2006年1月4日后改为吴×），注册资本30万元，主要从事煤炭、建材、矿山机械设备、五金交电、机电产品销售经营活动。

2005年1月25日，××煤炭运销有限责任公司召开股东大会，决定增加注册资本500万元，并向×工商局申请了注册资本的变更登记，其中由当事人吴××增加出资210万元。因自有资金尚缺14.5万元，2005年1月25日，当事人吴××便从朋友魏×处借款14.5万元作为增资款项一并打入公司银行账户进行验资。2005年1月27日，在公司取得变更登记后的第三天，当事人吴××让朋友魏×到公司来拿钱，并在未经公司股东会议研究决

定、也未告知其他股东的情况下，私自让公司会计×忠从公司账户中取出
14.5 万元归还给魏×。为了平衡公司账目，吴××以向公司借款的名义打
了一张借条，记入会计账目。2008 年 1 月 22 日，被我局执法人员在企业回
访检查时发现。截至我局查获时，当事人仍未将该款项补缴给公司。

以上事实主要证据如下：

证据（一）2008 年 1 月 22 日对××煤炭运销有限责任公司进行检查的
现场检查笔录 1 份，证明当事人向公司借款并打借条的事实；

证据（二）2008 年 1 月 22 日，调查人员提取的××煤炭运销有限责任公
司财务部提供的实收资本账页复印件 1 份共 5 页，证明该公司各股东出资并
如实入账的事实；

证据（三）2008 年 1 月 22 日，调查人员提取的××煤炭运销有限责任公
司财务部提供的银行账账页及其他应付款明细分类账账页复印件各 1 份共
2 页，证明当事人吴××向公司借款 14.5 万元的事实；

证据（四）2008 年 1 月 22 日，调查人员提取××煤炭运销有限责任公司
财务部提供的当事人吴××向该公司借款的记账凭证复印件 1 份共 4 页，证
明当事人吴×向公司借款 14.5 万元的事实；

证据（五）2008 年 1 月 22 日，调查人员提取××煤炭运销有限责任公司
提供的股东刘×将股份转让给当事人吴××的会议记录及股份转让协议各
1 份共 2 页，证明该公司股东刘×将其持有的股份转让给吴×，不再参与本
公司一切事务的事实；

证据（六）2008 年 1 月 23 日，调查人员提取××煤炭运销有限责任公司
提供的原公司法定代表人工伤事故说明 1 份共 1 页，证明该公司召开全体股
东大会同意将原法定代表人吴×变更为吴××的事实；

证据（七）2008 年 1 月 25 日，调查人员对当事人吴××进行调查的询问
笔录 1 份（共 4 页），及该公司提供的情况说明 1 份（共 1 页），证明当事人吴
××在没有召开公司股东会议，且在其他股东不知情的情况下让公司会计
取出 14.5 万元归还个人欠款的事实；

证据（八）2008 年 1 月 25 日，调查人员对与当事人吴××有利害关系的
魏×进行调查的调查笔录 1 份共 1 页，证明当事人吴××向魏×借款 14.5

万元是为了凑够出资额 210 万元的事实；

证据（九）2008 年 1 月 29 日,调查人员对原××煤炭运销有限责任公司会计×忠进行调查的询问笔录 1 份(共 2 页),证明当事人吴××在其他股东不知情的情况下,让会计从公司取出 14.5 万元用于归还个人欠款,并用向公司打借条的方式来平衡账目的事实；

证据（十）2008 年 1 月 29 日,调查人员对××煤炭运销有限责任公司股东吴××进行调查的询问笔录 1 份(共 2 页),证明吴××的股东身份及对当事人吴××私借公司资金归还个人借款不知情的事实；

证据（十一）××煤炭运销有限责任公司提供的该公司章程复印件 1 份(共 5 页),证明该公司具有约束公司股东、法定代表人、董事、监事行为的规章制度的事实；

证据（十二）××煤炭运销有限责任公司提供的该公司验资报告复印件 2 份(共 39 页),确认了该公司如实出资的事实；

证据（十三）××煤炭运销有限责任公司提供的该公司企业法人营业执照复印件 1 份,证明该公司的合法身份；

证据（十四）当事人××煤炭运销有限责任公司股东、法定代表人吴××提供的本人身份证复印件 1 份；

证据（十五）本案利害关系人魏×提供的本人身份证复印件 1 份；

证据（十六）原××煤炭运销有限责任公司会计×忠提供的本人身份证复印件 1 份；

证据（十七）××煤炭运销有限责任公司股东吴××甲提供的本人身份证复印件 1 份；

根据以上事实和证据,我局认为从当事人吴××在注册资金变更前,为了验资的需要向朋友借款,在取得注册资金变更后,又将这部分借款从公司拿出归还朋友的过程来看,当事人借款的目的是为了验资,而不是为了用于公司的经营活动,并且,当事人在向公司借款时既未经过其他股东同意,也没有公司法定代表人的签字,属个人私抽出资,其行为实质上已经导致公司法人财产所有权的减少,公司实收资本以及偿债能力的降低,也有损于其他股东和公司的利益,其行为在主观上和客观上都违反了《中华人民共和国公司法》第三十六条:"在公司成立后,股东不得抽逃出资"的规定,构成抽逃出资行为。

2008 年 3 月 18 日,我局依照《行政处罚法》的规定,依法向当事人送达了×工商经听字[2008]第×号《听证通知书》,告知了当事人违法的事实、拟作出的行政处罚及所享有的陈述、申辩及听证的权利,在法定听证告知期限内,当事人未向我局提出陈述、申辩和听证的要求,视为放弃此项权利。

综上所述,当事人的行为违反了《中华人民共和国公司法》第三十六条:"在公司成立后,股东不得抽逃出资"的规定,构成抽逃出资行为。依据《中华人民共和国公司法》第二百零一条"公司的发起人、股东在公司成立后,抽逃其出资的,由公司登记机关责令改正,处以所抽逃出资金额百分之五以上百分之十五以下的罚款"之规定,考虑到案发后当事人能积极配合调查,主动交待问题,并筹款补缴资金的事实,具有从轻处罚的情节,经我局研究决定,对当事人处罚如下:

一、责令改正违法行为,限 15 日内补足应交出资额;

二、处以所抽逃出资 14.5 万元百分之五的罚款,计 7500 元。

当事人应在收到本处罚决定书之日起十五日内(末日为节假日顺延),到下述指定地点缴纳罚款。开户行:中国农业银行×营业部;户名:×工商行政管理局;账号:略;单位代码:略;项目编码:439。

逾期不缴纳罚款的,将依据《中华人民共和国行政处罚法》第五十一条:"当事人逾期不履行行政处罚决定的,作出行政处罚决定的行政机关可以采取下列措施:(一)到期不缴纳罚款的,每日按罚款数额的百分之三加处罚款;(二)根据法律规定,将查封、扣押的财物拍卖或者将冻结的存款划拨抵缴罚款;(三)申请人民法院强制执行"的规定执行。

当事人如不服本处罚决定,可自收到本处罚决定书之日起六十日内向×市工商行政管理局申请行政复议,也可以在接到本处罚决定书之日起三个月内向×人民法院提起行政诉讼,复议或诉讼期间行政处罚不停止执行。

×工商行政管理局

×年×月×日

点评：

　　本文书案件事实叙述清楚、证据列举充分、适用法律正确。责令改正的内容非常明确，但鉴于责令改正不是一种行政处罚，建议不直接列入处罚决定内容。

　　目前对借钱验资，登记后再归还的行为属于抽逃出资还是虚假出资存在争议。虚假出资必须要有未交付或者未按期交付作为出资的货币或者非货币财产的这样一些法定情形，抽逃出资必须是在公司成立之后发生。在实践中，上述情形可能会有不同的变异版本，这就需要执法者能动而不是机械、僵化地执法。在法律没有明确规定的情况下，执法者应根据法律的精神、原则对违法行为构成的主体要件、客体要件、主观方面要件、客观方面要件等方面进行通盘考虑，才能更好地去适用法律。

　　文书在告知复议机构方面不够全面，根据《行政复议条例》的规定，还应包括本级人民政府。

关于对牟×违法销售军服案的处罚决定

×工商行政管理局行政处罚决定书

×工商检处字〔2010〕第×号

当事人:牟×,女,34岁

住址:略

类型:个体工商户

营业执照注册号:略

经营场所:略

经营范围及方式:服装零售

2010年1月8日,本局执法人员与区武装部、区公安局执法人员联合检查时,发现当事人的经营场所内挂有待售的军用丛林迷彩服2件、荒漠迷彩服3件、07作训服大衣3件。经检查人员初步确定为仿制现役制式军服,另有3顶贝雷帽初步确定为仿制曾列装军用产品,当事人的行为涉嫌违反《军服管理条例》。本局对上述服装依法采取了扣留措施,并于同日经本局负责人批准,依法予以立案调查。

现查明:当事人于2004年10月开始从事服装销售,主要经营劳保用品。2009年10月25日,当事人从武汉市宝丰路3506市场,以120元/件的价格购进荒漠迷彩服3件、以55元/件的价格购进丛林迷彩服2件、以55元/件的价格购进07作训服大衣3件、以5元/顶的价格购进99贝雷帽3顶,当事人将购进的上述服装置于其位于某地的门市内进行销售,荒漠迷彩服标价为150元/件、丛林迷彩服标价为80元/件、07作训服大衣标价为80元/件、99贝雷帽标价为8元/顶。至2010年1月8日被本局查获时,当事人的上述涉嫌服装尚未售出,本局于 2010 年 2 月 7 日将上述涉嫌仿制军服委托×市警备区进行鉴定,2010 年 3 月 16 日×市警备区后勤部供应处复函称:荒漠迷彩服 3 件、丛林迷彩服 2 件、07 作训大衣 3 件、99 贝雷帽 3 顶属军服仿制品。2010 年 3 月 23 日本局收到鉴定复函后,同日送达了当事人,当事人对鉴定结果未提出异议。

上述事实有以下主要证据证明:

第一组:当事人的身份证、营业执照复印件,证明当事人的身份;

第二组:现场检查笔录及现场照片、当事人的询问笔录,证明当事人在其经营场所销售荒漠迷彩服、丛林迷彩服、07 作训大衣和 99 贝雷帽以及未获利的事实;

第三组:×市警备区后勤部供应处《关于工商行政管理局×分局送检军服鉴定的复函》,证明当事人销售的丛林迷彩服 2 件、荒漠迷彩服 3 件、07 作训服大衣 3 件为军服仿制品的事实。

本局于 2010 年 3 月 23 日依法告知当事人拟作出行政处罚的事实、理由、依据、内容以及陈述申辩和听证的权利。当事人在法定期限内未提出陈述申辩,也未要求举行听证。

本局认为:为维护军服的专用性和严肃性,国家禁止生产、销售军服仿制品。当事人销售的丛林迷彩服、荒漠迷彩服、大衣、贝雷帽等服饰的样式、颜色与军服相仿,足以使公众视为军服,并且经军需主管部门认定为军服仿制品,当事人的上述行为违反了《军服管理条例》第十一条第二款关于禁止销售军服仿制品的规定,应予处罚。鉴于当事人购进军服仿制品数量较少,且尚未售出,未造成社会危害后果,可以从轻处罚。

根据《军服管理条例》第十二条第一款第三项"违反本条例规定,有下列情形之一的,由工商行政管理部门没收违法物品和违法所得,处 1 万元以上 10 万元以下的罚款;违法经营数额巨大的,吊销营业执照;构成犯罪的,依法追究刑事责任:……(三)生产、销售军服仿制品的"、《中华人民共和国行政处罚法》第二十三条"行政机关实施行政处罚时,应当责令当事人改正或者限期改正违法行为。"、第二十七条第一款"当事人有下列情形之一的,应当依法从轻或者减轻行政处罚:(一)主动消除或者减轻违法行为危害后果的;(二)受他人胁迫有违法行为的;(三)配合行政机关查处违法行为有立功表现的;(四)其他依法从轻或者减轻行政处罚的。"的规定,决定对当事人处理如下:

1. 责令改正违法行为;

2. 没收荒漠迷彩服 3 件,丛林迷彩服 2 件,07 作训服短大衣 3 件,99 贝雷帽 3 顶;

3. 罚款 10000.00 元。

当事人应在接到本行政处罚决定书之日起十五日内,将罚款缴到工商银行×支行(户名:×工商收入专户,账号:略)。逾期不缴纳的,本局每日可以按罚款数额的百分之三加处罚款。

当事人如对本处罚决定不服,可在收到本处罚决定书之日起六十日内,向×市工商局申请复议,也可以在三个月内依法向人民法院提起诉讼。

×工商行政管理局

×年×月×日

点评:

　　本文书结构合理、案件过程叙述清楚。案件虽然简单,但说理过程恰当、充分,能从实际案情出发,做到简案简写,繁简适度,重点突出,详略得当。特别是在军服认定上进行了鉴定和说理,在违法事实方面具有较强说服力。

　　不足:处罚没有引用条款的具体内容,没有认定说明具体的违法金额和违法所得。此外,告知当事人复议机关时,按照《行政复议条例》的相关规定,还应包括处罚机关所在地的本级人民政府。

关于对罗×违法销售军服案的处罚决定

×工商行政管理局行政处罚决定书

×工商处字［2009］第×号

当事人：罗×；男；汉族；1958 年 11 月 20 日出生；住所：略；身份证号码：略；系××服装店个体经营者；经营场所：略

经营范围及方式：服装、（兼营）鞋、帽零售。

2009 年 3 月 3 日，我局依法在×市×路×号查获当事人销售军服仿制品一案，并扣留其军服仿制品 57 套、带有"八一"标识的徽章 30 枚。现查明事实如下：

2009 年 3 月 1 日至 2009 年 3 月 3 日间，当事人将购自 A 被服厂的军队迷彩服及带有"八一"标识的徽章在其经营场所对外进行销售。上述迷彩服从外形感观视觉上与部队的迷彩服很难区别，其仿照军服样式、颜色制作的三种迷彩服、带有"八一"标识的徽章足以使公众误认为军服、军服专用材料。由于当事人没有做销售记录，故无法查证其销售数量。至查获之日止，尚库存上述军服仿制品 57 套、带有"八一"标识的徽章 30 枚，合计价值 3015 元。

以上事实有如下证据证实：

证据一：本案的现场检查笔录及查获的军服仿制品 57 套、带有"八一"标识的徽章 30 枚的实物，证明当事人销售仿照军服样式、颜色制作的迷彩服及带有"八一"标识的徽章的事实；

证据二：本案查获的军服仿制品 57 套、带有"八一"标识的徽章 30 枚的实物及当事人的询问笔录，证明当事人经销上述三种迷彩服从外形感观视觉上与部队的迷彩服很难区别,其仿照军服样式、颜色制作的三种迷彩服、带有"八一"标识的徽章足以使公众误认为军服及军服专用材料;

证据三:当事人提供的营业执照及身份证复印件,证明当事人的市场主体资格、本案处罚主体询问笔录的法律效力;

其他证据:其他证据、本案2009年3月3日、3月11日实施行政强制措施通知书和送达回证等材料,证明向当事人履行的法定程序合法。

本局认为:军服是指中国人民解放军现行装备的制式服装及其标志服饰,军服的制式由中央军事委员会批准,军服、军服专用材料的生产须经军队军需主管部门或者其授权的机构查验并严格履行其签订生产合同,同时,现役军人以及依照法律、法规和军队有关规定可以穿着军服的人员,应当依照有关规定穿着军服。

当事人销售仿照军服样式、颜色制作足以使公众视为军服的仿制品及带有"八一"标识的徽章,依照《军服管理条例》第十一条第二款规定"禁止生产、销售、购买和使用仿照军服样式、颜色制作的足以使公众视为军服的仿制品"的规定,已构成违法行为。根据《军服管理条例》第十二条"违反本条例规定,有下列情形之一的,由工商行政管理部门没收违法物品和违法所得,处1万元以上10万元以下的罚款;违法经营数额巨大的,吊销营业执照;构成犯罪的,依法追究刑事责任:(一)非法生产军服、军服专用材料的;(二)买卖军服、军服专用材料的;(三)生产、销售军服仿制品的"的规定,依法应予以行政处罚。

本局决定对当事人的违法行为作如下处理:

一、责令改正违法行为;

二、处以罚款10000元,上缴财政;

三、扣留的上述军服仿制品57套,带有"八一"标识的徽章30枚予以没收。

当事人收到处罚决定书之日起十五日内到×市建行营业部(账户:待报解预算收入专户——行政罚没收入;账号:略)缴纳罚款。逾期不缴纳,每日按罚款金额的百分之三加处罚款。

如不服本处罚决定可在收到处罚决定书之日起六十日内向×市工商行政管理局或×市×区人民政府申请复议或者于三个月内依法直接向×市×区人民法院起诉。

当事人对行政处罚决定不服申请行政复议或者提起行政诉讼的，行政处罚不停止执行。

×工商行政管理局
×年×月×日

点评：

《军服管理条例》2009 年 1 月 13 日颁发，自 2009 年 3 月 1 日起施行。《条例》实施的当月，办案单位即查处本案，该案类型新颖，对其他执法机关的市场监管工作具有一定借鉴意义。

不足之处是本案虽然案情简单，但本文书结构完整性有欠缺，形式上缺少立案程序、告知和申辩程序。此外，《军服管理条例》第十二条并无责令改正的规定，因此文中的责令改正应依据《行政处罚法》第二十三条作出。并且由于责令改正不是一种行政处罚，建议不直接列入处罚决定。

关于对××会计师事务所
提供虚假验资材料案的处罚决定

×工商行政管理局行政处罚决定书

×工商×处字［2009］第×号

当事人：××会计师事务所

注册号：略

住所：略

执行合伙企业事务的合伙人：徐×

企业类型：合伙

经营范围：审查企业会计报表，出具审计报告；验证企业资本，出具验资报告；办理企业合并、分立、清算事宜中的审计业务，出具有关的报告；法律、行政法规规定能够的其他审计业务；承办会计咨询、会计服务业务。

为避免出现对本案当事人同一违法行为作出两次罚款处罚的情况，本局于 2009 年 1 月 22 日决定将经检分局于 2008 年 8 月 11 日立案调查的××会计师事务所涉嫌出具虚假验资报告行为案，与本局责令×分局重新调查处理的×工商×分处字［2008］第×号《行政处罚决定书》案合并处理，并根据×分局掌握证据较全面的情况，委托该分局以本局名义调查××会计师事务所所涉嫌出具虚假验资报告行为。

经查明，当事人××会计师事务所所存在以下违法事实：

一是 2007 年 3 月 21 日，A 燃料化工有限公司委托当事人出具增资验资报告。当日，当事人在明知该公司提交的认缴注册资本进账单中所列付款人（B 建筑工程有限公司）并非是公司股东、且没有任何有效文件证明股东步×和杨×认缴了新增注册资本的情况下，向××发展银行东华路支行发出询证函（编号：2281023），征询 B 建筑工程有限公司作为 A 燃料化工有限公司投资者（或者）股东是否缴入 330 万元的出资额，同日，当事人收到××发展银行东华路支行确认该询证函上述出资情况无误的意见，出具了第 LZT0452 号《验资报告》，证明 A 燃料化工有限公司收到步×和杨×缴纳的新增注册资本 330 万元，两股东分别认缴 165 万元。

二是 2007 年 3 月 21 日，C 数码科技有限公司委托当事人出具增资验资报告。当日，当事人在明知该公司提交的认缴注册资本进账单中所列付款人（D 土石方工程有限公司）并非是公司股东、且没有任何有效文件证明股东姚×明、姚×红、姚×群认缴了新增注册资本的情况下，向××发展银行东华路支行发出询证函（编号：2290061），征询 D 土石方工程工程有限公司作为 C 数码科技有限公司投资者（或者）股东是否缴入 251 万元的出资额，同日，当事人收到××发展银行东华路支行确认该询证函上述出资情况无误的意见，出具了第 LZT0695 号《验资报告》，证明 C 数码科技有限公司收到姚×明、姚×红、姚×群缴纳的新增注册资本 251 万元。其中：姚×明认缴 110.5 万元，姚×红认缴 65.25 万元，姚×群认缴 75.25 万元。

三是 2007 年 5 月 21 日，D 贸易有限公司委托当事人出具注册资本由 50 万元增加到 500 万元的验资报告（股东王×和柯×分别认缴 225 万元，共 450 万元）。当日，当事人在明知该公司提交的认缴注册资本进账单中所列付款人（E 设备有限公司）并非是公司股东、且没有任何有效文件证明股东王×和柯×向公司认缴了新增注册资本的情况下，向××发展银行东华路支行发出询证函（编号：229033），征询 E 设备有限公司作为 D 贸易有限公司投资者（或者）股东是否缴入 450 万元的出资额，同日，当事人收到××发展银行东华路支行确认该询证函上述出资情况无误的意见，出具了第 LZT0949 号《验资报告》，证明 D 贸易有限公司收到王×和柯×缴纳的新增注册资本 450 万元，两股东分别认缴 225 万元。

四是 2007 年 5 月 21 日，F 贸易有限公司委托当事人出具注册资本由 3

万元增加到 50 万元的验资报告(股东陈×认缴 28.2 万元、吴×认缴 18.8 万元,共 47 万元)。当日,当事人在明知该公司提交的认缴注册资本进账单中所列付款人(E 设备有限公司)并非是公司股东、且没有任何有效文件证明股东陈×和吴×向公司认缴了新增注册资本的情况下,向××发展银行东华路支行发出询证函(编号:2290222),征询 E 设备有限公司作为 F 贸易有限公司投资者(或者)股东是否缴入 47 万元的出资额,同日,当事人收到××发展银行东华路支行确认该询证函上述出资情况无误的意见后,出具了第 LZT0920 号《验资报告》,证明 F 贸易有限公司收到陈×认缴的 28.2 万元注册资本、吴×认缴的 18.8 万元注册资本。

五是 2007 年 5 月 22 日,G 安装工程有限公司委托当事人出具实收资本由 3 万元增加到 100 万元的验资报告(股东陈×和林×分别认缴 48.5 万元,共 97 万元)。当日,当事人在明知该公司提交的认缴注册资本进账单中所列付款人(D 贸易有限公司)并非是公司股东、且没有任何有效文件证明股东陈×和林×向公司第 2 次缴纳注册资本的情况下,向××发展银行东华路支行发出询证函(编号:2290442),征询 D 贸易有限公司作为 G 安装工程有限公司投资者(或者)股东是否缴入 97 万元的出资额,同日,当事人收到××发展银行东华路支行确认该询证函上述出资情况无误的意见后,出具了第 LZT0955 号《验资报告》,证明 G 安装工程有限公司收到股东陈×和林×分别缴纳 48.5 万元注册资金,共 97 万元。

六是 2007 年 5 月 22 日,H 物流有限公司委托当事人出具注册资本由 3 万元增加到 100 万元的验资报告(股东李×认缴 87.6 万元、梁×认缴 9.4 万元,共 97 万元)。当日,当事人在明知该公司提交的认缴注册资本进账单中所列付款人(D 贸易有限公司)并非是公司股东、且没有任何有效文件证明股东李×和梁×向公司第 2 次缴纳注册资本的情况下,向××发展银行东华路支行发出询证函(编号:2290441),征询 D 贸易有限公司作为 H 物流有限公司投资者(或者)股东是否缴入 97 万元的出资额,同日,当事人收到××发展银行东华路支行确认该询证函上述出资情况无误的意见后,出具了第 LZT0956 号《验资报告》,证明 H 物流有限公司收到股东李×缴纳的 87.6 万元注册资本、梁×缴纳的9.4万元注册资本,共97万元。

　　七是2007年5月25日,J海运有限公司委托当事人出具注册资本由50万元增加到5000万元的验资报告(股东程×和龚×分别认缴2475万元,其中每人以货币出资855万元,以固定资产出资1620元,共4950万元)。当日,当事人在明知该公司提交的认缴注册资本进账单中所列付款人(K科技有限公司)并非是公司股东、且没有任何有效文件证明股东程×和龚×向公司第2次缴纳注册资本的情况下,向××发展银行东华路支行发出询证函(编号:2290441),征询K科技有限公司作为J海运有限公司投资者(或者)股东是否缴入1710万元的出资额,同日,当事人收到××发展银行东华路支行确认该询证函上述出资情况无误的意见后,出具了第LZT2024号《验资报告》。

　　八是2007年5月28日,L环卫设备机械厂委托当事人出具注册资本由13万元增加到500万元的验资报告(股东×日志认缴413万元、×源泉认缴37万元、×日根认缴37万元,共487万元)。当日,当事人在明知该公司提交的认缴注册资本进账单中所列付款人(J海运有限公司)并非是公司股东、且没有任何有效文件证明股东×日志和×源泉、×日根向公司缴纳新增注册资本的情况下,向××发展银行东华路支行发出询证函(编号:2296542),征询J海运有限公司作为L环卫设备机械厂投资者(或者)股东是否缴入487万元的出资额,同日,当事人收到××发展银行东华路支行确认该询证函上述出资情况无误的意见后,出具了第LZT2004号《验资报告》,证明L环卫设备机械厂收到股东×日志认缴的413万元注册资本、×源泉认缴的37万元注册资本、×日根认缴的37万元注册资本,共487万元。

　　九是2007年5月28日,M国际货运代理有限公司委托当事人出具实收资本由100万元增加到500万元的验资报告(股东黄××认缴380万元出资额、黄×缴纳20万元出资额,共400万元)。当日,当事人在明知该公司提交的认缴注册资本进账单中所列付款人(J海运有限公司)并非是公司股东、且没有任何有效文件证明股东黄××和黄×第2次向公司缴纳注册资本的情况下,向××发展银行东华路支行发出询证函(编号:2296536),征询J海运有限公司作为 M 国际货运代理有限公司投资者(或者)股东是否缴入 400 万元的出资额,同日,当事人收到××发展银行东华路支行确认该询证函上述出资情况无误的意见后,出具了第 LZT2039 号《验资报告》,证明 M 国际货运代理有限公司收到股东黄××认缴的 380 万元注册资本、黄×认缴的 20万元注册资本,共 400 万元。

十是 2007 年 10 月 12 日,N 建设有限公司委托当事人出具注册资本由 10 万元增加到 1000 万元的验资报告(股东陈×茂认缴 594 万元、陈×坚认缴 396 万元,共 990 万元)。10 月 13 日,当事人在明知该公司提交的认缴注册资本进账单中所列付款人(O 科技有限公司)并非是公司股东、且没有任何有效文件证明股东陈×茂和陈×坚向公司第 2 次缴纳注册资本的情况下,向××发展银行东华路支行发出询证函(编号:2311807),征询 O 科技有限公司作为 N 建设有限公司投资者(或者)股东是否缴入 990 万元的出资额,同日,当事人收到××发展银行东华路支行确认该询证函上述出资情况无误的意见后,出具了第 LZTE686 号《验资报告》,证明 N 建设有限公司收到股东陈×茂缴纳的 594 万元注册资本、陈×坚缴纳的 396 万元注册资本,共 990 万元。

十一是 2008 年 2 月 22 日,P 国际货运代理有限公司委托当事人出具注册资本由 3 万元增加到 500 万元的验资报告(股东刘×认缴 49.7 万元、黄××认缴 447.3 万元,共 497 万元)。同日,当事人在明知该公司提交的认缴注册资本进账单中所列付款人(Q 营养保健品有限公司和 R 工程设计有限公司)并非是公司股东、且没有任何有效文件证明股东刘×和黄××向公司第 2 次缴纳注册资本的情况下,向××发展银行东华路支行发出询证函(编号:2333764),征询 Q 营养保健品有限公司和 R 工程设计有限公司,作为 P 国际货运代理有限公司投资者(或者)股东是否缴入 497 万元的出资额,同日,当事人收到××发展银行东华路支行确认该询证函上述出资情况无误的意见后,出具了第 LZTE6676 号《验资报告》,证明 P 国际货运代理有限公司收到股东刘×缴纳的 49.7 万元注册资本、黄××缴纳的 447.3 万元注册资本,共 497 万元。

十二是据当事人陈×,当事人于2007年1月至2008年2月间,采取上述方式,在没有任何有效文件证明客户收到股东认缴的注册资本情况下,为S投资咨询有限公司等286家公司出具了286份验资报告(含上述11家公司),收取费用83500元,缴纳税款4701.05元。依据国家工商行政管理总局《工商行政管理机关行政处罚案件违法所得认定办法》第五条规定:"违法提供服务的违法所得按违法提供服务的全部收入扣除该项服务中所使用商品的购进价款算"、第九条规定:"在违法所得认定时,对当事人在工商行政管理机关作出行政处罚前依据法律、法规和省级以上人民政府的规定已经支出的税费,应予扣除",当事人从事上述行为的违法所得为78798.95元。

以上事实有以下证据证明:

证据一:当事人营业执照,执行合伙企业事务的合伙人徐×及其授权委托人陈×的身份证复印件;

证据二:2009年3月9日现场检查笔录,当事人合伙企业事务的合伙人徐×3次询问笔录,当事人委托代理人陈×5次询问笔录,当事人3份情况说明;

证据三:当事人为11家公司验资收费情况表,当事人为286家公司验资收费表,当事人向税务局领取的发票复印件,当事人为286家公司验资的营业收入和纳税情况表,当事人应缴税种及申报征收事项核定通知书,当事人购买发票情况表和发票购领记录复印件,当事人2007年至2009年3月3日纳税情况表,当事人电子缴税回单复印件;

证据四:×工商×分经委函[2008]1号《委托认定函》,×省财政厅《关于委托认定的答复函》;

证据五:当事人承担A燃料化工有限公司验资工作底稿,A燃料化工有限公司股东兼董事黄×询问笔录和身份证复印件,A燃料化工有限公司设立登记和变更登记资料、2008年度验资报告;

证据六:当事人承担C数码科技有限公司验资工作底稿,C数码科技有限公司股东和法定代表人姚×群2次询问笔录,D土石方工程有限公司营业执照、法定代表人孙×询问笔录和身份证复印件,B建筑有限公司营业执照和授权委托书、财务负责人杜×询问笔录和身份证复印件，C数码科技有限公司变更登记资料；

证据七：当事人承担D贸易有限公司和F贸易有限公司验资工作底稿，D贸易有限公司和F贸易有限公司变更登记资料，D贸易有限公司股东王×和柯×询问笔录，E设备有限公司财务经理冯×询问笔录和声明，F贸易有限公司股东陈×和吴×询问笔录；

证据八：当事人承担G安装工程有限公司和H物流有限公司验资工作底稿，G安装工程有限公司和H物流有限公司变更登记资料，G安装工程有限公司委托代理人陈×询问笔录，H物流有限公司委托代理人麦×询问笔录；

证据九：当事人承担J海运有限公司验资工作底稿，J海运有限公司变更登记资料，J海运有限公司股东程×和委托代理人尹×询问笔录，K科技有限公司法定代表人李×询问笔录；

证据十：当事人承担L环卫设备机械厂和M国际货运代理有限公司验资工作底稿，L环卫设备机械厂和M国际货运代理有限公司变更登记资料，L环卫设备机械厂委托代理人方×询问笔录，M国际货运代理有限公司法定代表人黄×询问笔录；

证据十一：当事人承担N建设有限公司和P国际货运代理有限公司验资工作底稿，N建设有限公司和P国际货运代理有限公司变更登记资料，N建设有限公司股东陈×坚、陈×茂询问笔录，O化工科技有限公司原股东隋×询问笔录，P国际货运代理有限公司股东黄×和刘×询问笔录；Q营养保健品有限公司出具的情况说明、委托代理人李×询问笔录，R工程设计有限公司委托代理人房×询问笔录。

对于上述行为，当事人在案件调查期间辩称，其在验资过程中，没有弄虚作假，但存在粗心大意，审查不严格的过失行为，为企业出具的286份企业验资报告属于有重大遗漏报告，不属于虚假报告。

对于当事人的上述意见，本局认为：根据《中华人民共和国公司法》第二百零八条第二款规定："承担资产评估、验资或者验证的机构因过失提供有重大遗漏的报告的,由公司登记机关责令改正,情节严重的,处以所得收入一倍以上五倍以下的罚款,并可以由有关主管部门依法责令该机构停业、吊销直接责任人员的资格证书,吊销营业执照",构成该条款所指向的违法行为必须具备两个条件:第一,承担资产评估、验资或者验证的机构提供有重大遗漏的报告,是由于过失所致,即由于疏忽大意或过于自信所致;第二,提供的是有重大遗漏的报告。本案当事人明知验资企业缴入的资金并非是股东缴入的资金,并在没有任何有效文件证明公司股东认缴任何注册资本情况下,仍然向银行发出征询公司股东认缴注册资本的证询函,进而出具完全没有事实依据的验资报告行为,如将其行为认定为因过失即由于疏忽大意或过于自信所致,提供有重大遗漏报告的行为,显然不符合该条款规定,本局不予采纳。

2009年5月21日,本局向当事人直接送达了×工商告字〔2009〕第×号听证告知书,当事人在法定期限内未向本局提出陈述和申辩意见,也未要求听证。

本局认为,当事人作为验资机构,违背诚实、信用原则,违反中国注册会计师执业准则和行业道德,在明知验资企业提供的《银行进账单》所列缴入的资金并非是股东缴入的资金,并在没有任何有效文件证明公司股东认缴任何注册资本情况下,仅凭虚构的《委托投资声明书》等,向银行发出征询公司股东认缴注册资本的证询函,为286家企业出具了286份完全没有事实依据的验资报告行为,构成了承担资产评估、验资或者验证的机构提供虚假材料违法行为,严重破坏了国家验资验证和公司登记制度,损害了公司债权人的合法权益,应从重处罚。根据《中华人民共和国公司法》第二百零八条第一款规定:"承担资产评估、验资或者验证的机构提供虚假材料的,由公司登记机关没收违法所得,处以违法所得收入一倍以上五倍以下的罚款,并可以由有关主管部门依法责令该机构停业、吊销直接责任人的资格证书,吊销营业执照",本局决定对当事人作出如下行政处罚:

1. 没收违法所得人民币78798.95元;
2. 吊销××会计师事务所所营业执照。

当事人应当自收到本处罚决定书之日起十五日内到×市非税收入代收银行(×市工商银行、×市商业银行、×市建设银行及其下属网点)或执收单位的非税收入缴款点缴纳罚款。到期不缴纳罚款的,本局可以每日按罚款数额的百分之三加处罚款。

如不服本处罚决定,可在接到本处罚决定书之日起60日内向××省工商行政管理局或×市政府申请复议;也可以在接到本处罚决定书之日起3个月内向×区人民法院提起行政诉讼。

×工商行政管理局

×年×月×日

点评:

本文书案例对系统有一定借鉴意义。结构完整、条理清晰,形式规范。案件事实的表述较为完整准确,能够紧扣对构成违法行为有直接影响的主要构成要件与情节,准确把握案件的主要事实,切中案件实质,突出案件重点事实,全面客观地反映行政执法过程以及对案件事实的认定。针对行政处罚当事人在案件调查过程中陈述的意见,也用较大篇幅说明了执法机关事实认定和法律适用的理由。

不足之处:一是未将认定为虚假的286份验资报告列入证据,且证据列举未说明证明的具体事项;二是阐述按提供虚假验资材料定性的理由及依据时,建议引用证据四列举的A省财政厅《关于委托认定的答复函》中的相关内容。

关于对××科技有限公司
传销案的处罚决定

×工商行政管理局行政处罚决定书

×工商处字［2010］第×号

当事人：××科技有限公司

营业场所：略

法定代表人：陈×

注册资本：1500 万元

实收资本：1500 万元

公司类型：有限责任公司

经营范围：电子产品、手机的技术开发与销售，日用百货、卫生用品的技术开发以及国内商业、物资供销业；货物进出口、技术进出口。

我局于 2010 年 5 月 12 依法对当事人××科技有限公司涉嫌从事传销经营活动行为进行立案调查。

经查明，当事人于 2007 年 1 月至 2009 年 10 月间，以及 2009 年 11 月至 2010 年 3 月间，分别在本市×区沿江中路（该公司×分公司营业场所）和本市×区东堤××花园 12 号 603 室，通过发展人员，要求被发展人员认购商品取得加入和发展其他人员加入资格，以及发展具有层级关系的销售人员网络，在销售人员中实行"团队计酬"等方式，销售"月月爱"负离子卫生巾、阳光靓彩–SAP 芳香精油洗护套装、复方精油喷雾液等卫生用品和百货用品，具体情况如下：

一是当事人的销售人员梁×团队和陈×团队的销售人员存在层级关系。梁×团队人员分为4个级别,即购货金额达到430元、2150元、5160元、12900元的分别可以成为银级、金级、白金级、钻石级会员(也称"直销员")。其中白金级且拥有店铺的,可以成为二级代理商,钻石级且拥有店铺的可以成为一级代理商。一级代理商、二级代理商以及他们所属的会员(直销员)组成具有上下线关系的团队。该团队现有1093人,含二级代理商13人,钻石级27人,白金级72人,金级105人,银级889人,待审会员126人。团队的所有成员必须通过梁×才能向××公司购货,但计酬由××公司按其级别直接计算和支付。陈×团队的情况与梁×基本一致,直接或间接发展下线会员300余人。

二是梁×团队和陈×团队的销售人员实行"团队计酬"。××公司支付给梁×团队和陈×团队的会员奖金分为3类,第一是销售奖金,即根据该会员的购货金额加上其直接或者间接介绍加入的人员购货金额,给予该会员销售奖金,具体计算方法:会员向公司购买产品可获得相应积分,所得积分以PV为计算单位(1PV约等于1美元),会员直接或间接发展的人员组成5个业务组,每个业务组每周按积分(PV)由大到小进行排列,取得最大业绩的组为共享部门,其他组为奖金部门,会员的销售奖金=(第二部门整组PV×10%+第三部门整组PV×10%+第四部门整组PV×10%+第五部门整组PV×10%)×当前PV值(当前PV值曾设为7.5或6.8)。第二是服务奖,即会员直接或者间接介绍人员加入,以每层抽取10%的比例计提给该会员,计提层次限定最多3层;第三是奖衔,会员直接或间接发展的人员组成2-5个小组,每个小组为1个业务部门,并按业绩从大到小排序,直接和间接发展的会员业绩达到一定的PV值,公司最高给予7500美元购车款、个人欧美5天4夜旅游奖励,最少给予包食宿等2天1夜晋级培训。

三是在上述期间,当事人为逃避监管,使用杨×、黄×等工作人员私人账户直接将会员酬金发放到个人账户。案发后,由于当事人当即停止了上述传销活动,并撤销了有关工作部门,遣散了大部分员工,销毁了相关经营资料。导致我局无法查清当事人的全部经营收入和违法所得。

　　以上事实有现场检查笔录、询问笔录、当事人营业执照复印件、当事人×分公司营业执照复印件、当事人区域代理经销商个体工商户营业执照复印件、涉案公司营业执照及其他资料复印件、涉案人员身份证复印件、当事人法定代表人授权委托书、当事人情况说明、当事人钻石级会员周×奖金制度说明稿复印件、××国际电子商务全球连锁销售制度（计划）、当事人与下属经销商签订的《区域代理经销合同》复印件、当事人区域经销商和二级代理商提供的直销员管理系统内电脑文档打印件和其他经营资料复印件、××科技有限公司送货单复印件、当事人仓库租赁合同复印件、×市社会保险基金管理中心提供的当事人为其员工缴纳社保的证明打印件、中国农业银行股份有限公司 B 省分行电子银行部提供的打印件、中国工商银行股份有限公司×支行提供的打印件和复印件以及其他打印照片等证据证明。

　　对我局认定的上述事实，当事人未提出异议，请求我局考虑其股东及管理人员均是华侨或外籍人士，对国内的法律法规不了解等情况，从轻处罚，给予一个改正机会。2010 年 7 月 21 日，我局将《听证告知书》送达当事人。当事人在法定期限内未提出听证申请。

　　根据上述情况，我局认为，当事人上述通过发展人员，要求被发展人员认购商品取得加入和发展其他人员加入资格，以及发展具有层级关系的销售人员网络，并在销售人员中实行"团队计酬"的行为，涉嫌构成《禁止传销条例》第七条第二项、第三项所指向的传销行为，一是"组织者或者经营者通过发展人员，要求被发展人员交纳费用或者以认购商品等方式变相交纳费用，取得加入或者发展其他人员加入的资格，牟取非法利益的"传销行为，二是"组织者或者经营者通过发展人员，要求被发展人员发展其他人员加入，形成上下线关系，并以下线的销售业绩为依据计算和给付上线报酬，牟取非法利益的"传销行为，且由于发展人员众多，在我市造成了极恶劣的影响，严重破坏了我市的直销经营秩序。根据《禁止传销条例》第二十四条第一款规定："有本条例第七条规定的行为，组织策划传销的，由工商行政管理部门没收非法财物，没收违法所得，处 50 万元以上 200 万以下的罚款；……"，我局决定对当事人作出罚款 195 万元处罚。

当事人自收到本决定书之日起十五日内到中国建设银行×市分行属下网点(账户:×财政代收罚款户,账号:略)缴纳罚款。逾期不缴纳,每日按罚款数额的百分之三加处罚款。

如不服本处罚决定,可在接到处罚决定书之日起六十日内,向B省工商行政管理局或×市人民政府申请复议;也可以在三个月内直接向人民法院提起诉讼。

×工商行政管理局

×年×月×日

点评:

本文书违法事实叙述清楚,条理分明。作为表现形式较为复杂的传销案件,本处罚决定书紧紧围绕传销行为的构成要件及情节进行阐述,做到了要点突出,条理分明,繁而不乱。

将违法行为尤其是"团队计酬"的具体情节结合相关法律条文的规定进行合理的分析说明,定性分析准确。

不足之处:一是本案中传销活动的组织者、领导者是否追究刑事责任未予明确;二是对当事人"入门费"方面的违法事实叙述不够清晰;三是证据列举不详细且未指出证据所要证明的事实。

后　　记

　　近年来,全国工商系统在推行说理式行政处罚决定书工作上进行了有益的探索。在总结各地实践经验的基础上,2010 年 3 月,总局竞争执法局专门下发了《关于在竞争执法办案工作中实行说理式处罚决定书的指导意见》,倡导在竞争执法办案工作中全面实行说理式处罚决定书。为及时交流总结各地在实践中推行说理式处罚决定书中摸索出的好经验和好做法,进一步推动该项工作的深入开展,推进依法行政,2010 年 8 月,总局竞争执法局下发了《关于编撰说理式执法文书选编征稿工作的通知》,请各地推荐优秀说理式行政处罚决定书,并将择机编辑成书。各地工商机关对此十分重视,截至 2010 年 10 月底,共收到 24 个省、市工商局报送的 220 份行政处罚决定书。

　　为确保入选文书质量,我们先后进行了三轮筛选、把关:2010 年 11 月初,总局竞争执法局从文书的形式规范和案件定性两个方面对文书进行了第一轮筛选,挑选出 132 份行政处罚决定书,隐去了企业的真实名称和办案机关的名称,并对文字进行了把关;2010 年 11 月中旬,总局竞争执法局邀请了朱建军、云中、刘晓波、王志坚、段晓军、朱亚萍、刘忠慧、盛薇薇、于建强、何茂斌、董晓慧、李英敏、黄燕、余敏山等 14 名同志,分 7 个小组,从案件定性、法律适用、形式规范,内容与结构等方面,对文书进行了第二轮审查和选择,并以小组为单位对文书进行交叉评选,对确定入选的 72 份行政处罚文书,从亮点和不足两个方面进行了"专家点评";2010 年 12 月中旬,总局竞争执法局在成都市召开座谈会,邀请了马柏伟、陈建川、陈春建三位长期从事竞争执法工作的专家,主要从文书的可选择性、法律适用及定性的准确性、点评的客观性等方面对文书和点评意见再次进行终审把关,提出了终审意

见 。应当说,最终入选的这些文书质量是比较高的,基本体现目前工商系统开展说理式执法文书工作第一阶段的成果和水平。当然,由于各地开展此项工作的时间不长,总体上仍处于探索和尝试阶段,加上认识问题角度的不同,"专家点评"对同一个案件存在不同的意见和看法也在所难免,欢迎广大读者批评指正。

　　为了方便阅读和查找,我们把文书分成不正当有奖销售行为、仿冒行为、侵犯商业秘密行为、商业贿赂行为、限制竞争行为、虚假表示与虚假宣传行为、其他(包括产品质量法案件、无照经营案件、军服条例案件、传销案件、侵犯注册商标专用权案件等)七大类,编制了相应的题目。现在呈现在读者面前的《工商行政管理机关说理式行政处罚决定书选编》由 7 类 62 个行政处罚决定书组成。在确定入选文书的过程中,我们也尽量照顾到不同地区的入选比例,但鉴于有的省区市没有报送,有的地方此项工作开展才刚刚起步,因此有的地区没有文书入选,或入选篇目较少,还望谅解。

　　本书在编写过程中得到了各地工商机关的大力支持,参加行政处罚决定书筛选和点评工作的同志付出了大量的工作,在此一并表示诚挚的谢意!

国家工商总局反垄断与反不正当竞争执法局

2011 年 6 月